普通高等学校"十四五"规划工程管理和工程造价专业精品教材
2021年重庆邮电大学规划教材建设项目(项目编号:JC2021-09)
2021年重庆邮电大学教育教学改革项目(项目编号:XJG21109)
2022年重庆邮电大学课程思政示范建设项目(项目编号:XKCSZ2234)
2021年重庆邮电大学"金课"建设项目(项目编号:D10232021048)

工程项目管理与经济决策

主　编　许　慧　丁　冬　杜茂康
副主编　刘　坤　尹　龙

华中科技大学出版社
中国·武汉

图书在版编目(CIP)数据

工程项目管理与经济决策/许慧,丁冬,杜茂康主编. —武汉:华中科技大学出版社,2022.7
ISBN 978-7-5680-8368-3

Ⅰ.①工… Ⅱ.①许… ②丁… ③杜… Ⅲ.①工程项目管理-高等学校-教材 Ⅳ.①F284

中国版本图书馆 CIP 数据核字(2022)第 118094 号

工程项目管理与经济决策
Gongcheng Xiangmu Guanli yu Jingji Juece

许 慧 丁 冬 杜茂康 主编

策划编辑:胡天金
责任编辑:周怡露
封面设计:金 刚
责任监印:朱 玢
出版发行:华中科技大学出版社(中国·武汉)　　电话:(027)81321913
　　　　　武汉市东湖新技术开发区华工科技园　　邮编:430223
录　　排:华中科技大学惠友文印中心
印　　刷:武汉开心印印刷有限公司
开　　本:889mm×1194mm　1/16
印　　张:13.25
字　　数:362 千字
版　　次:2022 年 7 月第 1 版第 1 次印刷
定　　价:49.80 元

本书若有印装质量问题,请向出版社营销中心调换
全国免费服务热线:400-6679-118　竭诚为您服务
版权所有　侵权必究

前　言

工程项目管理与经济决策在建设工程项目管理、软件开发、信息技术开发等多个领域均有重要应用。成功的项目管理无论对项目相关方，还是对国家和社会，都具有战略性意义。工程项目管理与经济决策知识体系属于经济管理专业范畴，但理工科学生毕业后面临的许多工作内容都涉及工程项目管理知识，工程项目管理与经济决策的基础理论、方法等均有较多应用场景。然而，目前高校的工程项目管理与经济决策课程主要面向经济管理相关专业学生，理工科学生除学习专业技术课程之外，亟须此类课程来提升学生的管理及经济方面的知识储备和应用能力。此外，工程项目管理与经济决策课程相关教材体量较大，且主要面向经济管理相关专业学生，多为工程项目管理与工程经济学分立出书，因此，很难应用于统一教学。

基于上述背景，本书将工程项目管理与工程经济决策内容合并编写，一方面经济管理相关专业学生可学习使用，另一方面，本书引入的软件工程管理等理工科领域应用案例，也可用于理工科相关专业的教学。本书的特色主要体现在以下方面。①重点内容突出。本书内容涵盖工程项目管理及工程经济决策的核心内容，包括工程项目质量管理、进度管理、成本管理，以及工程经济评价、财务评价、不确定性分析等内容，满足基础理论及方法学习需求。②跨学科特色凸显。本书在详细介绍工程项目管理与经济决策理论内容的同时，穿插理工科领域相关实践案例，体现本书的跨学科特色及知识的应用性，提升学生学以致用的能力。③从"学"和"教"的双重视角完善教材编写工作。一方面，本书穿插案例、表、图等增强可读性、可理解性、可掌握性，为学生使用提供便利；另一方面，本书每章均配有课后习题，同时提供与教材内容同步的 PPT、课后习题答案等资源，方便学生学习和教师教学工作的开展。

本书编写具体分工如下：第一章、第九章、附录由许慧撰写，第二章、第三章、第四章由丁冬、杜茂康撰写，第五章由尹龙撰写，第六章、第七章、第八章由刘坤、杜茂康撰写。最后，由许慧、杜茂康对全书统稿，并进行主审工作。在编写过程中，重庆邮电大学工程管理专业学生刘思甜、葛佳、彭亭亭、李本会、赵明霞、王安玲、罗爽、张华溢等协助完成较多工作，包括内容录入、图形绘制、版式调整等，在此向他们表示衷心感谢。

本书得到 2021 年重庆邮电大学规划教材建设项目(项目编号：JC2021-09)、2021 年重庆邮电大学教育教学改革项目(项目编号：XJG21109)、2022 年重庆邮电大学课程思政示范建设项目(项目编号：XKCSZ2234)、2021 年重庆邮电大学"金课"建设项目(项目编号：D10232021048)的资助。

本书编写过程中引用了许多学者的研究成果，已在参考文献中列出，在此一并致谢。限于编者水平，书中不妥之处在所难免，敬请各位读者与同仁批评指正，本人不胜感激。

许　慧
2022 年 5 月
于重庆邮电大学

目 录

1 绪论 …………………………………………………………………………… (1)
　1.1 基础知识 ……………………………………………………………… (1)
　1.2 相关概念 ……………………………………………………………… (7)
2 工程项目质量管理 …………………………………………………………… (13)
　2.1 工程项目质量管理概述 ……………………………………………… (13)
　2.2 工程项目质量管理工具 ……………………………………………… (17)
　2.3 工程项目质量管理过程 ……………………………………………… (25)
3 工程项目进度管理 …………………………………………………………… (33)
　3.1 工程项目进度管理概述 ……………………………………………… (33)
　3.2 项目进度计划编制 …………………………………………………… (39)
　3.3 网络计划技术 ………………………………………………………… (42)
　3.4 项目进度计划控制 …………………………………………………… (51)
4 工程项目成本管理 …………………………………………………………… (63)
　4.1 工程项目成本管理概述 ……………………………………………… (64)
　4.2 工程项目成本估算 …………………………………………………… (65)
　4.3 工程项目成本概预算、核算和决算 ………………………………… (67)
　4.4 工程项目成本控制 …………………………………………………… (71)
5 工程项目招投标与合同管理 ………………………………………………… (80)
　5.1 工程项目招投标概述 ………………………………………………… (80)
　5.2 工程合同管理概述 …………………………………………………… (85)
6 工程经济决策基本要素 ……………………………………………………… (92)
　6.1 投资 …………………………………………………………………… (92)
　6.2 成本费用 ……………………………………………………………… (95)
　6.3 营业收入、税金及附加、利润 ……………………………………… (101)
　6.4 资金时间价值 ………………………………………………………… (106)
7 工程经济评价 ………………………………………………………………… (122)
　7.1 投资项目经济评价的基本方法 ……………………………………… (122)
　7.2 投资方案的选择 ……………………………………………………… (129)
8 工程财务评价 ………………………………………………………………… (134)
　8.1 工程财务评价概述 …………………………………………………… (134)
　8.2 项目投资估算 ………………………………………………………… (135)
　8.3 工程财务评价报表 …………………………………………………… (143)
　8.4 财务评价指标 ………………………………………………………… (161)

9 不确定性分析 (166)
9.1 不确定性分析概述 (166)
9.2 盈亏平衡分析 (167)
9.3 敏感性分析 (171)
9.4 概率分析 (176)

附录 (183)

参考文献 (204)

《工程项目管理与经济决策》课件

1 绪　　论

1.1 基 础 知 识

1.1.1 管理学基础知识

1.1.1.1 管理的含义

近百年来许多学者试图对管理进行定义。

美国管理学家斯蒂芬·P. 罗宾斯(Stephen P. Robbins)等所著的《管理学》已发行了 14 版(2021),但迄今为止并没有定义管理,仅对管理者作了如下定义:管理者是通过协调和监管他人的活动以达到组织目标的人。

科学管理的创始人、美国工程师泰勒认为,管理是一门建立组织目标,然后找出最好、最经济的方法来实现目标的艺术。他强调了管理的三个基本特性:管理是一门"艺术";管理应该找出"最好的、最经济的"手段;管理是通过"他人"来达到目标的。

管理学界的另一位大师级人物、法国管理学家法约尔认为,管理就是计划、组织、指挥、协调与控制。与一般的管理定义不同,法约尔是通过管理的职能来对管理进行定义的。换言之,法约尔认为当一个人在从事计划、组织、协调和控制活动时,他实际上就是在从事管理工作。

美国管理协会给管理下的定义:管理是通过他人的努力来达到组织的目标。这个定义直接反映了管理的本质,被大众广泛接受。

我国学者周三多将管理定义为为了实现组织的共同目标,在特定的时空中,对组织成员在目标活动中的行为进行协调的过程。

从组织的角度来看,可以将管理定义为:一个组织内的各种资源进行合理调配的过程。此定义隐含的核心思想如下。

①管理是一个组织内的行为。这个组织可以是一个企业、企业的一个部门,也可以是一个项目组、一个创业团队。

②管理的对象是组织内的各种资源,包括人、财、物等。管理可能涉及能源和资金,但只有人才能履行这些管理职能,所以尽管有财务管理、物流管理等,但对人的管理永远是管理的核心内容。

1.1.1.2 管理学的研究对象

管理学以各种管理工作中普遍适用的原理和方法作为研究对象。管理工作的共性是建立在各种不同管理工作特殊性上的。就管理的特殊性而言,有多少种社会组织,就会有多少种特殊问题,也就会有多少种解决这些特殊问题的管理原理和管理方法,由此形成各种不同门类的管理学,如企业管理学、行政管理学、学校管理学、军队管理学等。这些不同门类的管理学都包含着共同的、普遍的管理原理和管理方法,根据具体的研究对象还可进一步细分。如图 1-1 所示为管理学的研究对象。

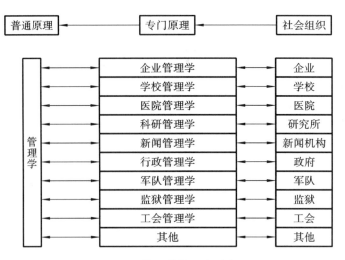

图 1-1 管理学的研究对象

1.1.1.3 管理的性质

(1) 管理的自然属性

管理是人类社会活动的需要。如果没有管理,一切生产、交换、分配活动都不可能正常进行,社会劳动过程就会发生混乱和中断,社会文明就不能继续。这一点马克思在一百多年前就作了有力论证:一切规模较大的直接劳动或共同劳动,都或多或少地需要指挥,以协调个人的活动,并执行生产总体的活动。

管理是社会活动中的一种特殊职能。管理存在于各种社会活动中,所以是一般职能,但就管理职能本身而言,由于社会的进化、人类分工的发展,早在原始社会,就已经有专门从事管理职能的人从一般社会劳动过程中分离出来,体现职能的特殊性。

管理是生产力。任何社会、任何企业,其生产力是否发达,都取决于它所拥有的各种经济资源、各种生产要素是否得到有效的利用,取决于从事社会劳动的人的积极性是否得到充分发挥,而这两点都依赖于管理。

管理的上述性质不以人的意志为转移,也不因社会制度意识形态的不同而有所改变,这完全是一种客观存在,所以,称之为管理的自然属性。

(2) 管理的社会属性

管理是一定社会生产关系的反映。与管理的社会属性有关的基本变化包含以下方面。

①随着科学技术的飞速进步和经济全球化,经济组织规模不断扩大,要在全球配置资源和进行社会分工,信息传播速度和信息传播数量都空前增加,人与人之间的相互交往更频繁,各国经济的相互依存性更大,使管理的复杂性大大提高。于是,一批受过良好职业训练的经理阶层应运而生,使企业的所有权与经营权发生分离。股份制的组织形式使企业资本的所有者——股东不再直接管理企业。

②几乎所有国家都已进入或正在进入市场经济的轨道,并且不论社会制度如何,各国都在使用市场、计划、行政、法律的手段以及大数据技术进行宏观经济调控。

③社会公众和广大消费者(用户)对各种社会组织所提供的商品和服务及其对环境造成的损害,抱着更加挑剔的态度,并且形成各种消费者协会和环境保护组织,迫使管理者不得不认真考虑消费者利益和社会生态环境保护。

1.1.1.4 管理的职能

根据管理理论的最新发展,决策、组织、领导、控制、创新这五种职能是一切管理活动最基本的职能。

(1) 决策

组织中所有层次的管理者,包括高层管理者、中层管理者和一线(或基层)管理者,都必须为其工作小组制定符合组织总体战略目标的经营计划,以便为组织作贡献。计划,就是指"制定目标并确定为达成这些目标所必需的行动"。此外,管理者必须制定支配和协调所负责资源的计划,且在计划过程中进行决策。决策是计划和修正计划的前提,而计划又是实施决策的工具和保证,计划与决策密不可分。

(2) 组织

计划的执行要靠他人的合作。组织工作源自人类对合作的需要。在执行计划的过程中,如果合作能有更大的力量、更高的效率,就应根据工作的要求与人员的特点,设计岗位,通过授权和分工,将适当的人员安排在适当的岗位上,用制度规定各个成员的职责和上下级的关系,形成一个有机的组织结构,使整个组织协调地运转。这就是管理的组织职能。

组织目标决定着组织结构的具体形式和特点。例如,政府、企业、学校、医院、军队等社会组织由于各自的目标不同,其组织结构形式也各不相同,并显示出各自的特点。反过来,组织工作又在很大程度上决定着这些组织各自的工作效率和活力。在每一项计划的执行和每一项管理业务中,都要做大量的组织工作,组织工作的优劣同样在很大程度上决定着这些计划和管理活动的成败。任何社会组织是否具有自适应机制、自组织机制、自激励机制和自约束机制,也取决于该组织结构的状态。因此,组织职能是管理活动的根本职能,是其他一切管理活动的保证和依托。

(3) 领导

决策与组织工作做好了,也不一定能保证实现组织目标,因为组织目标的实现要依靠组织全体成员的努力。配备在组织机构各个岗位上的人员,由于在个人目标、需求、偏好、性格、素质、价值观、工作职责和掌握信息量等方面存在很大差异,在相互合作中必然会产生各种矛盾和冲突。因此就需要有权威的领导者进行领导,指导所有人员的行为,通过沟通增强相互理解,统一认识和行动,激励每个成员自觉地为实现组织目标共同努力。在中国,领导者的概念十分广泛,不仅组织的高层领导、中层领导要实施领导职能,基层领导也要实施领导职能,而担负领导职能的人都要做与人员相关的工作、重视工作中人的因素的作用。

(4) 控制

在执行计划的过程中,由于受到各种因素的干扰,常常使实践活动偏离原来的计划。为了保证目标及为此而制定的计划得以实现,就需要控制职能。控制的实质就是使实践活动符合计划,计划就是控制的标准。管理者既要有预防下属和事态失控的充分措施,防患于未然,又必须及时取得计划执行情况的信息,并将有关信息与计划进行比较,发现实践活动中存在的问题,分析原因,及时采取有效的纠正措施。纵向看,各个管理层次都要充分重视控制职能,越是基层的管理者,控制的时效性要求越强,控制的定量化程度也越高;越是高层的管理者,控制的时效性要求越弱,控制的综合性越强。横向看,对于各项管理活动、各个管理对象都要进行控制。没有控制就没有管理。

(5) 创新

最近几十年来,由于科学技术的迅猛发展,社会经济活动空前活跃,市场需求瞬息万变,社会关系也日益复杂,每位管理者每天都会遇到新情况、新问题。如果墨守成规,就无法应付新形势的挑战,也就无法完成肩负的重任。管理者成功的关键就在于创新。要做好任何一项事业,大到国家的改革,小到办实业,都要敢于走新的路,开辟新的天地。所以,创新自然地成为管理过程不可或缺的重要职能。

各项管理职能都有自己独有的表现形式。例如,决策职能通过目标和计划的制定及行动的实施表现出来;组织职能通过组织结构的设计和人员的配备表现出来;领导职能通过领导者和被领导者的关系表现出来;控制职能通过偏差的识别和纠正表现出来;创新职能与上述各种管理职能不同,在管理职能创新所取得的效果中表现自身的存在与价值。

1.1.1.5 管理的科学性和艺术性

管理学是从实践中产生并发展起来的一门学科。

管理学是由大量学者和实业家在总结管理工作客观规律基础上形成的。管理学从客观实际出发,揭示管理活动的各种规律,这些规律是客观存在的,谁违反这些规律就很可能会受到惩罚。管理者如果没有科学的管理知识和相关知识,要进行管理就只能依靠经验、主观判断、运气等,而有了系统的科学管理知识,就有可能对组织中存在的管理问题提出可行的、正确的解决办法。

管理活动是有科学规律可循的。许多管理活动表现为程序性活动,通过制定规范、程序并严格加以执行可以取得预想效果,而对于目前暂时规范不了的管理活动,是需要边运作边探讨的,逐步对其规律性进行科学总结,转化为可规范的管理活动。管理理论揭示的是管理的一般规律,并且管理理论具有系统性。目前管理学已经形成了一整套理论,这是通过对大量的实践经验进行概括和总结形成的,管理学的各个部分所包括的内容相互之间有着紧密的联系,从而形成了一个合乎逻辑的系统。另外,管理理论中大量应用数学模型,用以指导管理实践活动,也充分表现了管理的科学性。

此外,管理具有强烈的艺术性。与数学、物理学等自然科学相比,管理学是一门"不精确"的科学,是一门正在发展中的科学。管理科学并不能为管理者提供解决一切问题的标准答案,它要求管理工作者以管理的理论原则和基本方法为基础,结合实际,对具体情况做具体分析,以解决问题,从而实现组织的目标。

经验积累在管理活动中发挥着重要作用,由于管理对象处于不同环境、不同行业、不同的产出要求、不同的资源供给条件等状况,这就导致对每一具体对象的管理没有唯一有章可循的模式,特别是对那些非程序性的、全新的管理对象(如项目管理),则更是如此。所以,管理者个人的能力、技巧、经验,以及直觉等非理性的因素重要性凸显。

管理的艺术性还体现在创造性上。管理者欲达到既定的组织目标,就需要在经验积累的基础上有一定的创造性。管理活动是创造性的活动,正因为它的创造性,才不确定成败。管理的生命在于创造性,正是这一特性的存在,使得管理创新成为必需。

管理既是科学又是艺术,管理的科学性与艺术性并不是互相排斥的,而是相互补充的,只有做到二者兼顾才有可能成为成功的管理者。

1.1.2 经济学基础知识

1.1.2.1 经济的含义

经济一词,一般有以下四个方面的含义。

①经济是指生产关系。经济是人类社会发展到一定阶段的社会经济制度,是生产关系的总和,是政治和思想意识等上层建筑建立起来的基础。

②经济是一个国家国民经济的总称,由国民经济的各部门经济组成,如工业经济、农业经济、运输经济等。

③经济是指社会生产和再生产,即指物质资料的生产、交换、分配、消费的现象和过程,是研究

社会和部门经济发展规律的科学。

④ 经济是指节约或节省,是指人、财、物、时间等资源的节约和有效使用。

目前,西方学者比较认同的是美国经济学家保罗·萨缪森给经济学下的定义:经济学是研究人和社会如何进行选择,以利用具有多种用途的、稀缺的生产资源来生产各种商品,并将它们在不同的人群中进行分配的科学。

1.1.2.2 经济学的研究对象

西方经济学认为,物品和资源的稀缺性使社会必须对其有效地加以利用,是经济学的核心思想。正是由于存在着稀缺性和人们追求效率的愿望,经济学才能成为一门重要的学科。

人类社会要生存和发展,就需要不断地用物品和劳务来满足人们日益增长的需求。需求来自欲望,而欲望是一种缺乏的感受与求得满足的愿望。按照美国学者马斯洛的解释,人的欲望或人的需要可分为五个层次:第一,基本的生理需要,即生存的需要,这是最低层次的需要;第二,安全的需要,即希望未来生活有保障,如免于伤害,免于受剥夺,免于失业等;第三,社会的需要,即感情的需要、爱的需要、归属感的需要;第四,尊重感的需要,即需要有自尊心以及受到他人的尊重;第五,自我实现的需要,即出于对人生的看法,需要实现自己的理想。

在西方经济学看来,相对于人的需求,人类可以使用的物品和资源,包括自然资源、人力资源和人工制造的生产设备等都是稀缺的,而人的欲望却是无限的。稀缺资源不可能满足人的无限的欲望,因此,人类必须在有限的资源条件下,将资源有效地运用于满足人类最重要的目标上。如果所有能够满足人类欲望的物品和劳务,其数量超过人们所需要的数量,就像阳光、空气一样容易获得,那么人们就不必付出任何努力来获得这些物质生存资料,就没有人会关心不同的人或社会阶层间的收入分配是否公平的问题,社会也就不需要制定相应的政策来协调和解决分配问题。资源的稀缺性决定了人们不可能无代价地获取满足生存需要的物质资料,现有的物品和劳务只能满足人们消费欲望的很小部分。这里所说的稀缺性不是指资源绝对数量的多少,而是指相对于无限的欲望而言,再多的资源也是不足的。换句话说,人们要在资源稀缺的条件下对各种有待满足的目标进行选择,以便使稀缺资源得到有效率的使用。物品和资源的稀缺性与人类无限欲望的满足之间存在着矛盾,如何有效地使用社会资源以满足人们的需要,就成为经济学必须研究的课题。从这个意义上说,资源的稀缺性是经济学研究的起点,探索和回答如何在稀缺条件下实现资源的有效配置和利用就成为经济学的根本任务。

1.1.2.3 经济学的理论内涵

经济学就是研究资源配置与资源利用的科学,其目的就是用较少的投入换取较大的产出。资源配置是对一个社会利用资源来满足人们需求的高度概括,可以将资源配置具体化为三个问题,即"生产什么、如何生产、为谁生产"。

① "生产什么"是指利用现在的资源生产什么产品以满足人们各种需求欲望;

② "如何生产"是指在确定了生产什么产品的情况下,怎样有效率地将产品生产出来的方式方法。

③ "为谁生产"是指当各类产品被生产出来之后,如何将这些产品在参与生产的社会成员之间进行分配,也就是社会收入的分配问题。

上述三个问题是人类社会面临和必须解决的基本问题,不同的社会在解决这三个问题的时候采用的方式是不同的。

在人类历史上,存在过两种典型的经济制度,即计划经济制度和市场经济制度。在大多数西方国家中,多数经济问题是由市场来解决的。因此,它们的经济制度称为市场经济(market economy)。市场经济是一种主要由个人和私人企业决定生产和消费的经济制度。价格、市场、盈亏、激励的整套机制解决了生产什么、如何生产和为谁生产的问题。企业采用成本最低的生产技术(如何生产),生产那些利润最高的商品(生产什么)。消费则取决于人们如何决策去花费他们的收入(为谁生产),这些收入包括来自劳动的工资收入和来自财产所有权的财产收入。市场经济的极端情况称为自由放任(laissez-faire)经济,即政府不对经济决策施加任何影响。

与市场经济不同,计划经济(planned economy)又称指令经济(command economy),是由政府作出有关生产和分配的所有重大决策。在计划经济中,如20世纪苏联所采取的经济制度,政府不仅占有大部分生产资料(土地和资本),而且拥有并指导大多数行业中的企业经营,并成为大多数工人的雇主,指挥他们如何工作。此外,政府还决定社会产出在不同的物品与劳务之间如何分布。简言之,政府通过其资源所有权和实施经济政策的权力解答基本的经济问题。

当今世界上任何一个经济都不完全属于上述两种极端情况之一。市场经济是配置稀缺资源的有效方式已成为很多人的共识,但市场经济并非完美无缺,还需要政府用各种干预手段来纠正市场经济的"失灵"。经济学家把这种以市场经济为基础,又有政府适当干预的经济称为混合经济。混合经济又称为现代市场经济,以区别于上面所说的自由放任经济。当今世界各国大多实行混合经济制度,因此没有一个完全纯粹的市场经济。以现代市场经济的典型代表美国为例,虽然经济中的大多数决策都是在市场中进行的,但政府在监督市场运行方面仍然扮演着重要的角色:政府制定法律来监管经济生活,提供教育和治安服务,控制污染等。

1.1.2.4　经济决策者

(1)家庭

家庭是市场经济的起点,一方面其对商品和服务的要求决定了企业生产什么,另一方面家庭提供劳动、资本和企业家等产品生产要素。作为商品和服务的需求者及生产要素的供给者,家庭要做出各种各样的决策,比如买什么、存多少钱、在哪里工作,等等。虽然一般来说一个家庭有好几口人,但经济学通常把整个家庭看作一个决策者。

家庭在做决策时,追求的目标是什么呢?经济学假设人们总是让自己的满意程度、幸福感和利益达到最大。简单地说,家庭试图使其效用(utility)最大化。和其他经济决策者一样,家庭被看成是理性的,这就意味着他们会追求自身利益最大化并且不会故意损害他人的利益。效用最大化取决于每个家庭的主观目标,而不是某些客观的目标。

作为要素供给者的家庭,利用其有限的要素劳动、资本、自然资源和企业家才能满足其无限的欲望。他们可以用这些资源在自己家里生产商品和服务。例如,他们可以做饭、修理或制作简单的家具;也可以在要素市场上出售这些要素,再用所得到的收入到市场上去购买商品和服务。

由于一些主观和客观原因,一些家庭几乎没有值钱的要素,于是产生了救济制度。这些家庭的成员可以领到由政府发放的公共补助,在经济学中将其称为转移支付。转移支付包括现金转移和实物转移,前者是直接用货币支付,后者是由政府提供的实物。

作为商品和服务消费者的家庭,当获得要素收入后,主要把收入划分成两个部分:一部分用来购买家庭所需要的商品和服务,形成消费;另一部分则存储起来,形成储蓄。

(2)企业

企业是由追求利益的企业家把生产要素结合起来,为生产商品和服务而组织起来的经济单位。在经济学中,通常假定企业追求利润最大化。利润是企业家在生产活动中获得的回报,被定义为销售收入减去生产成本。

企业一般有三种组织形式:个人企业、合伙企业和公司制企业。个人企业是指单个人独资经营的企业。例如自我雇用的管道工人、农民和家政人员。合伙企业是由两个或者更多的个人将其资金和人力结合在一起,共同享有利润并承担损失。公司制企业是指按公司法建立和经营的具有法人资格的企业。它是一种重要的现代企业组织形式。每一个公司都是一个独立的法人,股份代表了法人所有权,赋予股东分红的权利。

企业在经济中的角色主要有两个。一个是生产者的角色,企业通过对生产要素的组织和运用,可以提供各种实物产品,如房屋、食品、机器、日用品等,也可以提供各种无形产品,即服务,如理发、医疗、旅游等。另一个是需求者的角色,企业生产得以顺利进行的一个前提条件是企业要拥有生产要素,而获取生产要素并不是免费的,需要企业在要素市场上用货币购买,因此,企业在生产要素市场上构成需求方,是以要素需求者的角色出现的。

(3) 政府

政府是国家公共行政权力的象征、承载体和实际行为体。在市场经济中,政府充当的是社会管理者的角色。在众多的政府职能中,政府对于市场经济所行使的职能主要有三项:提高效率、增进公平和促进宏观经济的稳定与增长。政府通过促进竞争、控制污染等外部性问题,以及提供公共产品等活动来提高经济效率。政府通过财政税收和预算支出等手段,有意识地向某些群体进行收入再分配,从而增进公平。政府通过财政政策和货币政策促进宏观经济的稳定和增长,在鼓励经济增长的同时减少失业和降低通货膨胀。

在市场经济中,政府有效地发挥作用,而这种作用与国家的财政有关。国家财政由政府收入和政府支出两个方面构成,其中政府收入包含税收和公债两个部分,政府支出则包括政府购买和转移支付。税收是政府收入的主要部分,它是国家为了实现其职能,按照法律预先规定的标准,强制地、无偿地取得财政收入的一种手段。当政府税收收入不足以弥补政府支出时,政府就会发行公债。公债是政府对公众的债务,或公众对政府的债权。它不同于税收,是政府运用信用形式筹集财政资金的特殊形式。政府发行的公债包括中央政府的债务和地方政府的债务。政府购买是指政府对商品和服务的购买。转移支付是指政府在社会福利保险、贫困救济和补助等方面的支出。

1.2 相关概念

1.2.1 工程项目管理的相关概念

1.2.1.1 项目的定义

国际标准《质量管理——项目管理质量指南(ISO10006)》将项目定义为"由一组有起止时间的、相互协调的受控活动所组成的特定过程,该过程要达到符合规定要求的目标,包括时间、成本和资源的约束条件"。

项目管理知识体系(PMBOK)将项目定义为"为提供某项独特产品、服务或成果所做的临时性努力"。

德国国家标准 DIN69901 将项目定义为在总体上符合如下条件的具有唯一性的任务(计划): ①具有预定的目标;②具有时间、财务、人力和其他限制条件;③具有专门的组织。

1.2.1.2 工程项目管理的含义

工程项目管理是以工程项目为对象,在一定的约束条件下,为实现工程项目目标,运用科学的理念、程序和方法,采用先进的管理技术和手段,对工程项目建设周期内的所有工作进行计划、组织、协调和控制等系列活动。

工程项目管理的含义

美国项目管理协会(Project Management Institute，PMI)对广义的项目管理的定义是：一种将知识、技能、工具和技术投入项目活动中的综合应用过程，目的是满足或超越项目所有者对项目的需求和期望。定义强调，项目管理必须满足不同的项目所有者在项目质量、进度、成本和风险等方面提出的要求。

英国皇家特许建造学会(Chartered Institute of Building，CIOB)对工程项目管理的定义是：贯穿于项目开始至完成的一系列计划、协调和控制工作，其目的是在功能与财务方面都能满足客户需求。客户对项目的需求表现为：项目能够在确定的成本和要求的质量标准下及时完成。

我国对工程项目管理的定义是：从项目开始至项目完成，通过项目计划和项目控制，实现项目的费用目标、进度目标和质量目标的过程。

根据上述工程项目管理的定义，应注意从以下几个方面理解：

①项目管理全过程的核心是计划与控制，项目管理基本过程包含项目启动、计划、执行、控制和收尾；

②项目全生命周期管理包含范围管理、时间管理、费用管理、质量管理、人力资源管理、信息管理、风险管理、采购管理及综合管理九大领域，重点是进度、费用及质量三大目标的实现。

1.2.1.3 工程项目管理的发展趋势

随着现代信息技术、数据技术与建造技术的快速创新、发展、进步，以及工程项目日趋大型化、科技含量的不断增加、业主需求的改变以及项目管理技术的迅速发展，工程项目管理在各个方面都发生深刻的变化。以下是工程项目管理发展趋势的六个方面。

(1)工程项目管理的集成化趋势

工程项目管理集成化是利用项目管理的系统方法、模型和工具对工程项目相关资源进行整合，达到工程项目设定的具体目标和投资效益最大化的过程。在项目管理过程中，将项目决策阶段的开发管理、实施阶段的项目管理和使用阶段的设施管理集成为工程项目全寿命周期管理，即对工程项目从前期策划到项目拆除的全过程进行计划、组织、执行、协调和控制，使项目在预定的建设期和投资限额内建成，达到所要求的工程质量标准；在运营期进行物业的财务管理、空间管理、用户管理和运营维护管理，使项目创造尽可能多的效益，满足投资商、项目经营者和终端用户的需求。

(2)工程项目管理的可持续化趋势

可持续建设指工程项目建设活动中，以最节约能源、最有效利用资源的方式，尽量降低环境负荷，同时为人们提供安全、舒适的工作和生活空间，其目的是达到人、建筑与环境三者平衡和持续发展。可持续建设包括两层含义：一是创造一种符合可持续发展要求的产品，如绿色建筑或生态建筑，自然资源消耗量少，使用过程能耗低，拆除后大部分材料可以回收利用；二是可持续建设模式，如在绿色建筑和生态建筑的构思、研究决策、设计、建造、使用和报废的全生命周期内，实现低自然资源消耗、较高的建筑生产率和集成化协同工作。

(3)工程项目管理的信息化趋势

随着信息技术和网络技术的发展，项目管理软件和基于局域网的工程项目管理已经在项目管理中得以普及，工程项目管理信息化不断发展。

"智慧工程"是工程信息化理念在工程领域的行业体现，是一种崭新的工程全生命周期管理理念。它通过三维设计平台对工程进行精确设计和模拟，并将此数据在虚拟现实环境下与物联网采集到的工程信息进行数据挖掘分析，提供过程趋势预测及专家预案，实现工程可视化智能管理，以提高工程管理信息化水平，改善工程质量。

此外，铁路、高速公路等线性项目所处的地域大多位于山区，利用无人机的低空飞行及数据采集功能,可达到施工复测、场站位置选址、征地拆迁评估、工程进度观测、安全管理、维护养护等目的,逐渐成为项目管理的新工具。

(4) 工程项目管理的国际化趋势

知识经济时代的一个重要特点是知识与经济发展的全球化。因为竞争的需要和信息技术的支撑,促进了工程项目管理的国际化发展。主要表现在国际的工程项目合作日益增多,国际化的专业活动日益频繁,工程项目管理专业信息的国际共享等。工程项目管理的国际化发展既创造了学习的机遇,也提出了高水平国际化发展的要求。

在"中国高铁/铁路走出去"发展战略、"一带一路"倡议以及经济全球化的时代背景下,我国的跨国公司和跨国项目越来越多,国内许多项目已通过国际招标、咨询等方式运作,我国企业在海外投资和经营的项目也在不断增加。国内市场国际化,国内外市场全面融合,使得项目管理的全球化正成为趋势和潮流。项目参与各方的国际化,使得项目管理上升到知识经济的高度。

(5) 工程项目管理的专业化趋势

工程项目管理的广泛应用促进了工程项目管理向专业化方向发展,突出表现在项目管理知识体系的不断发展和完善、学历教育和非学历教育竞相发展、各种项目管理软件开发及研究咨询机构的出现等。应该说这些专业化的探索与发展,也正是工程项目管理学科逐渐走向成熟的标志。

目前国内外工程项目管理市场竞争日趋激烈,企业只有不断提升项目管理能力,才能在市场竞争中取胜。随着项目数量与规模不断扩大,项目管理的复杂程度不断增加,对工程项目管理者提出了更高要求。项目管理在发展过程中,已经由一门学科转变成了一个职业,在未来的项目管理中,由专业的管理企业承接管理任务将成为一种主流,也是实现工程项目管理专业化的重要步骤。

(6) 工程项目管理的精益化趋势

精益化管理的核心内容是避免不能产生效果和效益的投入发生,发挥规则的约束作用,实现对系统的细化,发挥标准化和数据化手段的优势,提升整个组织管理的运营效率,达到高效性与协同性的目标。精益建造是精益化管理的重点。

1.2.2 工程经济决策相关概念

1.2.2.1 工程经济学的概念

工程经济学是指在有限资源的条件下,运用工程经济学分析方法,对工程技术(项目)各种可行方案进行分析比较,选择并确定最佳方案的科学。它的核心任务是对工程项目技术方案的经济决策。工程经济学研究各种工程技术方案的经济效益,研究各种技术在使用过程中如何以最小的投入获得预期产出,或者说如何以等量的投入获得最大产出;如何用最低的生命周期成本实现产品、作业以及服务的必要功能。

随着现代社会经济活动的日益增加,投资者经常面临工程项目建设决策及投资决策等问题。例如,企业为提升竞争力或扩大生产能力,可能要开工建设新的项目或生产线,随之而来的问题是,不同的方案如何进行比较?比较的标准和方法是什么?新的建设项目其最合理的建设规模是多大?如何考虑项目从设想到建成投产过程中的各类不确定性因素?对个人投资者来说,当积累一定数额的资金后,以何种方式保证其保值增值?是进行固定资产投资,还是投资股票或基金?等等。这些问题有以下特点:第一,每个问题都涉及多个方案,实质是要研究多方案选择问题;第二,每个问题研究的核心应当是经济效益,实质是要研究经济效益评价的标准和方法;第三,每个问题都是站在现在的角度研究未来的情况,其中的不确定性因素对决策的结果有很大影响。在这样影响因素众多的情况下,要做出正确的决策,仅仅依靠工程学的知识是不够的,还必须具备经济学的知识,并且掌握一些工程经济分析的方法。

1.2.2.2 工程经济分析的基本原则

对工程项目的技术方案进行分析、比较和评价,是工程经济学的中心内容。在进行工程经济分析过程中,还必须遵循一定的规则,建立一定的假定条件。这些规则和假定条件,构成了工程经济分析应遵循的基本原则。在工程经济分析中,对工程项目或技术方案进行经济评价的原则主要有以下八项,这些原则分别从不同的角度对项目或方案进行评价,以得到项目或方案的综合评价结果,为决策者提供参考。

(1)资金的时间价值原则

资金的时间价值是指资金在生产和流通过程中随时间推移而产生的增值。资金的价值会随时间发生变化,在不同时间付出或得到同样数额的资金在价值上是不等的。只有考虑资金的时间价值,才能合理地评价项目的未来收益水平。

(2)现金流量原则

工程经济分析中衡量投资收益使用的是现金流量而不是会计利润。现金流量反映项目中发生的实际现金的流入和流出,而不反映应收、应付款项及折旧、摊销等非现金性质的款项。会计利润是会计账面数字,而不是手头可用的现金。

(3)增量分析原则

工程经济分析必须从增量角度对不同方案进行评价和比较,即用两个方案的现金流量差来进行分析,得到各种差额评价指标,再与基准指标对比,来确定投资多方案是否可行。

(4)机会成本原则

企业投资某个项目的建设而放弃另一个项目的机会,或利用一定资源获得某种收入时所放弃的另一种收入,即为正在从事项目的机会成本。工程经济分析通过对机会成本的分析,要求企业正确选择投资项目或方案,其依据是实际收益必须大于机会成本,从而使有限的资源得到最佳配置。

(5)有无对比原则和前后对比原则

有无对比,是指将有这个项目和无这个项目时的现金流量情况进行对比;前后对比,是将某一项目实施以前和实施以后的各种效益费用情况进行对比。

(6)风险收益的权衡原则

投资任何项目都存在风险,因此必须考虑方案的风险和不确定性。不同项目的风险和收益是不同的,高风险的项目通常伴随着高收益,决策者需要根据对风险的态度权衡风险和收益。

(7)技术与经济相结合的原则

技术与经济相互促进又相互制约。经济是技术进步的目的,技术是达到经济目标的手段,是推动经济发展的强大动力。一些先进技术需要有相应的工程经济条件来支撑,需要相应的资源结构相配合。对于不具备相应条件的地区和国家,这样的技术就很难发挥应有的效果。因此,在进行工程项目或技术方案评价时,需要技术与经济相结合,既要评价技术能力和技术意义,同时也要评价其经济特性和价值,将两者结合起来,最大限度地发挥效益。

(8)可比性原则

为了在对各项技术方案进行评价和选优时,能全面正确地反映实际情况,必须使各方案的条件等同化。各个方案涉及的因素极其复杂,加上难以定量表达的因素,所以不可能做到绝对等同化。在实际中,一般只能做到使对方案经济效果影响较大的主要方面达到可比性要求,包括:①产出成果使用价值的可比性;②投入相关成本的可比性;③时间因素的可比性;④价格的可比性;⑤定额标准的可比性;⑥评价参数的可比性。其中,时间可比是方案经济评价通常要考虑的一个重要因素。

例如,有两个技术方案,产品种类、产量、投资成本完全相同,但时间上有差别,其中一个投产早,另一个投产晚,则很难直接对两个方案的价值大小下结论,必须将它们的效果和成本都换算到同一个时点后,才能进行方案评价和比较。

1.2.2.3 工程经济分析的步骤

工程经济分析可大致概括为以下五个步骤:①确定目标;②寻找关键要素;③穷举方案;④评价方案;⑤决策。工程经济分析的基本思路如图1-2所示。

工程经济分析的步骤

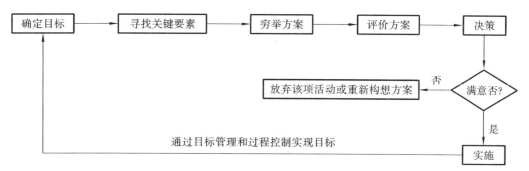

图1-2 工程经济分析的基本思路

(1)确定目标

工程经济分析的第一步是通过调查研究寻找经济环境中显在和潜在的需求,确立工作目标。工程项目的成功与否,不但取决于系统本身效率的高低,同时与系统能否满足人们的需要密切相关。因此,只有通过市场调查等各种手段明确目标,才能谈技术可行性和经济合理性。

(2)寻找关键要素

关键要素即实现目标的制约因素。确定关键要素是工程经济分析的重要环节。只有找出主要矛盾,确定系统的各种关键要素,才能集中力量采取最有效的措施,为目标的实现扫清道路。寻找关键要素是一个系统分析的过程,需要树立系统思想方法,综合运用各种相关学科的知识和技能。

(3)穷举方案

关键要素找到后,紧接着要做的工作就是制定各种备选方案。很显然,一个问题可采用多种方法来解决,因而可以制定出许多不同的方案。例如,降低人工费可采用新设备,也可采用简化操作的方法;降低产品废品率,可通过更新设备实现,也可通过质量控制实现。工程经济分析过程本身就是多方案选优。所以,穷举方案就是要尽可能多地提出潜在方案,包括维持现状的方案。实际工作中往往存在这样的情况,虽然在分析时考虑了若干方案,然而,由于恰恰没有考虑更为合理的某个方案,从而导致了不明智的决策结果。工程技术人员不应该仅凭直觉提出方案,因为最合理的方案不一定是工程技术人员认为最好的方案。因此,穷举方案需要多专业交叉配合。分析人员也不应该轻率地淘汰方案,有时仔细地定量研究后会发现,开始仅凭感觉拒绝的方案其实就是解决问题的最好方案。

(4)评价方案

从工程技术的角度提出的方案往往在技术上是可行的,但在效果一定时,只有费用及损失最低的方案才能称为最佳方案。这就需要对备选方案进行经济效益评价。评价方案,首先必须将参与分析的各种因素定量化。一般将方案的投入和产出转化为用货币表示的收益和费用。即确定各对比方案的现金流量,并估计现金流量发生的时点,然后运用数学手段进行综合运算分析对比,从中选出最优的方案。

(5)决策

决策即从若干行动方案中选择令人满意的实施方案。它对工程项目建设的效果有决定性影响。在决策时,工程技术人员、经济分析人员和决策人员应特别注重信息交流和沟通,减少由于信息不对称造成的分歧,使各方人员充分了解各方案的工程经济特点和各方面的效果,提高决策的科学性和有效性。

1. 管理的性质有哪些?
2. 经济学可定义为(　　)。
   A. 政府对市场制度的干预　　　　B. 消费者如何获取收入
   C. 资源的配置和利用　　　　　　D. 企业取得利润的活动
3. 资源配置具体化为哪三个问题?这三个问题分别是什么?
4. 我国对工程项目管理的定义是什么?
5. 工程经济分析的基本原则有哪些?

2 工程项目质量管理

【案例】

1957年,苏联的586设计局承担了R-16导弹的研制任务。1960年10月21日,导弹发射工作准备完毕。10月23日,工作人员开始为导弹加注燃料和压缩气体,发射时间定在了当地时间23日19点。白天一切正常,但18点30分传来了一个危险信号:在进行与一级发动机氧化剂和燃料管路内的高温隔膜爆毁有关的例行检查时出现了意外情况。涅米林元帅和数百名苏联高级火箭专家、工程师以及军人来到了发射台,马上对导弹进行检查。但是,他们就是这个时候犯了一个致命的错误:根据安全条例规定,集体检查时必须在燃料取出之后才能进行,就好像我们检查电路要先断电一样,可是涅米林元帅没有遵守规定,因为这枚R-16导弹是为了对抗美国洲际导弹的威胁而实施的紧急项目。当时处于冷战时期,苏联决定抓紧一切时间与美国对抗。于是元帅和数百名专家没有遵守规定,在注满燃料的火箭旁开始了对火箭系统的检修。直到离预定发射时间30分钟时,工程师们还在抢修火箭的一个配电器。突然,导弹的第二节引擎不知出于什么原因,竟然被点燃了!引擎顿时喷出了火焰,然后又迅速点燃了第一节的燃料缸,火箭发动机瞬间产生了大火,继而发生了大爆炸。刹那之间,爆炸产生的火焰和高温把周围的一切都吞噬了,在场的涅米林元帅和数百名科学家、工程师、军人全部葬身火海。

通过案例可以看出,如果在实际操作中不遵照规章制度,则不能保证产品的质量达到要求,甚至造成不堪设想的后果。因此,质量管理重要性凸显。

2.1 工程项目质量管理概述

2.1.1 工程项目质量

2.1.1.1 工程项目质量概念

项目的交付物是一种产品,项目质量即产品的质量。因此,项目质量就是项目产品满足项目相关方要求的程度,应满足明示的、通常隐含的和必须履行的需要和期望。对项目质量的要求来源于项目的各相关方,满足各方要求的程度反映出项目质量的好坏。相对地,工程项目质量即工程项目交付成果的质量,是综合性的多重指标,具体包括工程项目产品的质量、工程项目技术系统的质量、工程项目服务的质量、工程项目其他方面的质量。

(1)工程项目产品的质量

工程项目产品质量包括适用性、可靠性、安全性、经济性和环保性等方面。其中,适用性即产品满足使用目的的性能特性,如建筑结构性能、机械产品加工精度等;可靠性即产品在规定时间和条件下完成规定功能的能力,如材料与零件的持久耐用性、维修保障性能等;安全性即投入使用后保障人身、环境安全的程度;经济性即产品生命周期中的成本与收益协调性;环保性即满足环境要求的程度。

(2)工程项目技术系统的质量

工程项目技术系统的质量包括工程项目的设计质量、过程质量和体系质量等方面。设计质量指工程项目的策划设计等技术指标达到法律法规标准以及道德美学标准的特性;过程质量指工程项目实施过程中的技术指标满足过程标准的程度;体系质量指工程项目所建立的组织或流程体系

（3）工程项目服务的质量

工程项目服务的质量指工程项目能够提供完备的、人性化的服务从而满足各方要求的程度。

（4）工程项目其他方面的质量

工程项目其他方面的质量包括产品造型美观、工程项目影响深远、过程操作规范、相关人员拥护等各个方面。

例如，建设工程项目的质量通常表现为如下方面。

① 适用性，即建设工程项目满足使用目的的性能，包括结构性能、使用性能、外观性能等。

② 耐久性，即建设工程项目在规定的条件下，满足规定要求的使用年限。

③ 安全性，即建设工程项目投入使用后保证结构安全、保障人身和环境安全的程度。

④ 可靠性，即建设工程项目在规定时间和条件下完成规定功能的能力。

⑤ 经济型，即建设工程项目在策划、设计、施工、使用阶段的成本费用。

⑥ 环保性，即建设工程项目与环境的协调可持续发展程度。

2.1.1.2 工程项目质量特征

工程项目质量的特点是由工程项目本身的特点决定的。不同的工程项目具有不同的工程项目质量特征，就其共性而言，工程项目质量都具有如下特征。

① 影响因素多：工程项目都需要经历若干阶段、一定周期才能完成。在不同的阶段、不同的时期，影响质量的因素是多样的，可能包含已知和未知的因素。所以可将影响工程项目质量的因素集看成一个动态的、复杂的系统。

② 工程项目目标的制约性：工程项目具有多目标属性，目标之间存在着对立统一的关系。工程项目的质量与其时间、费用等目标之间既相互统一，又相互矛盾。在工程项目质量管理过程中，需要深入分析目标之间的关系，从全局的角度出发管理工程项目质量。

③ 评价方法的特殊性：对工程项目质量的评价不同于对一般产品质量的评价，涉及多方面因素，较为复杂，且不同类型的工程项目具有不同的质量评价方法。

2.1.1.3 影响因素

工程项目质量的影响因素

从工程项目的共性出发，归纳总结出影响工程项目质量的因素为"人、机、料、法、环"五类因素，即人（man）、机械（machine）、材料（material）、方法（method）和环境（environment），简称为4M1E因素。

人是项目活动的主体，项目的所有环节都是通过人来完成的，所以人会对工程项目质量产生直接、重要的影响。人的专业素质、身体素质、人文素质等不同，对工程项目产生的影响也不同。在项目进展过程中，需要不断提升项目参与者的素质和质量意识。

机械设备可分为两类：一类是构成项目本身的机械设备，另一类是项目形成过程中使用的各类机具设备、仪器等。不同机械设备对工程项目质量的影响程度不一，构成主要或次要影响因素。因此应有针对性地分析，明确机械设备对工程项目质量可能造成的影响。

材料泛指构成项目实体的各类原材料、构配件、半成品等，是形成项目的物质条件，是实现工程项目质量的基础。材料的选用是否合理、质量是否合格、是否经过检验、保管是否恰当等，都将会直接影响工程项目质量。必须加强对材料的质量控制，杜绝使用不合格材料。

方法是指项目实施所采用的工艺方案、技术方案、作业方案和组织方案等。方法会对工程项目质量产生重大影响。方法合理、先进、可靠、科学，将会大大促进工程项目质量的提高，反之则可能降低工程项目质量。所以，采用合理的技术、新工艺、新方法，不断提高方法的科学性和可靠性，是保证工程项目质量稳定提高的重要手段。

环境是指对工程项目质量产生影响的环境因素。不同的工程项目可能具备不同的环境条件，会对工程项目产生不同程度的影响。因此应对工程项目的环境条件加以分析，有针对性地采取措施,进行环境管理,改善环境条件,创造有利于保证工程项目质量的环境。

2.1.2 工程项目质量管理体系

2.1.2.1 工程项目质量管理概念

工程项目质量管理是指围绕工程项目质量所进行的指挥、协调、控制等活动,是工程项目管理的重要内容之一。工程项目质量管理是由优化的质量方针、质量计划、组织结构、项目过程中的活动以及相应的资源所组成的,包括为确保项目能够满足质量需求所展开的过程和整体管理职能的所有活动,这些活动又包括确定质量政策、目标和责任。在工程项目生命周期内,需要持续使用质量计划、质量控制、质量保证和改进措施,以最大限度地满足顾客的需求和期望,并争取最高的顾客满意度。工程项目的质量管理要求每个团队成员参与,他们都应该意识到,质量是项目成功的基础。只有让客户满意,才能实现在长期业务组织中的发展和成功。

工程项目质量管理是项目管理的一项必不可少的内容。无论是对企业,还是对国家来说,优质的产品或服务都具有战略性的重要意义。以软件开发为例,我国软件行业发展的历史较短,加之信息技术行业发展速度快,使得许多软件公司虽然根据软件工程理论建立了一些软件开发管理规范,但由于我国软件行业自身发展方面存在着许多问题,如软件开发不规范,缺乏高技术高水平的开发人员等,不能从根本上解决软件开发的质量管理问题。这样就导致了软件产品质量不稳定,软件后期的维护、升级出现麻烦,从软件开发到开发管理都不能适应市场的要求,最终损害用户的利益。

2.1.2.2 工程项目质量管理体系

建立及完善质量管理体系并保持其有效运行是提高企业产品和服务质量的重要环节,也是一项极其复杂的系统工程。质量管理体系的建立与运行过程如图 2-1 所示。

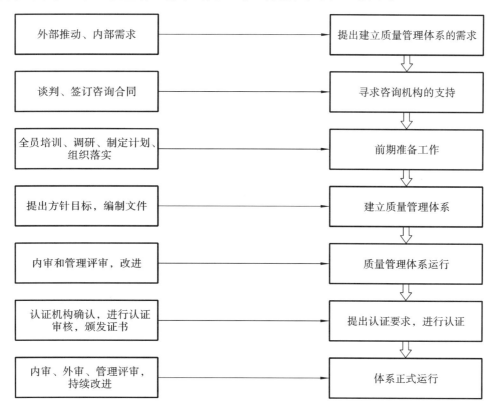

图 2-1 质量管理体系的建立和运行过程

国际标准化组织(International Organization for Standardization, ISO)于1987年3月发布了1987版ISO 9000质量管理和质量保证系列标准。该标准采纳了很多优秀企业的优良运作模式,特别是全面质量管理的经验。经过多年的发展,ISO发布了多个ISO 9000标准版本。2015年9月,ISO组织对ISO 9000系列标准进行了较大的改版,并发布了2015版ISO 9001版本,希望该标准能在"世界范围内被认识和关注,希望这些标准成为组织主动实现持续发展的组成部分"。迄今,ISO标准仍在不断发展中。我国的全国质量管理和质量保证标准化技术委员会是国际标准化组织的正式成员,参与了相关的制定工作,并承担将ISO 9000系列标准转化为国家标准的任务。如2016年12月30日发布了2016版GB/T 19000标准。表2-1为ISO 9000质量标准体系的构成。

表2-1 ISO 9000质量标准体系的构成

核心标准	ISO 9000:2015	《质量管理体系 基础和术语》
	ISO 9001:2015	《质量管理体系 要求》
	ISO 9004:2018	《追求组织的持续成功 质量管理方法》
	ISO 19011:2018	《管理体系审核指南》
支持性标准和文件	ISO 10001:2018	《质量管理 顾客满意 组织行为规范指南》
	ISO 10002:2018	《质量管理 顾客满意 组织处理投诉指南》
	ISO 10003:2018	《质量管理 顾客满意 组织外部争议解决指南》
	ISO 10004:2018	《质量管理 顾客满意 监视和测量指南》
	ISO 10005:2018	《质量管理 质量计划指南》
	ISO 10006:2017	《质量管理 项目质量管理指南》
	ISO 10007:2017	《质量管理 技术状态管理指南》
	ISO 10008:2013	《质量管理 顾客满意 商家-消费者电子商务交易指南》
	ISO 10012:2016	《测量管理体系 测量过程和测量设备的要求》
	ISO/TR10013:2001	《质量管理体系文件指南》
	ISO 10014:2006	《质量管理 实现财务和经济效益的指南》
	ISO 10015:1999	《质量管理 培训指南》
	ISO/TR10017:2003	《ISO 9001:2000统计技术指南》
	ISO 10018:2012	《质量管理 人员参与和能力指南》
	ISO 10019:2005	《质量管理体系咨询师的选择及其服务的使用的指南》

2.1.2.3 工程项目质量管理原则

现代工程项目具有大规模和多层次相统一的特点,其产品、技术系统、服务和其他各方面均表现出工程项目的系统特征。具体包括如下几个方面。

①动态性。项目在全生命周期中,各阶段甚至各时间段内影响项目质量的因素不同,质量管理的内容和目的也不同,管理不能一成不变,需根据实际情况做出相应调整。所以,项目的质量管理具有动态性。

②复杂性。影响工程项目的因素有很多,这些会导致工程项目的环节、主体、质量风险等出现很多问题,各因素间呈线性或非线性的关系,因此工程项目具有复杂性。

③不可逆性。工程项目具有一次性的特点。在实施质量管理后,如果要改变造成的后果,通常需要付出很大代价,有的后果甚至是不可改变的,因此工程项目具有不可逆性,必须高度重视每一个环节。

④系统性。工程项目中各个因素相互影响、相互制约,构成一个工程项目系统,其内生关系和演进过程符合系统工程的特点。

⑤社会历史性。工程项目具有不同的属性,每一个工程项目都有自身的意义,影响社会经济的发展,也起到记录工程历史的作用,具有社会历史性。

⑥目标脆弱性。工程项目的目标需要符合发展的需求,会随着环境、资源等多方面因素而变动,并不总是恒定不变的,因此具有目标脆弱性。

因此,工程项目质量管理应遵循以下原则。

①以顾客为关注焦点。在工程项目质量管理中,项目的相关主体应该明确自己的顾客是谁;顾客的需求和期望是什么;怎么做才能满足顾客的需求,提高客户的满意度。

②发挥领导作用。统一的宗旨和方向,以及全员参与,能够使组织将战略、方针、过程和资源保持一致,以实现其目标。作为组织的领导者,要考虑方向和目标,有意识地引导团队朝某个方向发展。

③鼓励全员参与。通过表彰、授权和提高能力,促进全员参与实现组织的质量目标,达到有机会、有动力、民主化、透明化的效果。

④注重过程方法。质量管理体系是由相互关联的过程所组成。理解体系是如何产生结果的,能够使组织尽可能地完善其体系和绩效。

⑤坚持持续改进。改进当前的绩效水平,对其针对内、外部条件的变化做出反应并创造新的机会具有重要作用。

⑥决策方法基于事实。决策是一个复杂的过程,总是包含一些不确定因素,重要的是要理解因果关系和潜在的非预期后果,对事实、证据和数据的分析会使决策更加客观。

⑦侧重关系管理。项目的相关方会对项目质量产生影响,当项目相关方对项目质量产生积极的影响时,项目的质量才能得到保证。项目的五大相关方为企业所有者、顾客、供方、员工、社会(政府、本地组织等)。

2.2 工程项目质量管理工具

2.2.1 调查表

调查表,又称为统计数表、核查表,是一种为了便于收集原始数据而事先设计好的表格。通过调查表,可对调查对象进行质量特征的收集和统计,以提供进一步的分析或对比检查。调查对象、产品的工艺特点、调查目的和分析方法不同,调查表的格式也不一样。常用的调查表有缺陷位置调查表、不合格项目调查表、不合格原因调查表、工序分布调查表等。

【例2-1】某汽车零件制造厂,质量管理人员在近期连杆零件的检验中发现质量问题。质量管理人员对连杆出现的质量问题进行统计,见表2-2。

表 2-2 某企业连杆铸造质量不良统计表

项目	铸造质量不良	搜集人	×××	日期	2020 年
地点	质检科	记录人	×××	班次	全部

不良分类	日期						合计
	1月	2月	3月	4月	5月	6月	
	废品数						
欠铸	224	258	356	353	332	223	1746
冷隔	240	256	283	272	245	241	1537
小砂眼	151	165	178	168	144	107	913
黏砂	75	80	90	94	82	72	493
其他	14	18	27	23	16	32	130
合计	704	777	934	910	819	675	4819

2.2.2 分层法

分层法,又称为分类法和分组法,是将收集到的数据根据不同特征而对结果产生的影响,对个别特征加以分类、统计的方法。对数据进行分类、统计,使数据反映的事实更加明了突出,便于找出问题。常用的分层方法如下:按操作人员分层、按材料分层、按设备分层、按工艺方法分层、按工作时间分层、按工作环境分层、按使用条件分层等。分层的方法有很多种,可以根据实际情况综合选择。

2.2.3 排列图

排列图,又称为帕累托图(Pareto 图),是一种根据所搜集的数据,以不同区分标准为单位加以整理、分类、计算出各分类项目所占的比例并按照大小顺序排列,再加上累积值形成的图形。在排列图上,通常把影响曲线的因素分为 A、B、C 三类。

A 类因素:又称为主要因素,是对应累计频率在 0~80%区间的元素。A 类元素数量不多,是影响质量的主要因素。

B 类因素:又称为次要因素,是对应累计频率在 80%~90%区间的元素。B 类元素对质量的影响比 A 类因素小。

C 类因素:又称为一般元素,是对应累计频率在 90%~100%区间的元素。C 类元素影响最小。

【例 2-2】连杆问题同例 2-1,质量管理人员对连杆出现的质量问题统计情况见表 2-3,质量人员绘制排列图,如图 2-2 所示,质量人员和制造工艺人员联合查找原因,并提出了预防方案,最终避免了后续批次连杆的铸造质量问题。

表2-3 连杆质量问题频数统计

项目	废品数/件	频率	累计频率
欠铸	1746	36.23%	36.23%
冷隔	1537	31.89%	68.13%
小砂眼	913	18.95%	87.07%
黏砂	493	10.23%	97.30%
其他	130	2.70%	100%
合计	4819	100%	

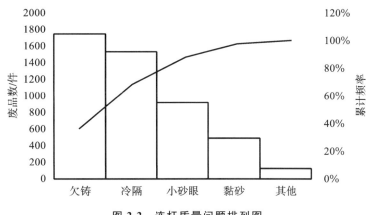

图2-2 连杆质量问题排列图

2.2.4 因果图

因果图,又称为特性要因图或鱼骨图,是一种通过带箭头的线,将质量问题与原因之间的关系表示出来,分析影响产品质量(结果)的诸因素(原因)之间关系的工具。因果图的制作步骤如下。

①明确质量问题——结果。画出质量特征的主干线,箭头指向右侧的一个矩形框,框内注明研究的问题,即结果。

②分析确定影响质量特性大的方面的原因,一般从人、机、料、法、环等质量影响因素进行分析。

③将各原因绘制到因果图中,按照大原因、中原因、小原因逐层细化,直至可以采取具体措施加以解决为止。

④检查因果图中所列原因是否齐全,做必要的修改和补充。

⑤针对影响较大的因素做出标记,重点采取措施。

现以混凝土强度不足的质量问题为例绘制因果分析图,如图2-3所示。

工程项目质量管理方法:因果图

2.2.5 直方图

直方图,又称为质量分布图、矩形图或频数图,是一种将一个变量的不同等级的相对频数用矩形块绘制的图表,通过对所收集到的数据进行处理,来反映产品质量的分布情况,以及判断生产过程是否正常。直方图还可用来估计工序不合格品率的高低、制定质量标准、确定公差范围、评价施工管理水平等。

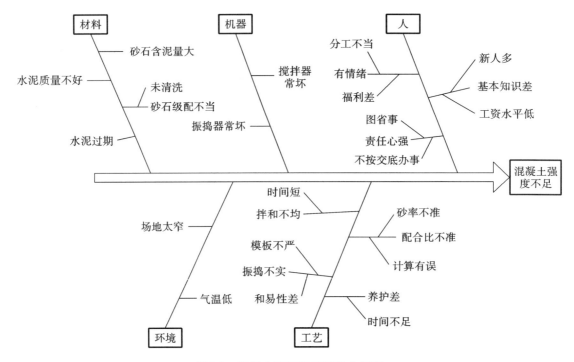

图 2-3 混凝土强度不足因果分析图

直方图的绘制步骤如下。

①数据的收集和整理。查找最大值和最小值,计算极差,用字母 R 表示。

②确定直方图的组数和组距。组数用字母 K 表示,组距用字母 h 表示。

组数和组距的关系

$$组距 = \frac{极差}{组数} \tag{2-1}$$

$$h = \frac{R}{K} \tag{2-2}$$

③确定数据分组区间。相邻区间上的数据是连续的,即前一区间的上界值应等于后一区间的下界值。

④进行频数统计,编制频数分布表。

⑤根据频数分布表绘制频数分布图。

【例 2-3】测量 120 名工人甲板涂刷单位瑕疵数量,分组后绘制直方图,如图 2-4 所示。

2.2.6 散点图

散点图,又称为散布图或相关图,是一种用一个直角坐标表示两个变量(两个质量特征)之间的相关关系的图形。散点图中点的分布情况可以反映两个变量之间的相互关系,以及关系的密切程度。几种基本类型如下。

①正相关:因素 X 增加,结果 Y 明显增加。

②弱相关:因素 X 增加,结果 Y 略有增加。

③不相关:因素 X 和结果 Y 没有关系。

④弱负相关:因素 X 增加,结果 Y 略有减少。

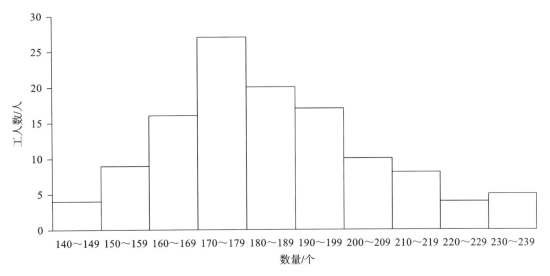

图 2-4　瑕疵分布的直方图

⑤负相关：因素 X 增加，结果 Y 明显减少。

⑥非线性相关：因素 X 增加到某一范围时，结果 Y 也增加，但超过一定范围后 Y 反而减小。散点图示例如图 2-5 所示。

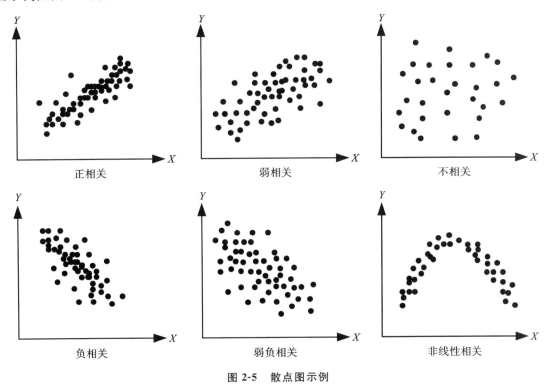

图 2-5　散点图示例

2.2.7　控制图

控制图，又称为管理图法，通过动态地反映质量特征随时间的变化，可以掌握动态的质量变化，判断其生产过程的稳定性，从而实现对其工序质量的动态控制。

控制图的纵坐标为质量特征值,横坐标为子样编号或抽取时间。控制图一般有三条控制界限:上面的一条线称为控制上限,可用 UCL(upper control limit)表示;下面的一条线被称为控制下限,可用 LCL(lower control limit)表示;中间的一条线称为中心线,用 CL(central line)表示,如图 2-6 所示。控制图以正态分布为理论依据,采用"三倍标准差法"确定控制界限,即"3σ"方式确定控制界限,以质量特征值的平均值为中心线,以中心线为基准值,往上 3 倍的标准差确定为控制上限,往下 3 倍的标准差为控制下限。若设质量特征值均值为 μ,标准差为 σ,则

$$UCL = \mu + 3\sigma \tag{2-3}$$

$$CL = \mu \tag{2-4}$$

$$LCL = \mu - 3\sigma \tag{2-5}$$

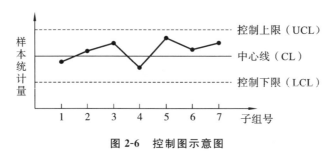

图 2-6 控制图示意图

控制图可分为计量值控制图和计数值控制图。计量值控制图有平均值-极差值控制图,中位数-极差值控制图;计数值控制图有不良品数控制图、不良品率控制图、样本缺陷控制图、单位产品缺陷数控制图等。

应用控制图的主要目的是分析判断项目实施过程是否处于稳定状态,预防不合格品的发生。当控制图上的点没有跳出控制界限,则可认为项目实施过程基本上处于控制状态;一旦超出控制界限,则可认为项目实施过程发生了异常变化。此时,需要对实施过程中的工序进行观察,查清产生异常的原因,采取措施,消除异常因素,避免产生不合格品,真正做到"预防为主"和"控制"。

2.2.8 关联图

关联图,又称为相互关系图,是一种把现象和问题有关系的各种因素串联起来的图形,从而揭示问题的本质,找出主要原因。通过关联图可以找出与此问题有关的一切要素,从而进一步抓住重点并解决问题。按应用形式可分为多目的型和单一目的型;按结构形式可分为中央集中型、单向汇集型、关系表示型和应用型。如图 2-7 所示为关联图示例。

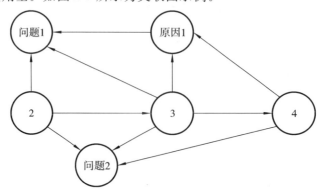

图 2-7 关联图示例

2.2.9 亲和图

亲和图是一种将某件事的数据资料间的相互关系进行归纳、分类整理,然后再进行分析讨论,找出能够解决问题的方法的思维导图。其主体方法是 A 型图解。A 型图解,就是未知或未经检验过的(包括未来)领域中的混乱问题,搜集其事实、意见及设想等方面的语言文字资料,然后利用资料间的亲和性做成归类合并图,进而从中找到所要解决的问题和解决问题的方法。如图 2-8 所示为提高摩托车质量的亲和图法示例。

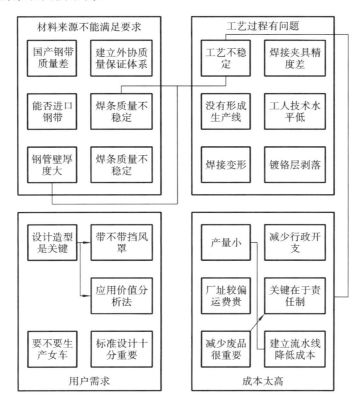

图 2-8 提高摩托车质量的亲和图法示例

2.2.10 系统图

系统图是将为达到目的、目标所必需的手段、方法系统地展开,以便纵观全局、明确重点、寻求实现目的、目标的最佳措施而制作的图表。其优点是目标明确,关键突出,职责明确,措施具体,考核方便。如图 2-9 所示为系统图示例。

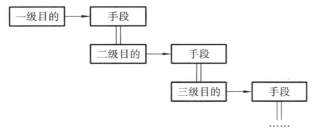

图 2-9 系统图示例

2.2.11 矩阵图

矩阵图,是一种从多维问题的事件中,找出成对的因素排列成行和列,并找出行与列交叉点的关系或相关性的大小,从而分析问题、确定关键点的思维导图。它是一种通过多因素综合思考、探索问题的方法。矩阵图可以分为L形矩阵图、T形矩形图、Y形矩阵图和X形矩阵图四种类型。把要分析问题的因素分为两大类(如R类因素和L类因素),把属于R的因素(R_1、R_2、R_3、$\cdots$、R_n)和属于L的因素(L_1、L_2、L_3、$\cdots$、L_n)分别排列成行和列。在行和列的交点上表示R和L的各因素之间的关系。这种关系可用不同的图形符号予以表示(如用"○"表示有关系,◎表示密切有关系,△表示可能有关系)。如图2-10所示为矩阵图示例。

	R						
	R_1	R_2	R_3	……	R_i	……	R_n
L	L_1	○	◎	△		◎		△
	L_2	◎	○	○		○		◎
	L_3	△	◎	△		○		◎
	……	……	……	……		……		……
	L_i	△	◎	○		◎		△
	……	……	……	……		……		……
	L_n	◎	△	△				◎

图2-10 矩阵图示例

2.2.12 网络图

网络图,又称为箭条图或矢线图。通过网络图,可以精确计算各项过程、计划、项目的日程及总日程,明确各项之间的连接关系和从属关系,找出关键路线之后采取措施,不断修改和优化计划,达到缩短日程、节约费用的目的。利用网络图进行全面质量管理,有利于从全局出发,统筹安排各种因素,抓住质量影响的关键路线,集中力量,按时甚至提前完成工作计划。如图2-11所示为网络图示例。

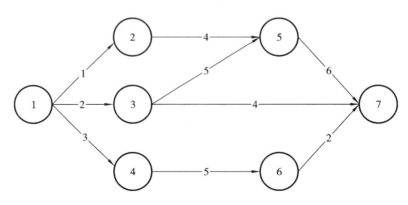

图2-11 网络图示例

2.2.13 PDPC 法

PDPC(process decision program chart)法,又称为过程决策图法,是一种为了完成某个任务或达到某个目标,在制定行动计划或进行方案设计时,预测可能出现的障碍和结果,并相应地提出多种应变计划的方法。在计划执行过程中遇到不利情况时,仍能按第二、第三或其他计划方案进行,以便达到预定计划目标。如图 2-12 所示为 PDPC 图示例。

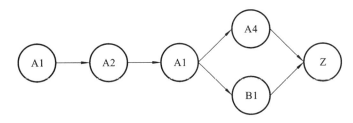

图 2-12 PDPC 图示例

在使用 PDPC 法制定方案时,需要先对执行任务过程中各种可能发生的不利情况加以估计,并针对可能出现的问题提出多个解决方案,保持计划的灵活性。在计划执行过程中,当遇到不利条件时,就应采取预先拟定的其他方案,根据事件的变化随时修正方向,以便顺利达到最终目的;如果在计划执行过程中出现了没有预料到的情况,也要随机应变,根据情况灵活采取对策,使质量问题得到圆满解决。采用 PDPC 法一般分为两个阶段。

① 初步计划阶段。根据过去已有项目的经验、语言文字资料及技术知识,在现有基础上充分提出各种可能出现的问题,寻找问题发展的趋向,并对每个可能出现的问题都制定相应的解决方案。

② 应变计划阶段。第一阶段不管考虑得如何周到,在实施阶段中都有可能出现一些意想不到的问题,原有的解决办法解决不了,此时就可以根据所获得的新信息采取新措施,并追加到原有系列中,以尽快达到理想状态。可见,PDPC 法是一种动态过程方法。

2.3 工程项目质量管理过程

工程项目质量管理有三大基本过程:规划质量管理、实施质量保证、控制项目质量。应针对三大过程分别建立过程体系,通过体系的运行确保工程项目质量。

2.3.1 规划质量管理

2.3.1.1 规划质量管理的概念

规划质量管理定义为识别工程项目及其可交付成果的质量要求和(或)标准,并书面描述工程项目将如何符合质量要求的过程,为管理整个工程项目和确认质量达到要求和标准提供指南及方向。

规划质量管理这一过程是项目规划过程中若干关键活动之一,因此应与其他项目规划过程结合进行。美国《项目管理知识体系指南》对规划质量管理进行了归纳,如图 2-13 所示。

2.3.1.2 规划质量管理的具体内容

规划质量管理的具体内容如下。

(1) 规划质量管理的输入

规划质量管理的输入主要包括以下内容。

规划质量管理

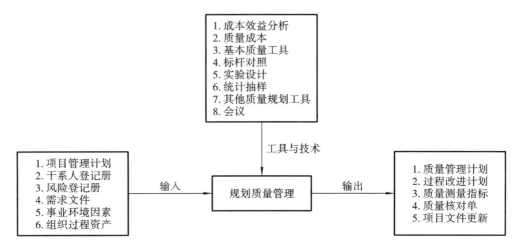

图 2-13 规划质量管理概念图

①项目管理计划。项目管理计划是说明项目将如何执行、监督和控制的一份文件。它合并和整合了其他各规划过程所输出的所有子管理计划和基准。项目管理计划记录了规划过程组的各个规划子过程的全部成果。这些内容是项目质量规划的重要依据。

②干系人登记册。干系人登记册是识别干系人过程的主要输出,用于记录已识别的干系人的所有详细信息。干系人登记册有助于识别对工程项目质量有特别影响的干系人。

③风险登记册。风险登记册记录了风险分析和风险应对规划的结果。风险登记册中可能包含影响质量要求的各种威胁和机会的信息,这些信息有助于规划质量管理。

④需求文件。需求文件记录了项目应该满足的、与干系人期望有关的需求。需求文件中包括项目需求和质量需求。这些需求将有助于项目团队规划如何开展项目质量控制。

⑤事业环境因素。事业环境因素是与项目相关的法律法规、标准、条例、规程、规范等。可能会影响到规划项目质量管理的事业环境因素包括:政府法规,相关规则、标准和指南,影响项目质量的工作条件或运行条件,影响质量期望的文化观念等。

⑥组织过程资产。影响项目成功的资产称为组织过程资产,包括项目相关方的正式或非正式的方针、程序、计划和原则;组织从以前项目中所获得的经验、教训,如完成的进度表、风险数据等。组织过程资产通常可以归纳为以下两类。

a. 组织进行工作的过程与程序,包括标准、项目生命周期、质量方针与程序、财务控制程序、确定问题与缺陷控制、问题与缺陷识别和解决,以及行动追踪的问题与缺陷管理程序、变更控制程序、风险控制程序、批准与签发工作授权的程序等。

b. 组织整体信息存储检索知识库,包括过程测量数据库,用于搜集与提供项目过程实测数据、项目档案、历史信息与教训知识库、问题与缺陷管理数据库、配置管理知识库,公司所有正式标准、方针、程序和任何项目文件的各种版本与基准、财务数据库,工时、费用等信息。

上述组织过程资产都可能会对项目质量造成影响,所以应作为规划质量管理的依据。

(2)规划质量管理的工具与技术

①成本效益分析。规划质量管理过程必须考虑成本与效益两者间的权衡。符合质量要求所带来的主要效益是减少返工,它意味着劳动生产率提高,成本降低,利害相关者更加满意。

②质量成本。质量成本包括在项目生命周期中为了预防质量不符合要求,评价项目质量是否符合要求,以及因未达到要求(返工)而发生的所有成本。质量成本分析有助于在规划质量管理过

程中权衡质量与费用的关系，以实现质量与费用的最佳匹配。

③基本质量工具。基本质量工具用于在PDCA循环的框架内解决与质量相关的问题，主要包括因果图、流程图、排列图、直方图、控制图、散点图和核查表。核查表是用于收集数据的查对清单，表中合理排列各种事项，以便有效收集与质量问题相关的有用信息。

④标杆对照。标杆对照是指将项目的实际做法或计划做法与其他项目的做法进行对照，产生改进的方法，或者提供一套度量绩效的标准。其他项目既可在实施组织内部，也可在其外部；既可在同一应用领域，也可在其他领域。

⑤实验设计。实验设计用于确定在项目实施过程中影响项目质量的因素。该项技术最重要的特征是，它提供了一个统计框架，可以系统地改变所有重要因素，而不是每次只改变一个重要因素。通过实验数据分析，可以得出项目的最优状态，着重指明结果的影响因素并揭示各要素之间的交互作用和协同作用关系。

⑥统计抽样。统计抽样是从目标总体中选取部分样本用于检查。抽样的频率和规模应在规划质量管理过程中确定。

⑦其他质量规划工具。为了定义质量要求并规划有效的质量管理活动，也可使用其他质量规划工具，有助于更好地界定、更有效地规划质量管理活动。这些工具包括专家判断、市场分析等。

⑧会议。项目团队可以通过召开规划会议来规划质量管理。参会人员包括项目经理、项目发起人、选定的项目团队成员、选定的干系人、负责项目质量管理活动的人员，以及需要参会的其他人员。

(3) 规划质量管理的输出

①质量管理计划。质量管理计划为整体项目计划提供依据，并且必须考虑项目质量控制(QC)、质量保证(QA)和过程持续改进问题。质量管理计划应当说明项目管理团队将如何执行组织的质量方针。质量管理计划是项目管理计划的组成部分或从属计划。

②过程改进计划。过程改进计划应详细说明过程分析的具体步骤，包括以下方面。

a. 过程边界：描述过程目的、起点和终点、依据和成果、过程的负责人和利害关系方等。

b. 过程配置：过程流程图，以便接口和进行界面分析。

c. 过程测量指标：以便对过程状态进行控制。

d. 绩效改进目标：以指导过程改进活动。

③质量测量指标。度量项目质量状态的指标被称为质量测量指标，例如，缺陷数、故障率、可用性、可靠性等。质量保证和质量控制过程都将用到质量测量指标。通过规划质量管理应明确所有质量测量指标。

④质量核对单。质量核对单是一种结构性工具，通常因事项而异，用于核实所要求进行的各个步骤是否已经完成。规划质量管理应设计各类质量核对表，以便在质量控制过程中使用。

⑤项目文件更新。在项目管理计划中纳入质量管理计划和过程改进计划等并更新干系人登记册、责任分配矩阵和WBS等文件。

规划质量管理需要通过质量策划，形成质量计划和质量技术文件。规划质量管理充分体现了现代质量管理的一项基本准则：质量是规划、设计出来的，而不是检查出来的。

2.3.2 实施质量保证

2.3.2.1 实施质量保证的概念

实施质量保证即审计质量要求和质量控制测量结果，确保采用合理的质量标准和操作性定义

实施质量保证

的过程,主要用于促进质量过程改进。

美国《项目管理知识体系指南》对实施质量保证的要点进行了归纳,如图 2-14 所示。

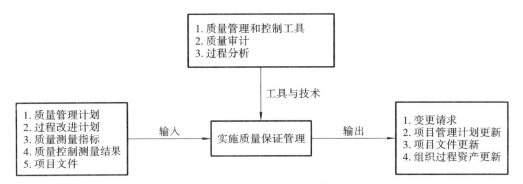

图 2-14 实施质量保证的要点

2.3.2.2 实施质量保证的具体内容

(1)实施质量保证的输入

①质量管理计划。质量管理计划说明项目将如何实施质量保证。

②过程改进计划。项目的质量保证活动应该支持并符合执行组织的过程改进计划。

③质量测量指标。质量测量指标提供了应该被测量的属性和允许的偏差。

④质量控制测量结果。质量控制测量结果是质量控制活动的结果,用于分析和评估项目过程的质量是否符合执行组织的标准和要求。质量保证过程将依据其结果,分析并重新评估实施组织的质量标准和过程。质量控制测量结果有助于分析这些结果的产生过程,以确定实际测量结果的正确程度。

⑤项目文件。项目文件会影响质量保证工作,是实施质量保证的重要依据。

(2)实施质量保证的工具与技术

①质量管理和控制工具。实施质量保证过程中应使用规划质量管理和控制质量过程的工具,以确保质量保证的有效性。

②质量审计。质量审计指进行系统的独立审计,确定项目活动是否符合组织和项目政策、过程和程序。质量审计的目标在于识别项目中使用的不恰当的政策、过程和程序。质量审计可以事先安排,也可以随机进行;可以由组织内经过恰当培训的审计人员实施,也可以由第三方进行。

③过程分析。过程分析指按照过程改进计划中所要求的步骤,从组织和技术角度识别所需做出的改进。其中也包括对遇到的问题、约束条件和无价值活动进行检查。过程分析包括根源分析,并为类似问题制定纠正措施。

(3)实施质量保证的输出

①变更请求。变更的主要途径是实施质量改进,质量改进包括采取措施以提高实施组织的质量政策、过程和程序的效率及效力,会为所有项目利害相关者带来增值。

②项目管理计划更新。项目管理计划将根据实施质量保证过程产生的质量管理计划变更进行更新。包括质量管理计划、范围管理计划、进度管理计划和成本管理计划等。

③项目文件更新。项目文件需要根据实施质量保证过程的结果进行更新。包括质量审计报告、过程文档等。

④组织过程资产更新。需要更新的组织过程资产主要包括组织的质量标准和质量管理系统。

2.3.3 控制项目质量

2.3.3.1 控制项目质量的概念

控制项目质量是项目质量管理的一部分。控制项目质量是在明确的项目质量目标和具体的条件下,通过行动方案和资源配置的计划、实施、检查和监督,进行质量目标的事前控制、事中控制和事后控制,实现预期目标的系统过程。美国《项目管理知识体系指南》指出,控制质量是监督并记录质量活动执行结果,以便评估绩效并推荐必要的变更的过程。

控制项目质量的主要作用是分析过程低效或产品质量低劣的原因,建议并采取相应措施消除这些原因;确认项目的可交付成果及工作满足主要干系人的既定需求,保证足以进行最终验收。控制项目质量所要解决的主要问题包括项目质量的最优策划,采取的措施,尽量避免异常因素的发生,及时发现异常因素的存在,并采取措施加以消除,以及正确评价项目质量水平。

2.3.3.2 控制项目质量的步骤

保证和提高项目质量的一个重要途径就是有效进行项目的质量控制。项目质量控制包括对项目实施情况进行观测,并将观测的结果与计划或标准相比较,如果所观测的实际情况与标准或计划相比有明显差异,则应采取相应对策。这种控制过程具有无限循环性,一般需要经历以下基本步骤。

① 选择控制对象。在项目进展的不同时期、不同阶段,控制质量的对象和重点也不相同,这需要在项目实施过程中加以识别和选择。控制质量的对象可以是某个因素、某个环节、某项工作或某道工序、某项阶段的成果等一切与项目质量有关的要素。

② 为控制对象确定标准或目标。

③ 制订实施计划,确定保证措施。

④ 按计划执行。

⑤ 跟踪观测、检查。

⑥ 发现、分析偏差。

⑦ 根据偏差采取对策。

上述这些连续步骤是普遍适用的,适用于任何一种控制。

2.3.3.3 控制质量实施的具体内容

美国《项目管理知识体系指南》对控制质量实施的要点进行了归纳,如图 2-15 所示。

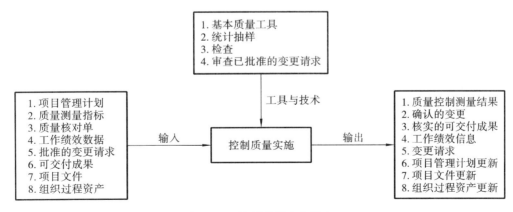

图 2-15 控制质量实施要点

(1)控制质量的输入

①项目管理计划。项目管理计划中包含质量管理计划,描述了如何在项目中开展质量控制。

②质量测量指标。质量测量指标描述了项目属性及其测量方式。质量测量指标通过质量检查、检测、测量等过程获得。只有掌握了实际状态,才能将其与计划进行比较,发现偏差。

③质量核对单。质量核对单是一种结构性工具,用于核实所要求进行的各个步骤是否已经完成。质量核对单是质量控制的一种常用表格,是一种质量偏差分析的方法。质量核对单通常因事项而异,表2-4是某项目的质量核对单。

表2-4 某项目的质量核对单

序号	核对项目	核对数据	核对时间	核对结果	不良内容	处理意见
1						
2						
3						
4						
5						
6						

④工作绩效数据。工作绩效数据是指为了完成项目工作而进行的项目活动工作状态的信息和数据,包括技术性能值、项目可交付成果状态、需要的纠正措施、绩效报告等。工作绩效数据是质量控制的重要依据,可用于质量审计、质量审查和过程分析等。

⑤批准的变更请求。批准的变更请求是指为了扩大或缩小项目范围而形成变更的文件。批准的变更请求还可能修改方针、项目管理计划、程序、费用或预算,或修改进度表。项目变更经常发生,在质量控制中,应根据项目变更状态调整项目质量计划、质量指标、控制方案等。

⑥可交付成果。可交付成果是任何在项目管理规划文件中记录,并为了完成项目而必须生成和提交的独特并可核实的产品、成果或提供服务的能力。项目质量控制的最终目标是提交满足要求的可交付成果,因此,质量控制者应充分了解项目可交付成果的要求,使质量控制具有针对性。

⑦项目文件。项目文件中的协议、质量审计报告和变更日志、培训计划和效果评估、过程文档等是控制质量的重要依据。

⑧组织过程资产。组织过程资产是指影响项目成功的资产,组织过程资产的组织方式因行业、组织和应用领域的类型而异。一般来说,组织过程资产可以归纳为如下两类。

a.组织进行工作的过程与程序,包括标准、方针与程序;标准指导原则、工作指令、建议评价标准与实施效果评价准则;模板(如风险模板、工作分解结构模板与项目进度网络图模板);根据项目的具体需要修改组织标准过程的指导原则与准则;组织沟通要求;项目收尾指导原则或要求;财务控制程序;确定问题与缺陷控制、问题与缺陷的识别和解决,以及行动追踪的问题与缺陷管理程序;变更控制程序;风险控制程序,包括风险类型、概率的确定与后果,以及概率与后果矩阵;批准与签发工作授权的程序等。

b.组织整体信息存储检索知识库。包括过程测量数据库,用于搜集与提供过程与产品实测数据;项目档案(如范围、费用、进度,以及质量基准、实施效果测量基准、项目日历、项目进度网络图、风险登记册、计划的应对行动,以及确定的风险后果);历史信息与教训知识库(如项目记录与文件,所有的项目收尾资料与文件记录,以及风险管理能力的信息);问题与缺陷管理数据库,包括问题与缺陷状态、控制信息、问题与缺陷解决和行动结果;财务数据库,包括工时、发生的费用、预算以及任何项目费用超支等信息。组织过程资产是控制项目质量的基础。

(2)控制质量的工具与技术

①基本质量工具。控制质量的基本工具包括因果图、控制图、流程图、直方图、排列图、趋势图、散点图等。因果图用于查找、分析影响项目质量的因素;控制图用于判断项目质量状态;流程图用于分析问题发生的缘由;直方图用于分析质量数据的分布状态;排列图用于将影响项目质量的因素进行归类,将其划分为主要因素、次要因素和一般因素,以确定控制重点;趋势图可反映质量偏差的历史和规律,根据质量数据发生的先后顺序,将其以圆点形式绘制成线形图,可反映质量数据在一定时间段的趋势、偏差情况以及过程的状态;散点图用于显示两个变量之间的关系和规律,利用散点图,质量团队可以研究并确定两个变量之间可能存在的潜在关系。

②统计抽样。按照质量管理计划中的规定,抽取和测量样本。

③检查。检查是指检验工作产品,以确定是否符合标准。检查的结果通常包括相关的测量数据。

④审查已批准的变更请求。对所有已批准的变更请求进行审查,以核实其是否已按批准的方式得到实施。

(3)控制质量的输出

①质量控制测量结果。通过质量检查,测得质量数据后,将其与质量标准和控制水平进行比较,即可度量质量偏差。度量质量偏差是为了进行偏差分析,其结果可能是偏差超出了允许的范围,也可能是偏差虽未超出允许范围,但若任其发展下去则有可能超出允许范围。如果已经超出允许范围,应立即分析原因,采取相应措施予以纠正;如果偏差向不利趋势发展,也应分析原因,采取预防措施,使项目处于稳定状态。质量控制测量结果是对质量控制活动结果的书面记录,应该以规划质量管理过程中所确定的格式加以记录。

②确认的变更。对变更的对象进行检查,做出接受或拒绝的决定,并将决定通知干系人。被拒绝的对象可能需要返工。

③核实的可交付成果。质量控制的目的在于确定可交付成果的正确性。实施质量控制过程的结果使可交付成果得以验证。

④工作绩效信息。工作绩效信息是从各控制过程收集,并结合相关背景进行整合分析而得到的绩效数据。

⑤变更请求。如果根据纠正措施或预防措施,需要对项目进行变更,则应按照既定的整体变更控制过程启动变更请求。

⑥项目管理计划更新。根据质量控制的结果对项目管理计划进行更新,以反映实施质量控制过程产生的质量管理计划和过程改进计划的变更。

⑦项目文件更新。可能需要更新的项目文件包括:质量标准、协议、质量审计报告和变更日志、培训计划和效果评估、过程文档等。

⑧组织过程资产更新。

习题

1. 什么是工程项目质量？有何特征和影响因素？
2. 工程项目质量管理的原则是什么？
3. 规划质量管理的工具与技术有哪些？
4. 工程项目质量管理的方法有哪些？

3 工程项目进度管理

【案例】

日本三井物产一艘 178000m³ 薄膜型液化天然气(LNG)船计划由今治造船、川崎汽船和三井物产的合资公司 Trinity LNG Transport 在 2015 年下单订造,原本计划在 2020 年交付。当时,三井物产签署了对这艘船为期 25 年的定期租船合同,将为美国 Cameron LNG 出口项目运输液化天然气。然而,在 2018 年 6 月份,今治造船在液化天然气船建造方面面临巨大困难,导致这艘液化天然气船无法按期交付。因此,液化天然气船的订单已经正式撤销。

在高尾款("heavy-tail")的订单签约方式下,船价的 60%~70% 在完工后支付。对造船企业而言,分期船款被延期支付或因订单取消而不能支付,不仅增加了资金成本,还带来了巨大的汇率风险。三井造船也因下属企业延期交付造成损失,全年利润预期由盈利 30 亿日元变为亏损 10 亿日元。

通过对上述案例的分析可知,项目能否在预定的时间内完成并交付使用,这是项目的投资者以及项目的使用者最为关心的问题,这也会直接关系到项目的经济效益。因此,需要通过项目进度管理来确保项目在预定的时间内完成并交付使用。

3.1 工程项目进度管理概述

3.1.1 工程项目进度管理内容

工程项目进度计划是指对项目的实施过程(活动)进行各种计划、安排的总称,用于表达工程项目中各项工作、任务的开展顺序,开始、完成时间及相互衔接关系的时间安排,是工程项目进行进度控制管理的依据。工程项目进度计划管理主要包括两大部分内容,即工程项目进度计划的制定和工程项目进度计划的控制。

(1)工程项目进度计划的制定

为满足工程项目进度管理和各个实施阶段项目进度控制的需要,对于同一工程项目往往要编制各种工程项目进度计划。如建设工程项目就要分别编制工程项目前期工作计划、工程项目建设总进度计划、工程项目年度计划、工程设计进度计划、工程施工进度计划、工程监理进度计划等。这些进度计划的具体内容可能不同,但其制定步骤大致相似。制定工程项目进度计划一般包括四个步骤,如图 3-1 所示。

图 3-1 制定项目进度计划的步骤

①信息资料收集。为保证项目进度计划的科学性和合理性,在编制进度计划前,必须收集真实、可信的信息资料,作为编制进度计划的依据。这些信息资料包括项目背景、项目实施条件、项目实施单位、人员数量和技术水平、项目实施各个阶段的定额规定等。如建设项目,在编制其工程建设总进度计划前,一定要掌握项目开工及投产的日期,项目建设的地点及规模,设计单位各专业人

员的数量、工作效率、类似工程的设计经历及质量,现有施工单位资质等级、技术装备、施工能力、类似工程的施工状况及国家有关部门颁发的各种定额等资料。

②工程项目结构分解。根据项目进度计划的种类、项目完成阶段的分工、项目进度控制精度的要求及完成项目单位的组织形式等情况,将整个项目分解成一系列相互关联的基本活动,这些基本活动在进度计划中通常也被称为工作。

③工程项目活动时间估算。在项目分解完毕后,根据每个基本活动工作量的大小、投入资源的多少以及完成该基本活动的条件限制等因素,估算出完成每个基本活动所需的时间。

④工程项目进度计划编制。在前面工作的基础上,根据项目各项工作完成的先后顺序要求和组织方式等条件,通过分析计算,将项目完成的时间、各项工作的先后顺序、期限等要素用图表形式表示出来。

(2)工程项目进度计划的控制

工程项目进度计划控制,是指工程项目进度计划制定以后,在实施过程中,对实施进展情况进行检查、对比、分析、调整,以确保进度计划总目标得以实现的活动。

在工程项目实施过程中,必须经常检查实际进展情况,并与进度计划进行比较。如实际进度与计划进度相符,则表明项目完成情况良好,进度计划总目标的实现有保证。如发现实际进度已经偏离了计划进度,则应分析产生偏差的原因和对后续工作项目进度计划总目标的影响,找出解决问题的办法和避免进度计划总目标受影响的切实可行的措施,并根据这些办法和措施,对原进度计划进行修改,使之符合实际情况并保证原进度计划总目标得以实现。然后进行新的检查、对比、分析、调整,直至项目最终完成,从而确保项目进度总目标的实现。

因此,必须经常地、定期地针对变化的情况,采取对策,对原有的进度计划进行调整。世界万物都处于运动变化之中,制定项目进度计划时所依据的条件也在不断变化。影响项目按原进度计划进行的因素很多:既有人为的因素,如实施单位组织不力、协作单位情况有变、实施人员的技术失误、人员操作不当等;也有自然因素和突发事件的影响,如地震、洪涝等自然灾害的出现和战争、动乱的发生等。因此,不能认为制定了一个科学合理的进度计划后就可一劳永逸,从而放弃对进度计划实施的控制。当然,也不能因进度计划要变,而不重视进度计划的制定,忽视进度计划的合理性和科学性。正确的态度应当是:一方面在确定进度计划制定的条件时,要具有一定的预见性和前瞻性,使制定的进度计划尽量符合变化的实施条件;另一方面在项目实施过程中,要依据变化后的情况,在不影响进度计划总目标的前提下,对进度计划及时进行修正、调整,而不完全拘泥于原进度计划,否则,会适得其反,使实际进度计划总目标难以达到。工程项目进度计划控制要有动态管理思想。

3.1.2 工程项目进度管理方法

3.1.2.1 工作结构分解

工程项目是由许多互相联系、互相影响和互相依赖的活动组成的行为系统。以可交付成果为导向,按系统工作程序,在具体的项目工作之前对这个系统进行分解,将项目范围规定的全部工作分解为较小的、便于管理的独立活动。通过定义这些活动的费用、进度和质量,以及它们之间的内在联系,制定出相对准确的计划并将完成这些活动的责任赋予相应的单位和人员,建立明确的责任体系,达到控制整个工程项目的目的。这项工作的结果称为工作分解结构(work breakdown structure,WBS)。

(1)目的

借助 WBS 方法,可以达到下列目的:

①关注工程项目目标和明确职责,并防止遗漏项目的可交付成果;
②建立可视化的项目可交付成果,以便估算工作量和分配工作;
③提高时间、成本和资源估计的准确度;
④为绩效测量和项目控制定义一个基准,容易获得项目人员的认可;
⑤辅助分析工程项目的最初风险、明确工作责任;
⑥为其他工程项目计划的制定建立框架或依据。

(2) 原则和要求

WBS最低层次的项目可交付成果称为工作包(work package),定期对所有工作包进行检查,只报告该工作包是否完成。这种定期检查的方法可以控制项目的变化。将项目分解到工作包的过程或结果应尽量做到以下几点:

①某项具体的任务应该在一个工作包,且只能在一个工作包中出现;
②WBS中某项任务的内容是其下所有WBS项的总和;
③任务的分解,尽量与实际执行方式保持一致;
④WBS不仅要合理,维护项目工作内容的稳定性,而且要具有一定的适应性,能够应付无法避免的需求变更;
⑤鼓励工程项目团队成员积极参与创建WBS,提高WBS的合理性和有效性;
⑥所有成果需要文档化。

(3) 创建WBS的步骤

创建WBS是指将复杂的项目分解为一系列定义明确的项目工作,并作为随后计划活动的指导存档。WBS的分解可以采用以下方式进行:

①按照项目的功能模块分解;
②按照项目的实施过程分解;
③按照项目的地域分布或部门分解;
④按照项目目标或职能分解。

制定WBS计划主要有以下3个步骤。

①分解工作任务。根据项目的特点,选择一种合适的方式,将项目总体工作范围逐步分解为合适的力度。分解过程也是需求分析和定义的过程,项目计划往往和需求分析、定义同步进行。

②定义各项活动、任务之间的依赖关系。活动之间的依赖关系决定了活动的优先级(执行顺序),也确定了每一项活动所需的输入、输出关系,是完成项目关键路径的必要条件。

③安排进度和资源。根据所分解的工作任务及其之间的依赖关系,就比较容易确定和安排各项任务所需的时间和资源。一项工作任务是否能够完成,时间和资源是两个关键的因素。它们是相互制约的:资源多,会缩短工作时间;资源不足,所需时间会延长。

(4) 创建WBS的方法

工程项目WBS是在工程系统分解结构(engineer breakdown structure,EBS)基础上进行的。由于整个工程系统、每一个功能面或专业工程系统都贯穿项目实施的全过程,通过项目实施活动逐渐由概念形成工程实体,因此可以按照过程化方法进行分解。工程项目工作结构分解的实际工程应用表明,大型工程项目一般在项目的早期就应进行结构分解,它是一个渐进的过程。从项目的目标开始,逐级分解项目工作,直到参与者满意地认为项目工作已经充分得到定义,即可以将项目工作定义在足够的或适当的细节水平,从而可以准确地估算项目的工期、成本和资源需求。WBS也是对工程项目作进一步设计和计划的依据。

常见的工程项目结构分解包括如下两大类。

①对技术系统的结构分解。

a. 按功能区间分解。功能是工程建成后应具有的作用,不同的工程区位有不同的作用,项目的运行是工程所属的各个功能的综合作用的结果。

b. 按要素分解。要素是指功能面上有专业特征的组成部分,一般不能独立存在,它们必须通过有机组合构成功能。

②按实施过程分解。整个工程、每一个功能作为一个相对独立的部分,必然经过项目实施的全过程。只有按实施过程进行分解才能得到项目的实施活动。

常见的建设工程项目分为如下实施过程:

①设计和计划(初步设计、技术设计、施工图设计,实施计划等);

②招标投标;

③实施准备(现场准备、技术准备、采购订货、供应等);

④施工(土建、机械和电气安装、装饰工程);

⑤试生产/验收;

⑥投产/保修;

⑦运行等。

列出需要完成的所有任务之后,可以根据任务的层次为任务编号,最后形成完整的工作分解结构表。WBS除了用表格方式还可以采用结构图的方式表达,而且更直观、更方便。

某软件工程项目工作分解结构如图3-2和图3-3所示。

```
1 需求分析和定义
   1.1 确定项目范围
       1.1.1 ……
       ……

2 系统设计
   2.1 系统逻辑结构
   ……

3 详细设计和编码
   ……

4 系统测试
   4.1 阅读和分析产品规格说明书
   4.2 设计测试用例
       4.2.1 功能测试用例设计
           4.2.1.1 登录和注册功能的测试用例
           4.2.1.2 查询功能的测试用例
           ……
       4.2.2 非功能测试用例的设计
           4.2.2.1 性能测试用例
           4.2.2.2 安全性测试用例
   4.3 开发和调试测试脚本
   4.4 执行测试并报告缺陷
   4.5 缺陷分析和跟踪
   ……
```

图3-2 某软件工程项目工作分解结构图(A)

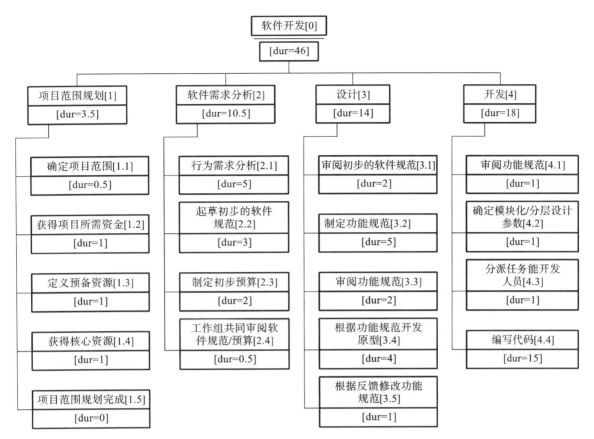

图 3-3　某软件工程项目工作分解结构图(B)

3.1.2.2　横道图

横道图也叫甘特图(Gantt Chart)或条形图,最早由 Henry L. Gantt 于 1917 年提出,是进度计划常用的一种工具。它以一段横向线条表示一项工作,通过横向线条在带有时间坐标的表格中的位置来表示各项工作的起始、结束时间和各项工作的先后顺序,整个进度计划由一系列的横道组成。它早在 20 世纪初期就开始应用和流行,主要应用于项目计划和项目进度的安排。

横道图简单明了,容易绘制,容易理解,各工作起止日期、作业延续时间都一目了然。因此,它成为小型工程项目管理中编制进度计划的主要工具。即使在大型工程项目中,它也是高层管理者了解全局以及基层管理者安排进度的有用工具。通常,横道图的左侧为工作名称或内容,右侧为工作的持续时间。横道图中的横道线显示了每项活动的开始时间(starting date)和结束时间(finishing date),横道线的长度等于活动的工期(task duration)。横道图顶部的时间段决定着项目计划的粗略程度。如果项目计划需要的话,也可以以小时、天、周、月或年来作为度量项目进度的时间单位。如果一个项目需要一年以上的时间才能完成,可能选择周横道图或月横道图更为适合;如果一个项目需要一个月左右的时间就能完成,用日横道图将更有助于实际的项目管理。

横道图把项目计划和项目进度安排两种职能组合在一起,因此在绘制横道图时,必须清楚各项活动之间的关系,即哪些活动必须在其他活动开始之前完成,哪些活动可以同时进行。但是传统的横道图并不能显示项目中各活动之间的关系(而网络图则能很好地做到这一点)。如果一项活动不能如期完成,会有哪些活动受到影响就无法清楚地显示在图中。而且,在复杂的项目中,单独的一个横道图并不能为项目团队成员之间的沟通和协调提供足够的信息。因此,横道图多用于小型项目中,在现代项目管理中它多和网络图结合在一起使用。

图 3-4 是带有逻辑关系的横道图。由于生产的需要,东方饮料北京销售分公司拟把一个老车间改造为自动生产线,界定了五项工作活动(见图中工作活动描述),并做出如下的横道图。

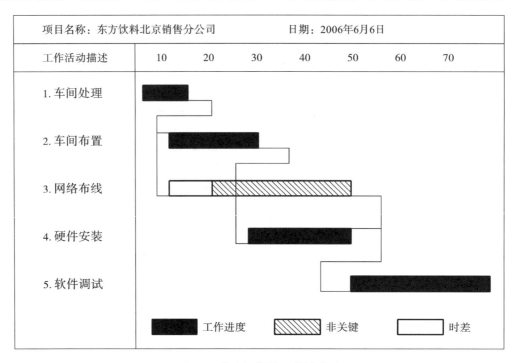

图 3-4 带有逻辑关系的横道图

横道图有如下特点。

(1)横道图的优点

①它能够清楚地表达活动开始时间、结束时间和持续时间,一目了然,易于理解,并能够为各层次的人员(上至战略决策者,下至基层的操作工人)所掌握和运用;

②使用方便,制作简单;

③不仅能够安排工期,而且可以与劳动力计划、材料计划、资金计划结合使用。

(2)横道图的缺点

①很难表达工程活动之间的逻辑关系,如果一个活动提前或推迟,或延长持续时间,很难分析出它会影响到哪些后续的活动。

②不能表示活动的重要性,如哪些是关键活动,不能推迟或拖延,哪些活动可推迟或拖延。

③不能用计算机处理,即对一个复杂的工程项目不能进行工期计算,更不能进行工期方案的优化。

(3)横道图的应用范围

横道图的优缺点决定了它既有广泛的应用范围和很强的生命力,同时又有局限性。

①它可直接用于一些简单的小型项目。由于活动较少,可以直接用于安排工期计划。

②项目初期由于尚没有做详细的项目结构分解,工程活动之间复杂的逻辑关系尚未广泛分析出来,一般都用横道图做总体计划。

③上层管理者一般仅需了解总体计划,故用横道图。

④作为网络分析的输出结果,现在多数的网络分析程序都有横道图的输出功能,而且被广泛

使用。

3.1.2.3 网络图

网络计划技术是指用于工程项目的计划与控制的一项管理技术。它是在20世纪50年代末发展起来的,依其起源有关键路径法(CPM)与计划评审法(PERT)之分,是以网络图为基础的计划模型。网络图是用箭线和节点组成的,用来表示工作流程的有向、有序的网状图形。网络计划是用网络图表达工程中的任务构成、工作顺序,并加注时间参数的进度计划。

网络图(network planning)是一种图解模型,形状如同网络,故称为网络图。网络图按其表示方法的不同,又分为双代号网络图和单代号网络图。网络图表示的进度计划能全面、准确地反映各工作之间的相互制约关系。网络图通过时间参数的计算,工作人员可掌握对进度计划总目标的实现起关键作用的工作,并了解允许非关键工作灵活变动的机动时间。网络图可利用电脑软件进行绘制和计算,使得进度计划的优化和调整从单纯的理论研究变为可实际运用的现实。但网络图不如横道图那样简单明了,工作人员需要具备一定的基础知识才能掌握。在网络图的两种表示方法中,双代号网络图较之单代号网络图,其工作之间逻辑关系的表示更复杂,在有些情况下,必须增添虚拟工作,同时其工作代号要用两个节点编码来表示。所以,在用电脑计算时,双代号网络图占用的存储单元较多,修改调整也较为麻烦,但它有箭线排列清楚、不易发生混乱的优点。当双代号网络图表示成带有时标的形式时,类似于横道图,变得较为直观,所以仍然得到了十分广泛的应用。但在不少国家,尤其是欧洲国家,主要采用的还是单代号网络图。在我国,这两种形式网络图的使用都比较普遍。网络计划方法是最理想的工期计划和控制方法,特别在复杂的大型项目中更显示出它的优越性。随着计算机硬件技术的提高和有关项目管理软件功能的不断完善,借助计算机还可以绘制带有时间坐标的网络计划以弥补其不足。

3.2 项目进度计划编制

3.2.1 项目进度计划参数

项目进度计划参数如下。

①工作持续时间:一项工作从开始到完成的时间。

②工期:完成任务所需要的时间,一般有以下三种:

a. 计算工期(T_c):根据网络计划时间参数计算出来的工期,也等于最大线路路长;

b. 要求工期(T_r):项目委托人所要求的工期或合同中规定的工期;

c. 计划工期(T_p):在要求工期和计算工期的基础上,综合考虑需求和可能的情况而确定的工期,也应作为工程项目的目标工期。

一般来说,网络计划的计划工期需要按照下列情况确定:

当规定了要求工期时,取

$$T_p \leqslant T_r$$

当未规定要求工期时,可取计划工期等于计算工期,即

$$T_p = T_c$$

③最早开始时间:在各紧前工作全部完成后,本工作有可能开始的最早时刻。如果提前,则项目的开始时间必须提前,所以工程活动的最早开始时间由项目的开始期定义。

④最早完成时间:在各紧前工作全部完成后,本工作有可能完成的最早时刻。

⑤最迟开始时间:在不影响整个项目按期完成的前提下,工作最迟必须开始的时刻。

⑥最迟完成时间:在不影响整个项目按期完成的前提下,工作最迟必须完成的时刻。一般来说,工作的结束时间不得推迟,否则会延长总工期,所以工程活动的最迟结束时间由规定的项目结束时间即总工期定义。

⑦总时差:在不影响项目总工期的前提下,本项目可以利用的机动时间。

⑧自由时差:在不影响其紧后工作最早开始的前提下,本工作可以利用的时间。

3.2.2 横道图编制

横道图的编制需要在掌握工程项目的工期、资源等各种信息的情况下,合理安排各项任务的时间,以便控制整个工程的进度。编制横道图更多依靠实践经验,因此很难保证最终得到的横道图是最优结果,只能根据所掌握的情况编制出较为良好的进度。一般来说,编制横道图的具体步骤如下。

①绘制空白横道图表。根据计划工期,确定横道图的规模,绘制横道图草稿底图作为空白横道图表。

②依次填写工程项目实施过程。根据工程项目所需要的实施过程,依次将各过程填入横道图表中。

③确定每一项工作实施的持续时间。

④确定工程项目实施过程的顺序与逻辑关系。根据各实施过程的逻辑关系,确定每一项过程的先后顺序。

⑤横道线标示。将每一项工程项目实施过程的持续时间在相应的位置上采用横道线标示出来。

【例3-1】某混凝土路面道路工程为900 m,每50 m为一个施工段;道路路面宽度为15 m,要求先挖去表层土0.2 m并压实一遍,再用砂石三合土回填0.3 m并压实两遍;上面为强度等级C15的混凝土路面,厚0.15 m。设该工程可划分为挖土、回填、浇筑混凝土三个施工过程,其产量定额及流水节拍分别为:挖土,5 m³/工日,$t_2=2$天;回填,3 m³/工日,$t_1=4$天;浇筑混凝土,0.7 m³/工日,$t_3=6$天。试组织成倍节拍流水施工并绘出横道图。

解:(1)时间参数计算

①划分施工段:

$$m = 900/50 = 18(段)$$

②每段工程量:

$$Q_{挖} = 50 \times 15 \times 0.2 = 150(m^3)$$
$$Q_{回} = 50 \times 15 \times 0.3 = 225(m^3)$$
$$Q_{混} = 50 \times 15 \times 0.15 = 112.5(m^3)$$

③各施工班组人数:

$$R_{挖} = 150/(5 \times 2) = 15(人)$$
$$R_{回} = 225/(3 \times 4) \approx 19(人)$$
$$R_{混} = 112.5/(0.7 \times 6) \approx 27(人)$$

④班组数:

$$D_{挖} = \frac{2}{2} = 1(个)$$
$$D_{回} = \frac{4}{2} = 2(个)$$

横道图编制

$$D_{混} = \frac{6}{2} = 3(个)$$
$$n = 1 + 2 + 3 = 6(个)$$

⑤工期：
$$T = (M + N - 1) \times K = (18 + 6 - 1) \times 2 = 46(天)$$

其中，M 为流水段，N 为流水施工过程或专业工作队数，K 为流水节拍。

(2) 按步骤绘制横道图

① 绘制空白横道图表，填写施工过程，如图 3-5 所示。

图 3-5 横道图绘制 1

② 确定施工过程持续时间、逻辑关系与顺序，并绘制横道线。例如，挖土需 2 天，回填需 4 天，浇筑混凝土需 6 天，如此可确定一个施工班组的施工工作量。然后开始第二个施工过程，如图 3-6 所示。

图 3-6 横道图绘制 2

完整的横道图如图 3-7 所示。

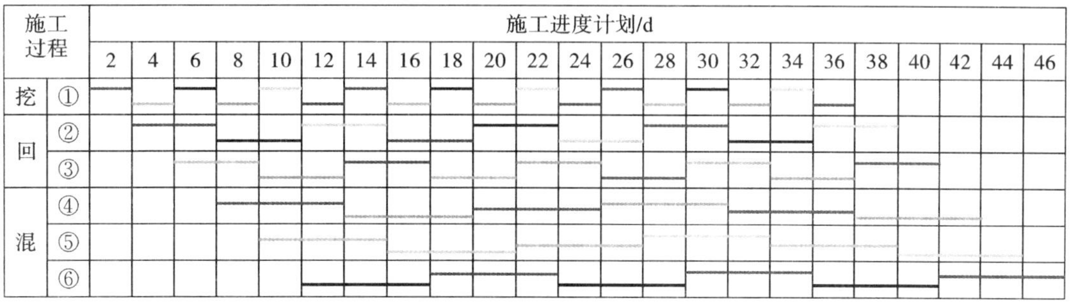

图 3-7 横道图绘制 3

注：本例仅用于展示横道图的编制过程，对其中的建筑工程施工细节计算等不作要求。

3.3 网络计划技术

网络计划技术一般分为双代号网络计划和单代号网络计划两种,可分别用双代号网络图和单代号网络图表示。网络图是由箭线、节点和路线三个因素组成的。

3.3.1 双代号网络图

双代号网络图是以箭线及其两端节点的编号表示工作的网络图,如图 3-8 所示。

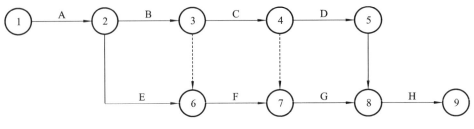

图 3-8 双代号网络图

3.3.1.1 基本组成

(1)箭线

在一个项目中,任何一个可以定义名称、独立存在且需要一定时间或资源完成的活动或任务都可以看作工作,其具体内容可多可少、范围可大可小。工作也可称为工序、活动、作业。在双代号网络图中,工作以箭线表示,箭线两端用编上号码的圆圈标注,箭线的箭尾节点表示该工作的开始,箭头节点表示该工作的结束。箭线上方表示工作名称,箭线下方表示工作的持续时间。从前箭尾到箭头表示一项工作的作业过程。其粗细程度、大小范围的划分根据任务的需要来确定。双代号网络图工作的表示方法如图 3-9 所示。

当网络中工程活动的逻辑关系比较复杂时,在计划活动箭头不能全面或正确说明逻辑关系的情况下,往往需要应用虚箭线。虚箭线是实际工作中并不存在的一项虚拟工作,它持续时间为零,也不耗用资源,一般起着工作之间的联系、区分和断路三个作用,如图 3-10 所示。

图 3-9 双代号网络图工作的表示方法

图 3-10 虚箭线的作用

在没有时间坐标限制的网络图中,箭线的长度是可以任意画的,其持续的时间以下方标注的时间参数为准。箭线可以是直线、折线或斜线,但其方向应从左向右,如图3-11所示。在有时间坐标限制的网络图中,箭线的长度必须根据完成该工作所需持续时间的多少按比例绘制。

图 3-11 箭线的表达形式

在双代号网络图中,通常将被研究的对象称为本工作,用 $i-j$ 表示。紧排在本工作之前的工作称为紧前工作;紧跟在本工作之后的工作称为紧后工作;与之平行进行的工作称为平行工作。

(2)节点

节点是网络图中箭线之间的连接点,用来表示结点、事件和事项,也是紧前工作结束和紧后工作开始的标志,反映前后工作的交接瞬间。节点编号一般标注在节点内,编号顺序应从小到大,可连续编号,也可间断编号,但是严禁重复编号。一项工作只有唯一的一条箭线和相对应的一对节点,并且一般来说,箭尾节点的编号应小于其箭头结点的编号。

在网络图中,对一个节点来说,若有许多箭线的箭头指向该节点,这些箭线则被称为内向箭线。若从同一个节点发出许多箭线,这些箭线则被称为外向箭线。

节点有以下三种类型:

①起点节点,即网络图中第一个节点,编号最小,只有外向箭线,一般表示一项任务或一个项目开始,如图3-12(a)所示;

②终点节点,即网络图中最后一个节点,编号最大,只有内向箭线,一般表示一项任务或一个项目完成,如图3-12(b)所示;

③中间节点,即网络图中既有内向箭线,又有外向箭线的节点,标志着上一项工作的结束和下一项工作的开始,如图3-12(c)所示。

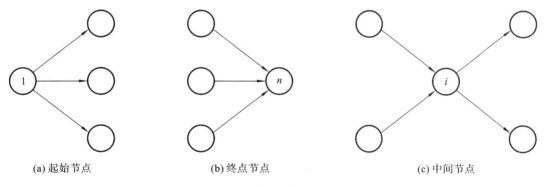

(a) 起始节点　　　　　　　(b) 终点节点　　　　　　　(c) 中间节点

图 3-12 节点类型

(3)线路

网络图中从起始节点开始,沿箭头的方向顺序通过一系列箭线与节点,最后达到终点节点的通路称为线路。线路中各项工作持续时间的总和称为该线路的长度,即线路所需要的时间。一般网络图有多条线路,可依次用该线路上的节点代号来表述。例如,图3-13所示的线路有:1—2—3—5、1—2—4—5、1—2—3—4—5。

根据各线路的完成时间长短,线路可以分为关键线路、次关键线路和非关键线路。完成时间最

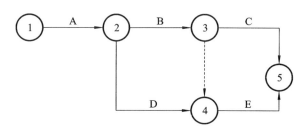

图 3-13 双代号网络计划

长的一条或者几条线路被称为关键线路。关键线路上的所有工作都被称为关键工作。关键工作完成时间的长短直接影响整个项目总工期的长短。并且,关键线路可能会受到干扰因素的影响而发生变化,变化有两种可能:一是关键线路的数量增加;二是关键线路可能会变成非关键线路。例如,非关键线路上的某种工作持续时间加长,导致该线路的完成时间超过了关键线路,则该线路会变成关键线路,而原来的关键线路会变成非关键线路。一般来说,最容易导致这种变化的是完成时间仅次于关键线路完成时间的线路,被称为次关键线路。除关键线路和次关键线路之外的所有线路都被称为非关键线路。位于非关键线路上的所有工作都被称为非关键工作。

3.3.1.2 逻辑关系

网络图中工作之间相互制约或相互依赖的关系称为逻辑关系,包括工艺关系和组织关系,在网络中均应表现为工作之间的先后顺序。

(1)工艺关系

生产性工作之间由工艺过程决定的,非生产性工作之间由工作程序决定的先后顺序称为工艺关系。

(2)组织关系

工作之间由于组织安排需要或资源(人力、材料、机械设备和资金等)调配需要而规定的先后顺序关系称为组织关系。

3.3.1.3 双代号网络计划的绘图规则

双代号网络计划的绘图规则如下。

双代号网络图必须正确表达各个工作之间的逻辑关系。网络图中常见的各种工作逻辑关系表示方法见表 3-1。

双代号网络图的绘图规则

表 3-1 网络图中常见的各种工作逻辑关系表示方法

序号	逻辑关系	双代号表示	单代号表示
1	当 A 工作完成后, B 工作才能开始	○—A→○—B→○	A→B
2	当 A 工作完成后, 同时开始 B、C 工作	○—A→○ 分出 B、C	A 分出 B、C

续表

序号	逻辑关系	双代号表示	单代号表示
3	当 A、B 工作都完成后,才能进行 C 工作		
4	当 A、B 工作都完成后,C、D 工作才能开始		
5	当 A 工作完成后,才能开始 C 工作;A、B 工作都完成后才能进行 D 工作		

②双代号网络图中,不允许出现循环回路。回路是指从网络图中的某一个节点出发,沿着箭线方向又回到了原来出发点的线路,如图 3-14 所示。

③双代号网络图中,不得出现带双向箭头或无箭头的连线。如图 3-15 所示。

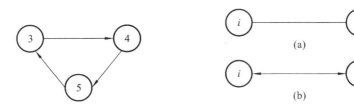

图 3-14　循环回路示意图　　图 3-15　箭线的错误画法

④双代号网络图中,不得出现没有箭头节点或没有箭尾节点的箭线,如图 3-16 所示。

图 3-16　没有箭头和箭尾节点的箭线

⑤当双代号网络图的某些节点有多条外向箭线或多条内向箭线时,可用母线法绘制(但应满足一项工作用一条箭线和相应的一对节点表示),如图 3-17 所示。

⑥绘制双代号网络图时,箭线不宜交叉。当交叉不可避免时,可以使用过桥法或者指向法,如图 3-18 所示。

⑦双代号网络图中,只有一个起始节点和一个终止节点(多目标网络计划除外),其他所有节点

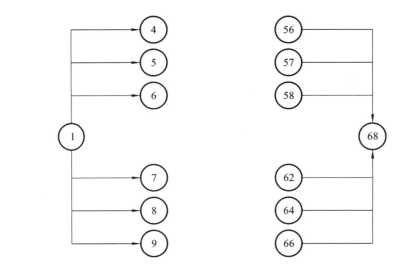

图 3-17 母线表示方法

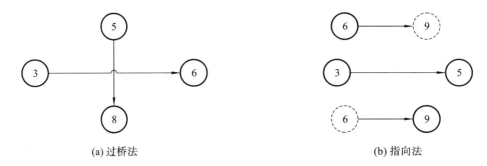

(a) 过桥法　　　　　　　　　　　　(b) 指向法

图 3-18 箭线交叉的方式

均为中间节点。

⑧节点编号应从小到大、从左到右，不能重复使用编号。

⑨双代号网络图应条理清楚，布局合理。例如，网络图中的工作箭线不宜画成任意方向或曲线形状，尽可能用水平线或斜线；关键线路、关键工作安排在图面中心位置，其他工作分散在两边；避免倒回箭头等。

3.3.1.4 时间参数计算

(1) 单代号网络计划时间参数计算步骤

①工作最早开始时间和最早完成时间。

工作最早开始时间受紧前工作的约束，所以计算顺序应从起始节点开始，顺着箭线所指的方向依次逐项计算。以网络计划的起点节点为开始节点的工作，其最早开始时间为零，则

$$ES_{i-j} = 0 \tag{3-1}$$

顺着箭线方向依次计算各个工作的最早完成时间和最早开始时间。

工作的最早完成时间等于最早开始时间加上其持续时间，则

$$EF_{i-j} = ES_{i-j} + D_{i-j} \tag{3-2}$$

最早开始时间等于各紧前工作的最早完成时间 EF_{h-j} 的最大值，则

$$ES_{i-j} = \max\{EF_{h-j}\} \tag{3-3}$$

或

$$ES_{i-j} = \max\{ES_{i-j} + D_{i-j}\} \tag{3-4}$$

②计算工期 T_c。

计算工期等于以网络计划的终点节点为箭头节点的各个工作的最早完成时间的最大值。当网络计划终点节点的编号为 n 时,计算工期为

$$T_c = \max\{EF_{i-j}\} \tag{3-5}$$

当无要求工期限制时,取计划工期等于计算工期,即

$$T_p = T_c \tag{3-6}$$

③最迟开始时间和最迟完成时间。

由于工作最迟时间参数受到紧后工作的约束,故其计算应从网络计划的终点节点开始,逆着箭线方向依次逐项计算。

以网络计划的终点节点($j = n$)为箭头节点的工作最迟完成时间等于计划工期,则

$$LF_{i-n} = T_p \tag{3-7}$$

最迟开始时间等于最迟完成时间减去其持续时间,即

$$LS_{i-n} = LF_{i-n} - D_{i-n} \tag{3-8}$$

其他工作的最迟完成时间等于各紧后工作的最迟开始时间的最小值,即

$$LF_{i-j} = \min\{LS_{j-k}\} \tag{3-9}$$

或

$$LF_{i-j} = \min\{LF_{j-k} - D_{j-k}\} \tag{3-10}$$

④总时差。

总时差等于工作的最迟开始时间减去最早开始时间,或者总时差等于最迟完成时间减去最早完成时间,即

$$TF_{i-j} = LS_{i-j} - ES_{i-j} \tag{3-11}$$

或

$$TF_{i-j} = LF_{i-j} - EF_{i-j} \tag{3-12}$$

⑤自由时差。

网络计划的终点节点($j = n$)为箭头节点的工作,其自由时差 FF_{i-n} 应由计划工期 T_p 确定,即

$$FF_{i-n} = T_p - EF_{i-n} \tag{3-13}$$

或

$$FF_{i-n} = T_p - (ES_{i-n} + D_{i-n}) \tag{3-14}$$

其他工作 $i-j$ 有紧后工作 $j-k$ 时,其自由时差为

$$FF_{i-j} = ES_{j-k} - EF_{i-j} \tag{3-15}$$

或

$$FF_{i-j} = ES_{j-k} - (ES_{i-j} + D_{i-j}) \tag{3-16}$$

(2)关键线路和关键工作的确定

通过计算网络计划的时间参数,可确定工程的计划工期并找出关键线路。

①关键工作:网络计划中工作总时差最小的工作。

②关键线路:网络计划中自始至终全都由关键工作组成的线路,或线路上总的工作持续时间最长的线路。网络计划中的关键线路可用双线或粗线标注。

关键路线上的工作均为关键工作,由于其完成的快慢会直接影响计划工期,所以在进度计划执行过程中关键工作是管理的重点,在时间和费用方面均需严格控制。

3.3.2 单代号网络图

单代号网络图是用节点及该节点的编号表示工作、用箭线表示工作逻辑关系的网络图,并在节点中标注编号、名称和持续时间,如图 3-19 所示。

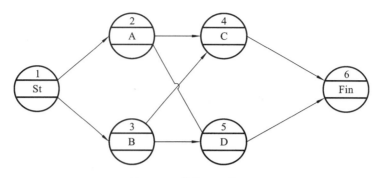

图 3-19 单代号网络图

3.3.2.1 单代号网络图基本组成

(1) 箭线

单代号网络图中的箭线表示紧邻工作之间的逻辑关系,既不占用时间,也不耗用资源。箭线应画成水平直线、折线或斜线。箭线水平投影的方向应自左向右,表示工作的进展方向。工作之间的逻辑关系包括工艺关系和组织关系,在网络图中均表现为工作之间的先后顺序。

(2) 节点

在单代号网络图中,每一个节点表示一项工作,节点一般用圆圈或矩形表示。节点所表示的工作名称、持续时间和工作代号等应标注在节点内,如图 3-20 所示。

图 3-20 单代号网络图中工作的表示方法

单代号网络图中的节点必须有编号,并且一项工作只能对应一个节点及相应的一个编号。编号标注在节点内,可连续编号,也可间断编号,但严禁重复编号。箭线的箭尾节点编号应小于箭头节点的编号。

(3) 线路

在单代号网络图中,各条线路用该线路上的节点编号从小到大依次表述。

3.2.2.2 单代号网络图的特点

单代号网络图与双代号网络图相比,具有以下特点:
① 工作之间的逻辑关系比较容易表达,且不用虚箭线,所以绘图较简单;
② 网络图便于检查和修改;
③ 由于工作的持续时间表示在节点之中,没有长度,所以时间表示不够直观;
④ 表示工作之间逻辑关系的箭线可能产生较多的纵横交叉。

3.3.2.3 单代号网络图的绘图规则

单代号网络计划的绘制规则大部分与双代号网络计划的绘制规则相同。但是需要注意的一点是:单代号网络图中只应有一个起点节点和一个终点节点。当网络图中有多项起点节点或多项终点节点时,应在网络图的两端分别设置一项虚工作,作为该网络的起点节点(St)和终点节点(Fin)。

3.3.2.4 时间参数计算

单代号网络计划时间参数的计算应在确定各项工作的持续时间之后进行。单代号网络计划中的时间参数计算顺序和计算方法基本上与双代号网络计划计算时间参数类似。各时间参数在单代号网络图中的标注形式如图 3-21 所示。

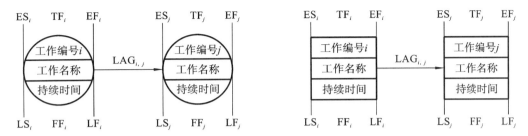

图 3-21 单代号网络计划时间参数的标注形式

(1)单代号网络计划时间参数计算步骤

①工作最早开始时间和最早完成时间。

单代号网络计划中各项工作的最早开始时间和最早完成时间以起始节点开始,顺着箭线方向依次计算。

网络计划的为起始节点的工作,其最早开始时间为零

$$ES_i = 0 \tag{3-17}$$

工作的最早完成时间等于该工作最早开始时间加上其持续时间

$$EF_i = ES_i + D_i \tag{3-18}$$

节点 j 的最早开始时间等于各紧前工作的最早完成时间 EF_i 的最大值

$$ES_j = \max\{EF_i\} \tag{3-19}$$

或

$$ES_j = \max\{ES_i + D_i\} \tag{3-20}$$

②计算工期 T_c。

计算工期等于终止节点 n 的最早完成时间

$$T_c = EF_n \tag{3-21}$$

③相邻两项工作的时间间隔。

在单代号网络计划中,相邻两工作 i 和 j 对应工作的时间间隔 LAG_{i-j} 等于紧后工作 j 的最早开始时间 ES_j 与本工作的最早完成时间 EF_i 之差

$$LAG_{i-j} = ES_j - EF_i \tag{3-22}$$

④总时差 TF_i。

计算总时差需从网络计划的终止节点开始,逆着箭线的方向依次逐项计算。

若终止节点编号为 n,假设计算工期等于计划工期,则终止节点的总时差为零:

$$TF_n = 0 \tag{3-23}$$

其他工作的总时差 TF_i 等于该工作的各个紧后工作 j 的总时差 TF_j 加上该工作与其紧后工作的时间间隔之和的最小值,即

$$TF_i = \min\{TF_j + LAG_{i-j}\} \tag{3-24}$$

⑤自由时差。

网络计划的终止节点 n 的自由时差 FF_n 等于计划工期 T_p 减去该工作的最早完成时间 EF_n,即

$$FF_n = T_p - EF_n \tag{3-25}$$

其他工作的自由时差 FF_i 等于该工作与其紧后工作 j 的时间间隔最小值,即

$$FF_i = \min\{LAG_{i-j}\} \tag{3-26}$$

⑥最迟开始时间和最迟完成时间。

工作的最迟时间 LS_i 等于该工作最早开始时间 ES_i 与其总时差 TF_i 之和，即

$$LS_i = ES_i + TF_i \tag{3-27}$$

工作的最迟完成时间 LF_i 等于该工作最早完成时间 EF_i 与其总时差 TF_i 之和，即

$$LF_i = EF_i + TF_i \tag{3-28}$$

(2) 关键线路和关键工作的确定

通过计算网络计划的时间参数，可确定工程的计划工期并找出关键线路。

①关键工作：网络计划中工作总时差最小的工作。

②关键线路：从起始节点开始到终止节点均为关键工作，且该线路上所有工作的时间间隔为零，则该线路为关键线路。

3.3.2.5 单代号搭接网络计划时间参数计算

单代号搭接网络计划的时间参数计算与单代号网络计划相似，时间参数标注形式如图 3-22 所示。

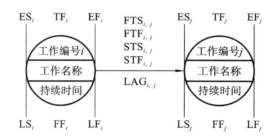

图 3-22 单代号搭接网络计划时间参数标注形式

(1) 单代号搭接网络计划的时间参数计算步骤

①工作最早开始时间和最早完成时间。

从起始节点开始，其最早开始时间为零，即

$$ES_i = 0 \quad (i = 0) \tag{3-29}$$

工作的最早完成时间等于该工作最早开始时间加上其持续时间

$$EF_i = ES_i + D_i \tag{3-30}$$

其他工作的最早开始时间和最早完成时间可按照下列公式计算，即

相邻时距为 FTS 时，$ES_j = EF_i + FTS_{i-j}$ (3-31)

相邻时距为 STS 时，$ES_j = EF_i + STS_{i-j}$ (3-32)

相邻时距为 FTF 时，$ES_j = EF_i + FTF_{i-j}$ (3-33)

相邻时距为 STF 时，$ES_j = EF_i + STF_{i-j}$ (3-34)

②相邻两项工作的时间间隔。

相邻两工作 i 和 j 对应工作之间在满足时距之外，若还有多余的时间间隔，则按下式计算

$$LAG_{i-j} = \begin{cases} ES_j - EF_i - FTS_{i-j} \\ ES_j - EF_i - FTF_{i-j} \\ ES_j - ES_i - STS_{i-j} \\ ES_j - ES_i - STF_{i-j} \end{cases} \tag{3-35}$$

③总时差、自由时差、最迟开始时间和最迟完成时间。计算规则与单代号网络计划相同。

(2)关键线路和关键工作的确定

通过计算网络计划的时间参数,可确定工程的计划工期并找出关键线路。

①关键工作:网络计划中工作总时差最小的工作为关键工作,也可从网络计划的终止节点开始,逆着箭线的方向依次找出相邻两项工作之间时间间隔为零的工作。

②关键线路:从起始节点开始到终止节点均为关键工作,且该线路上所有工作的时间间隔为零。

3.4 项目进度计划控制

3.4.1 项目进度计划控制的概述

项目进度计划控制,是指项目进度计划制定以后,在项目实施过程中,对实施进展情况进行检查、对比、分析、调整,以确保项目进度计划总目标得以实现的活动。图 3-23 为项目进度计划控制图。

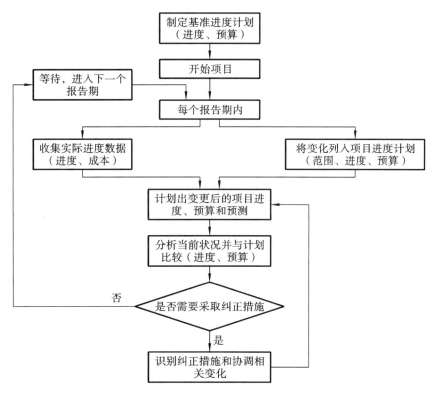

图 3-23 项目进度计划控制图

项目进度计划的控制过程可用图描述。按照不同管理层次对进度控制的要求,项目进度计划控制可分为三类,即总进度控制、主进度控制和详细进度控制。通常,项目进度计划控制应遵循如下原理。

①动态控制原理:当产生偏差时,应分析偏差的原因,采取措施,调整计划,使实际与计划在新的起点上重合,并尽量使项目按调整后的计划继续进行。但在新的因素干扰下,又可能产生新的

偏差,继续按上述方法进行控制。

②系统原理:无论是控制对象还是控制主体,无论是进度计划还是控制活动都是一个完整的系统。进度控制实际上就是用系统的理论和方法解决系统问题。

③封闭循环原理:项目进度控制的全过程是一系列循环的例行活动,其活动包括编制计划、实施计划、检查、比较与分析、确定调整措施、修改计划,形成了一个封闭的循环系统。

④信息原理:信息是项目进度控制的依据。项目进度计划的信息从上到下传递给项目实施相关人员,以使计划得以贯彻落实。这就需要建立信息系统,以便不断地进行信息的传递和反馈。

⑤弹性原理:项目一般工期长且影响因素多。这就要求计划编制人员能根据经验估计各种因素出现的可能性及影响程度,并在确定进度目标时进行目标的风险分析,使进度计划留有余地,即使得计划具有一定的弹性。

⑥网络计划技术原理:网络计划技术不仅可以用于编制进度计划,而且可以用于计划的优化、管理和控制。网络计划技术是一种科学、有效的进度管理方法,是项目进度控制,特别是复杂项目进度控制的完整计划管理和分析计算的理论基础。

3.4.2 工程项目进度控制的方法

工程项目进度控制的主要方法包括进度控制的行政方法、经济方法、管理技术方法等,可以根据项目的实际情况采取组织措施、技术措施、经济措施以及管理措施等,其中最重要的措施是组织措施,最有效的措施是经济措施。

3.4.2.1 组织措施

工程项目进度纠偏工作应当重视组织措施。组织措施包括以下内容。

①系统的目标决定了系统的组织,组织是目标能否实现的决定性因素,因此首先要制定项目的进度控制目标体系。

②充分重视健全项目管理的组织体系,在项目组织结构中应有专门的工作部门和符合进度控制岗位资格的专人负责进度控制工作。进度控制的主要工作环节包括进度目标的分析和论证、编制进度计划、定期跟踪进度计划的执行情况、采取纠偏措施,以及调整进度计划,这些工作任务和相应的管理职能应在项目管理组织设计的任务分工表和管理职能分工表中标识并落实。

③建立进度报告、进度信息沟通网络、进度计划审核、进度计划实施中的检查分析、图纸审查、工程变更和设计变更管理等制度。

④应编制项目进度控制的工作流程,如确定项目进度计划系统的组成,确定各类进度计划的编制程序、审批程序和计划调整程序等。

⑤进度控制工作包含了大量的组织和协调工作,而会议是组织和协调的重要手段。建立进度协调会议制度,应进行有关进度控制会议的组织设计,以明确会议的类型,各类会议的主持人及参加单位和人员,各类会议的召开时间、地点,各类会议文件的整理、分发和确认等。

3.4.2.2 技术措施

技术措施包括以下内容。

①不同的设计理念、设计技术路线、设计方案会对工程进度产生不同的影响。在设计工作的前期,特别是在设计方案评审和选用时,应对设计技术与工程进度的关系做分析比较。

②采用技术先进和经济合理的施工方案,改进施工工艺和施工技术。

3.4.2.3 经济措施

经济措施包括资金需求计划、资金供应的条件和经济激励措施等。经济措施主要包括以下几项内容。

①为确保进度目标的实现,应编制与进度计划相适应的资源需求计划(资源进度计划),包括资金需求计划和其他资源(人力和物力资源)需求计划,以反映工程实施的各时段所需要的资源。

②及时办理工程预付款及工程进度款支付手续,对工程延误收取误期损失赔偿金。

③在工程预算中应考虑加快工程进度所需要的资金,其中包括为实现进度目标而采取的经济激励措施所需要的费用。

3.4.2.4 管理措施

管理措施包括加强合同管理、信息管理、沟通管理、资料管理、风险管理等综合管理,协调参与项目的各有关单位、部门和人员之间的利益关系,使之有利于项目进展。采取相应的管理措施时必须注意,工程项目进度控制在管理观念方面应建立进度计划系统的观念,制定各种互相联系的计划;建立动态控制的理念;建立进度计划多方案比较和优选的观念。

在工程项目控制方式上,可按是否使用信息技术,可分为传统和计算机辅助控制两种。传统项目控制方法是以各种文件、报表、图表等为主要工具,以定期或不定期地召开各类有关人员参加的会议为主要方法,再加上通信联系制度,这种方法只适用于中小型项目管理。而对于投入资源多、内容复杂、约束条件苛刻的现代大中型项目,要实现对项目的有效控制,必须开发一种以计算机为基础的项目信息管理和控制系统。下面介绍项目控制文件和项目控制会议等常见项目进度计划控制方法。

(1)工程项目控制文件

在工程项目的工作范围、规模、工作任务、计划进度等明确以后,就应准备项目控制所需的其他文件。主要项目控制文件包括如下内容。

①项目合同:规定了双方的责、权、利,它是项目实施管理、跟踪与控制的首要依据,具有法律效力。

②工作范围细则:确定了项目实施中每一任务的具体业务内容,它是工作变动的基准。

③职责划分细则:指明了项目实施过程中各个部门或个人所应负责的工作,包括工艺、过程设计、采购供应、施工、会计、保险、成本控制等各个方面。

④工程项目程序细则:规定涉及项目组、用户以及主要供货商之间,关于设计、采购、施工、作业前准备、质量保证以及信息沟通等方面协调活动的程序。

⑤技术范围文件:列出了项目的设备清单,制定项目设计依据,将要使用的标准、规范、编码及手续、步骤等。

⑥计划文件:项目实施工作前,预先拟定的具体工作内容和步骤,包括实施计划,采购计划,人力组织计划,质量、成本、进度等控制计划,报表计划,应变计划等。

当然,根据工程项目的具体内容,还可以适当删减或增加项目控制文件。在项目控制活动中,及时获得正确、有效、多方面的信息是非常重要的。因此,为了保障项目控制活动的顺利进行,控制系统与管理信息系统应建立全面沟通与协调一致的工作关系。当项目中的某项工作发生变动,相应的各有关文件均必须修正后方可投入控制工作。同时应尽早将所有变更事项和变化内容通知各方。

(2)工程项目控制会议

工程项目实施期间的会议很多。有定期例会,如工作小组每周一次的回顾与展望会议;有非定期特别会议,在必要时随时召开,如订购大型设备会、分包会、意外事故分析会等。但有一些是项目重要的控制会议,与项目里程碑计划时间或控制关键检查时间对应。控制会议的主要内容是检查、评估上一阶段的工作,分析问题、寻找对策,并布置下一阶段的主要任务和目标。

工程项目控制会议的内容通常包括:检查里程碑完成情况,分析计划未实现对后续工作的影响,预测未完成工作能够何时完成,确定是否采取纠偏措施,何时及怎样才能回到计划轨道,以及下一步的里程碑活动计划等。由于项目会议数量较多,管理者应对会议进行管理和控制,否则,项目工作人员很容易因开会过多而浪费时间。为用好、开好会议,组织者一定要做好会前组织和准备工作,如明确会议的目的和内容、科学合理地制定出会议议程、参加者会前准备等,还要做好会上管理与控制,如做好会议记录、确定会议核心人员等,使会议既有效果又有效率。总之,项目控制的方法总是随着具体项目的实际情况而异。项目控制也要求项目管理人员根据本项目或者自身的实际情况,为项目设计一个行之有效的项目进度控制系统,直至建立一个有效的项目进度控制制度。

3.4.3 工程项目网络计划优化

网络计划的优化,是在满足既定的约束条件下,按某个目标,通过不断改进网络计划来寻求满意的方案,同时不得影响工程的质量和安全。网络计划的优化目标应按计划任务的需要和条件选定,一般有工期目标、费用目标和资源目标等。网络计划优化的内容包括工期优化、费用优化和资源优化。优化的方法可以多种多样,但手工优化只能针对小型的简单网络计划。要对大型网络计划进行优化,则必须借助计算机及相应的软件完成。

3.4.3.1 工期优化

工期优化也称时间优化,是指当初始网络计划的计算工期大于要求工期时,通过压缩关键线路上工作的持续时间或调整工作关系,以满足工期要求的过程。

工期优化的特点如下。

① 工期优化是压缩计算工期以达到要求的工期目标,或在一定约束条件下使工期最短的过程。

② 工期优化一般通过压缩关键工作的持续时间来达到优化目标。

③ 在优化过程中,不能将关键工作压缩成非关键工作,但关键工作可以不经压缩而变成非关键工作。

④ 在优化过程中,当出现多条关键线路时,必须将各条关键线路的持续时间压缩至同一数值。否则,不能有效地缩短工期。

工期优化的具体步骤如下。

① 计算并找出初始网络计划的计算工期、关键工作及关键线路。

② 按要求工期计算应缩短的时间(ΔT)。应缩短的时间等于计算工期与要求工期之差。

$$\Delta T = T_c - T_r \tag{3-36}$$

式中,T_c——网络计划的计算工期;

T_r——网络计划的要求工期。

③ 选择应缩短持续时间的关键工作。选择应缩短持续时间的关键工作(或一组关键工作)应考虑下列因素:

a. 缩短持续时间对质量和安全影响不大的工作;

b. 有充足备用资源的工作;

c. 缩短持续时间所需增加的费用最少的工作。

综合考虑上述质量、安全、费用增加情况,通常采用优选系数表示选择的优先次序。选择关键工作压缩其持续时间时,应选择系数最小的关键工作作为压缩对象;若同时压缩多个关键工作的持续时间,则优先选择这些关键工作的优选系数之和(组合优选系数)最小者作为压缩对象。

④确定所选关键工作能够压缩的时间。将应优先缩短的关键工作压缩至最短持续时间,但应按照经济合理的原则,不能将关键工作压缩成非关键工作。若被压缩的关键工作变成了非关键工作,则应将其持续时间再适当延长,使之仍为关键工作,并重新确定计算工期和关键线路。在工期优化过程中,缩短关键工作持续时间的措施通常如下:增加资源数量、增加工作班次、改变施工方法、组织流水施工和采取技术措施。

⑤若计算工期仍超过要求工期,则重复以上步骤,直到满足工期要求或工期不能再缩短为止。

⑥当所有关键工作或部分关键工作已达最短持续时间,但此时已没有能继续压缩工期的方案且工期仍不能满足要求工期时,应对原计划的技术、组织方案进行调整,或对要求工期重新审定。

【例3-2】某网络计划如图3-24所示,图中箭线上面括号外数字为工作正常持续时间,括号内数字为工作最短持续时间,要求工期为100天。试进行网络计划优化。

解:

①计算并找出网络计划的关键线路和关键工作。用工作正常持续时间计算节点的最早时间和最迟时间,如图3-25所示。其中关键线路为1→3→4→6,用双箭线表示。关键工作为1—3、3—4、4—6。

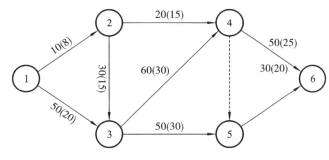

图3-24 案例图

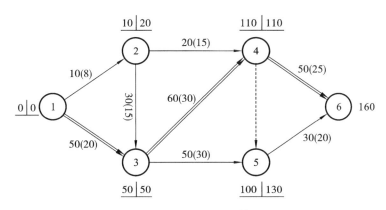

图3-25 时间参数计算图

②计算需缩短工期。根据计算工期需缩短60天,其中,关键工作1-3可缩短30天,但只能压缩10天,否则就变成非关键工作;3—4可压缩30天。重新计算网络计划工期,其中关键线路和关键工作如图3-26所示。

调整后的计算工期与要求工期还需压缩20天,选择工作3—5、4—6进行压缩,3—5用最短工作持续时间代替正常持续时间,工作4—6缩短20天,重新计算网络计划工期,如图3-27所示。工期达到100天,满足规定工期要求。

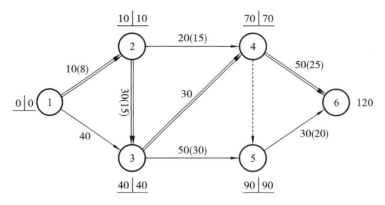

图 3-26 第一次调整后的时间参数

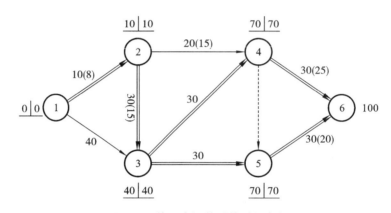

图 3-27 第二次调整后的时间参数

3.4.3.2 费用优化

费用优化又称工期-费用优化,是指寻求工程总费用最低时的工期安排,或按照工期寻求最低费用的计划安排的过程。

各项工作的直接费用率按下式计算

$$\Delta C_{i-j} = \frac{CC_{i-j} - CN_{i-j}}{DN_{i-j} - DC_{i-j}} \tag{3-37}$$

式中,ΔC_{i-j}——工作 $i-j$ 的直接费用率;

CC_{i-j}——按最短持续时间完成工作 $i-j$ 时所需的直接费;

CN_{i-j}——按正常持续时间完成工作 $i-j$ 时所需的直接费;

DN_{i-j}——工作 $i-j$ 的正常持续时间;

DC_{i-j}——工作 $i-j$ 的最短持续时间。

工期-费用优化应按下列步骤进行。

①按工作的正常持续时间确定关键工作、关键线路和计算工期。

②在压缩关键工作的持续时间以达到缩短工期的目的时,应将直接费用率最小的关键工作作为压缩对象;当有多条关键线路出现而需要压缩多个关键工作的持续时间时,应选择直接费用率之和(组合直接费用率)最小者作为压缩对象。

对选定的压缩对象(一项关键工作或一组关键工作),比较其直接费用率或组合直接费用率与工程间接费用率的大小:

a. 若被压缩对象的直接费用率或组合直接费用率小于工程间接费用率，说明压缩关键工作的持续时间会使工程总费用减少，应缩短关键工作的持续时间；

b. 若被压缩对象的直接费用率或组合直接费用率等于工程间接费用率，说明压缩关键工作的持续时间不会使工程总费用增加，应缩短关键工作的持续时间；

c. 若被压缩对象的直接费用率或组合直接费用率大于工程间接费用率，说明压缩关键工作的持续时间会使工程总费用增加，应停止缩短关键工作的持续时间，而在此之前的方案即为优化方案。

③被压缩对象的缩短值的确定必须符合下列两条原则。

a. 缩短后工作的持续时间不能小于其最短持续时间。

b. 缩短持续时间的关键工作不能变成非关键工作。

④计算被压缩对象持续时间缩短后相应增加的直接费用。

⑤根据间接费的变化计算工程总费用。

⑥重复上述步骤，直到计算工期满足要求工期或被压缩对象的直接费用率或组合直接费用率大于工程间接费用率为止。

【例3-3】已知某工程双代号初始网络计划如图 3-28 所示，图中箭线下方括号外数字为工作正常时间，括号内数字为最短持续时间；箭线上方括号外数字为工作按正常持续时间完成时所需的直接费，括号内数字为工作按最短持续时间完成时所需的直接费。该工程的间接费用率为 0.7 万元/天，试对其进行费用优化（费用单位：万元；时间单位：天）。

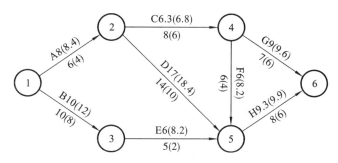

图 3-28 初始网络计划

解：该网络计划的费用优化可按以下步骤进行。

①根据各项工作的正常持续时间和最短持续时间，用标号法确定网络计划的计算工期和关键线路，如图 3-29、图 3-30 所示。

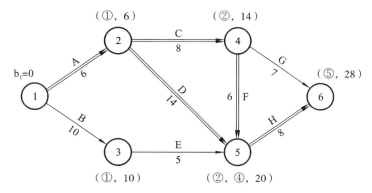

图 3-29 正常时间的网络计划

正常时间下的计算工期为28天,关键线路有两条,即1→2→4→5→6 和 1→2→5→6。最短计算工期为20天,关键线路有两条,即1→2→4→5→6 和 1→2→5→6。

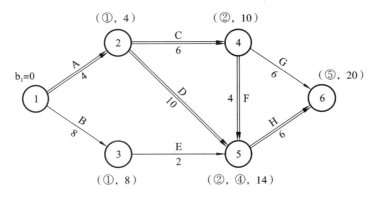

图 3-30 最短时间的网络计划

② 计算各项工作的直接费用率。

A：$\Delta C_{1-2} = \dfrac{CC_{1-2} - CN_{1-2}}{DN_{1-2} - DC_{1-2}} = (8.4 - 8)/(6 - 4) = 0.2(万元/天)$

B：$\Delta C_{1-3} = \dfrac{CC_{1-3} - CN_{1-3}}{DN_{1-3} - DC_{1-3}} = (12 - 10)/(10 - 8) = 1(万元/天)$

C：$\Delta C_{2-4} = \dfrac{CC_{2-4} - CN_{2-4}}{DN_{2-4} - DC_{2-4}} = (6.8 - 6.3)/(8 - 6) = 0.25(万元/天)$

D：$\Delta C_{2-5} = \dfrac{CC_{2-5} - CN_{2-5}}{DN_{2-5} - DC_{2-5}} = (18.4 - 17)/(14 - 10) = 0.35(万元/天)$

E：$\Delta C_{3-5} = \dfrac{CC_{3-5} - CN_{3-5}}{DN_{3-5} - DC_{3-5}} = (8.2 - 6)/(5 - 2) \approx 0.73(万元/天)$

F：$\Delta C_{4-5} = \dfrac{CC_{4-5} - CN_{4-5}}{DN_{4-5} - DC_{4-5}} = (8.2 - 6)/(6 - 4) = 1.1(万元/天)$

G：$\Delta C_{4-6} = \dfrac{CC_{4-6} - CN_{4-6}}{DN_{4-6} - DC_{4-6}} = (9.6 - 9)/(7 - 6) = 0.6(万元/天)$

H：$\Delta C_{5-6} = \dfrac{CC_{5-6} - CN_{5-6}}{DN_{5-6} - DC_{5-6}} = (9.6 - 9.3)/(8 - 6) = 0.15(万元/天)$

③ 计算工程总费用。

Ⅰ. 正常时间工作的直接费用总和：
$$C_d = 8 + 10 + 6.3 + 17 + 6 + 6 + 9 + 9.3 = 71.6(万元)$$

Ⅱ. 间接费用总和：$C_i = 0.7 \times 28 = 19.6(万元)$

Ⅲ. 工程总费用：$C_t = C_d + C_i = 71.6 + 19.6 = 91.2(万元)$

④ 通过压缩关键工作的持续时间进行费用优化,优化过程表见表3-2。

表 3-2 优化过程表

压缩次数	压缩的工作代号	被压缩的工作名称	C或组合 ΔC/(万元/天)	费率差/(万元/天)	缩短时间	费用增加/(万元/天)	总工期/天	总费用/万元
0	—	—	—	—	—	—	28	91.2

续表

压缩次数	压缩的工作代号	被压缩的工作名称	C或组合 ΔC/(万元/天)	费率差/(万元/天)	缩短时间	费用增加/(万元/天)	总工期/天	总费用/万元
1	1—2	A	0.2	0.2−0.7=−0.5	2	−1	26	90.2
2	5—6	H	0.3	0.3−0.7=−0.4	2	−0.8	24	89.4
3	2—4、2—5	C、D	0.6	0.6−0.7=−0.1	2	−0.2	22	89.2
4	2—5、4—5	D、F	1.45	1.45−0.7=0.75	—	费用增加，不需压缩	—	

从图 3-30 可知，该网络计划中有两条关键线路，为了同时缩短两条关键线路的总持续时间，有以下四个压缩方案。

①压缩工作 A，直接费用率为 0.2 万元/天。
②压缩工作 H，直接费用率为 0.3 万元/天。
③同时压缩工作 C 和工作 D，组合直接费用率为 0.25+0.35=0.6(万元/天)。
④同时压缩工作 D 和工作 F，组合直接费用率为 0.35+1.1=1.45(万元/天)。

在上述压缩方案中，由于工作 A 的直接费用率最小，故应先选择工作 A 作为压缩对象，再选择工作 H，再同时选择工作 C、D，最后同时选择工作 D、F。

工作 A 的直接费用率为 0.2 万元/天，小于间接费用率 0.7 万元/天，说明压缩工作 A 可使工程总费用降低。将工作 A 的持续时间压缩至最短持续时间 4 天，A 不能再压缩。

工作 H 的直接费用率为 0.3 万元/天，小于间接费用率 0.7 万元/天，说明压缩工作 H 可使程总费用降低。将工作 H 的持续时间压缩至最短持续时间 6 天，H 不能再压缩。

工作 C 和工作 D 的组合直接费用率为 0.6 万元/天，小于间接费用率 0.7 万元/天，说明同时压缩工作 C 和工作 D 可使工程总费用降低。由于工作 C 的持续时间只能缩短 2 天，而工作 D 的持续时间最多能缩短 4 天。故只能对工作 C 和工作 D 的持续时间同时压缩 2 天。

工作 D 和工作 F 的组合直接费用率为 1.45 万元/天，大于间接费用率 0.7 万元/天，说明压缩工作 D 和工作 F 会使工程总费用增加。因此不需要压缩工作 D 和工作 F，优化方案已到达最优。优化后的网络计划如图 3-31 所示。图中箭线上方括号内数字为工作的直接费用。

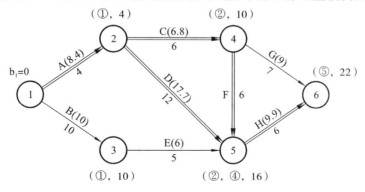

图 3-31 费用优化后的网络计划

⑤计算优化后的工程总费用。

Ⅰ.直接费用总和：$C_{do} = 8.4 + 10 + 6.8 + 17.7 + 6 + 6 + 9 + 9.9 = 73.8$(万元)

Ⅱ.间接费用总和：$C_{do} = 0.7 \times 22 = 15.4$(万元)

Ⅲ.工程总费用：$C_{to} = C_{do} + C_{do} = 73.8 + 15.4 = 89.2$(万元)

⑥上述计算结果表明，本工程的最优工期为22天，与此相对应的最低工程总费用为89.2万元，比原正常持续时间的网络计划缩短了工期：$28 - 22 = 6$(天)，且总费用减少了：$91.2 - 89.2 = 2$(万元)。

3.4.3.3 资源优化

资源是指为完成一项计划任务所需投入的人力、材料和机械设备、资金等。完成一项工程任务所需的资源量基本上是不变的，不可能通过资源优化将其减少。资源优化是指通过改变工作的开始时间和完成时间，使资源按照时间的分布符合优化目标。

进行资源优化需满足以下前提条件：

①优化过程中不改变网络计划中各项工作之间的逻辑关系；

②优化过程中不改变网络计划中各项工作的持续时间；

③网络计划中各项工作的资源强度（单位时间所需资源数量）为常数，而且是合理的；

④除规定可中断的工作外，一般不允许中断工作，应保持其连续性。

资源优化一般分为两种：资源有限、工期最短的优化和工期固定、资源均衡的优化。

①资源有限、工期最短的优化。

资源有限、工期最短的优化是通过调整计划安排，在满足资源限制的条件下，使工期延长最少。其一般步骤如下。

a.按照各项工作的最早开始时间安排进度计划，根据初始网络计划绘制时标网络计划或横道图，并计算网络计划每个时间单位的资源需用量。

b.从计划的开始日期起，逐段检查各个时段（相同时间段每个单位时间资源需用量）的资源需用量和所能供应的资源限量。如能满足资源限量的要求，则可行优化方案编制完成，否则，必须进行资源优化调整。

c.分析超过资源限量的时段，如果在该时段有几项工作平行作业，则将一项工作安排在与其平行的另一项工作之后进行，以降低该时段资源需用量。如：对于两项平行作业的工作 m 和工作 i，为降低相应时段的资源需用量，可将工作 i 安排在工作 m 之后进行，计算工期延长值 ΔT_{m-i}，并确定新的顺序。

在超过资源限量的时段中，工作 i 排在工作 m 之后工期的延长 ΔT_{m-i}

$$\Delta T_{m-i} = EF_m - LS_i \tag{3-38}$$

在各种顺序安排中，工期延长的最小值 $\Delta T_{m'-i'}$

$$\Delta T_{m'-i'} = \min\{\Delta T_{m-i}\} \tag{3-39}$$

这样，在有资源冲突的时段中对平行的作业进行两两排序，即可得到若干个 ΔT_{m-i}，选择其中最小的 ΔT_{m-i}，将相应的工作 i 安排在工作 m 之后进行，既可降低该时段的资源需用量，又可使网络计划的工期延长最短。

d.绘制调整后的网络计划，重复上述步骤，直到满足要求。

②工期固定、资源均衡的优化。

工期固定、资源均衡的优化是指通过调整计划安排，在工期保持不变的条件下，使资源需用量尽可能均衡的过程。其优化方法有多种，如削高峰法、方差值最小法、极差值最小法等，这里仅介绍削高峰法。

削高峰法，直观反映在资源需用量的动态曲线上，即尽可能不出现短时期的高峰和低谷，力求每个时段的资源需用量接近平均值，其步骤如下。

a. 计算网络计划每个时间单位资源需用量。

b. 确定削高峰目标，其值等于每个时间单位资源需用量的最大值减一个单位资源量。

c. 找出高峰时段的最后时间 T_h 及有关工作的最早开始时间 ES_i 和总时差 TF_i。

d. 按下式计算有关工作的时间差值 ΔT_i

$$\Delta T_i = TF_i - (T_h - ES_i) \tag{3-40}$$

应优先以时间差值最大的工作 i' 为调整对象，令 $ES_{i'} = T_h$。

e. 当峰值不能再减少时，即得到优化方案。否则，继续重复以上步骤。

3.4.4 工程项目进度计划调整

在对工程项目进度进行优化之后，可进行进度计划调整。工程项目进度计划调整是指依据进度计划的实施情况，在进度计划发生偏离的时候，通过对工作量、起止时间、工作关系、资源和必要的目标进行调整，或通过局部改变工作顺序、相互协作方式等进行调整，以更充分利用项目工作的时间和空间进行合理交叉衔接，并编制调整后的项目进度计划，以保证工程项目总目标的实现。

3.4.4.1 工程项目进度计划调整内容

进度计划调整应包括以下内容：工作量的调整、工作起止时间的调整、工作关系的调整、资源提供条件的调整、必要目标的调整。

在工程项目进度监测过程中，一旦发现实际进度偏离计划进度，必须认真分析产生偏差的原因及其对后续工作及总工期的影响，并采取合理的调整措施，确保进度目标的实现。具体过程见图3-32。

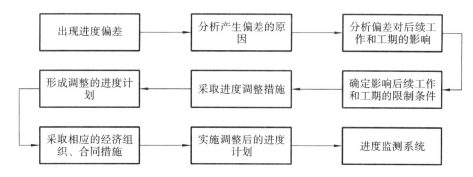

图 3-32 工程项目进度计划调整流程

3.4.4.2 工程项目进度计划调整方法

若实际进度的实施情况影响项目进度目标的实现，那么原进度计划需要做必要调整，施工项目进度计划有以下调整方法。

(1) 改变某些工作之间的逻辑关系

当工程项目实施中产生的进度偏差影响总工期，且有关工作的逻辑关系允许改变时，可以改变关键线路和超过计划工期的非关键线路上的有关工作之间的逻辑关系，以便达到缩短工期的目的。例如，将顺序进行的工作改为平行作业、搭接作业以及分段组织流水作业等，都可以有效地缩短工期。

(2) 缩短某些工作的持续时间

当关键线路上某项工程的施工时间超出计划时间时，为避免延误工期，可以适当增加施工强度或缩短施工时间来加快施工进度，使工程进度与计划进度保持平衡。当关键线路的实际进度比计划进度提前时，就可以考虑压缩原计划工期，以提前完工，若不能压缩，可适当延长后续关键工作中施工难度大、资源占用量大的工序的施工时间，借此降低资源或费用。

(3) 调整工程项目进度计划

当施工进度与计划进度不符时，应采取措施，进行纠偏，原则上不改变工程总进度计划。因此可适当调整分项工程的进度计划，然后在施工过程中进行控制，实施过程中又发现偏差的，再予以纠偏，如此反复循环调整和实施，确保工程能保质按时完成。

习题

1. 如何进行 WBS 分解？得到的成果是什么？
2. 表示工程项目进度的常用工具是什么？有什么优缺点？
3. 什么是关键线路和关键工作？两者有什么作用？
4. 简述工程项目进度计划调整的内容、过程与方法。
5. 已知网络计划图如图 3-33 所示，图上已按标号法计算出标号值。若要求工期为 30 天，试写出优化过程。

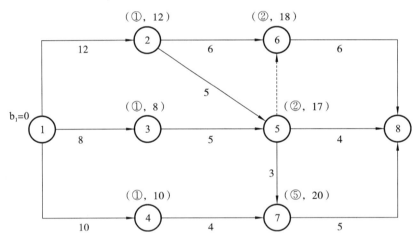

图 3-33　网络计划图

4 工程项目成本管理

【案例】

波士顿是美国历史古城,也是交通繁忙的城市。20世纪90年代初,波士顿中央干道日通车量达到20万辆次,每天拥堵时间超过10小时。此外,高架路割裂了波士顿市区,阻隔了波士顿北部和海滨居住区与市中心的联系,限制了这些区域参与全市的经济生活。这种极为混乱的交通状况使经济和生活质量连续下滑。在马萨诸塞州收费公路局的监督和运作下,波士顿中央干道/隧道工程(Boston's Central Artery/Tunnel Project,简称 CA/T)应运而生。

CA/T 工程包括总长 12.5 km 的连接线和以单车道计算长度为 259 km 的道路(其中一半以上是地下隧道),以及世界上最大的通风系统及地下交通事故处理中心等,主体工程分为两个部分:①在现有的中央大道下面修建一条 8~10 车道的地下快速路,替代现有的 6 车道高架桥,同时保证施工期间的正常交通,建成后,拆除地上拥挤的高架桥,建设绿地和可适度开发的城市用地;②修建一条通向机场的 4 车道隧道,穿越波士顿港。

由于工程规模太大,任何公司都无力单独承担,工程设计和施工又被分成了数十个子项目,由若干承包商承担,各个承包商之间明确规定界限,CA/T 改造工程规划于 1982 年正式启动,经历波折,直到 2006 年主体工程才基本完成。2006 年基本完工后,项目带来的成果是显著的。1995—2003 年,由于交通条件改善,交通延误大幅度减少,车辆在这一项目公路上的总行驶时间减少了63%。然而争议同样巨大,作为美国历史上规模最大、耗资最多、工期最长、难度也较大的城市交通道路改造项目,工程在造价与工期都是史无前例的。

该项目一直受到争议,主要原因是它不断上升的成本和经常变更的预算。1982 年,工程预算仅为 28 亿美元,预计十年之内完工。而实际上,自项目开始以来预算成本和工期就一直在上涨,最后的成本预算高达 145 亿美元。波士顿所在的马萨诸塞州更是欠下 93 亿美元庞大债务。成本估算和预算实施如此糟糕,以至于在 2000 年,该项目的一名联邦审计员认为此项目正式破产。他认为成本失控的主要原因是失败的项目管理。由于强烈的公众监督和项目本身的敏感性,管理层也停止追踪或公开承认上涨的成本,唯恐政治对抗会使项目终止。公众对项目拖延和成本超支的强烈抗议,迫使项目经理递交辞呈。自项目主体完工后,该项目仍一直摆脱不了纠缠不休的负面新闻和问责。隧道系统部分区段的天花板上曾出现了数以千计的漏洞,数条隧道多次漏水,上百个螺栓存在承压过大的问题,甚至天花板曾坠下造成司机和乘客的伤亡。结果成本超支、质量问题和安全规范等原因导致检方提出 200 多项投诉。最终,承包商需向该州支付近 4.5 亿美元的赔偿。

造成此工程巨额亏损的一个关键原因就是没有进行有效的成本管理,工程项目成本不断超出预算成本。因此,工程项目的成本管理是非常重要的环节。工程项目的成本管理决定了工程的经济收益,也影响其他各方面的收益。

4.1 工程项目成本管理概述

4.1.1 工程项目成本的概念及分类

中国成本协会编写的CCA2101:2008《成本管理体系 术语》定义:成本是为使过程增值或结果有效付出的资源代价。资源包括人力、物力、财力和信息等资源;代价指一定会付出的资源代价。在工程项目成本中,"资源代价"一般以货币计量,工程项目成本即为完成工程项目所付出的以货币计量的资源代价。

不同的工程项目具有不同的成本构成,可从不同的角度进行如下划分。

(1)按生命周期的阶段划分

每一个工程项目都有生命周期,按生命周期的阶段划分主要包括项目启动成本、项目规划成本、项目实施成本和项目终结成本。

(2)按成本要素划分

按照工程项目成本要素划分,可分为人工成本、材料成本、设备成本、管理成本和其他成本。

(3)按成本性质划分

按工程项目成本的性质,可分为直接成本和间接成本。直接成本即工程项目组织或实施的有关成本,包括直接人工费、材料费、设备费及其他直接费。间接成本往往是在组织执行项目时发生的、不便于直接计算的成本,包括管理成本、保险费、融资成本、水电费、设备折旧和修理费等。直接成本和间接成本的划分取决于成本是否与成本对象直接有关。

(4)按变动情况划分

工程项目的成本可划分为固定成本和可变成本。固定成本是指成本总额在一定时期和一定业务量范围内,不受业务量增减变动影响、能保持不变的成本。变动成本是指那些成本的总发生额在相关范围内随着业务量的变动而变动的成本。

此外还有其他不同类型的划分方式,本书不一一赘述。影响工程项目成本的因素有很多,主要有工程项目范围、项目质量、工期、价格和管理水平等。

4.1.2 工程项目成本管理概述

工程项目成本管理是指在保证满足工程质量、工期等约束的前提下,为保证工程项目实际发生的成本不超过预算成本所进行的成本估算、成本预算和成本控制等方面的管理过程和活动。

工程项目成本管理的任务是确保项目在批准的成本预算内尽可能好地完成。需注意,工程项目成本管理侧重项目生命周期内的支出,在工程项目交付使用后,其运行期间的成本管理不属于项目管理的范畴,而属于企业或其他组织的运营成本管理范畴。因此,工程项目成本管理始于工程项目启动,止于工程项目结束,是在整个项目生命周期中以项目执行组织为主体的成本管理。

工程项目的成本管理存在于项目的特定时期,因此其实施范围包括工程项目的成本估算、成本概算、成本预算、成本核算、成本决算和成本控制等方面。

①成本估算:一般发生在工程项目策划和可行性研究阶段。在完成详细的设计方案之前,按照经验和非正式的信息对完成工程项目各项活动所需的资源成本进行估计。因此成本估算也称为投资估算。

②成本概算:一般发生在详细设计方案完成之前、进行初步设计或扩大初步设计阶段。根据初

步设计方案、概算指标、工程定额等法规标准方面的详细信息,对完成工程项目各项活动所需的资源成本进行计算。注意,在成本概算中,相对于成本估算,需对各项活动的资源成本进行更详细的计算,且必须以各项法规标准为依据。

③成本预算:一般发生在设计完成阶段。在完整的设计方案完成后,根据法规标准中的规定,将工程项目的总成本分配到工程项目的各项具体工作中。

④成本核算:发生在工程项目未完工的各个时期。对工程项目中已经发生的各项工作的费用进行考核统计,以检查项目工作的成本合理性,并总结经验,以便进一步改进以后的工作。需注意,成本核算根据工程各阶段的实际需求发生,并无理论上的固定核算时间。

⑤成本决算:一般发生在工程项目完成之后,对项目从启动到完工为止全部资源成本的确定,以确定工程项目的最终实际支出是否超出成本预算。

⑥成本控制:工程项目成本控制是控制概预算的变更并做及时调整,以达到控制成本的目的。具体而言,即采用一定方法对工程项目全过程所消耗的各种资源成本的使用情况进行管理的过程。

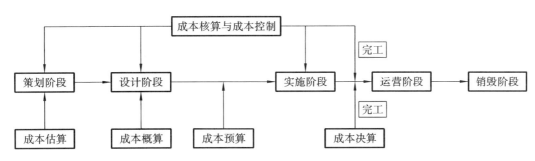

图 4-1 工程项目成本管理各阶段示意

图 4-1 展示了在工程项目全生命周期中成本管理的各个环节。根据工程项目的不同类型,项目表现出不同的环节,需进行针对性的成本管理。在实际过程中,每一项流程并不一定严格定义。例如,由于工程项目成本概算和预算都是针对设计阶段的,通常也常把它们统一称为概预算;同时,成本决算也可作为核算的一种。

4.2 工程项目成本估算

工程项目成本估算是在不确定性程度很大的情况下进行的,通常比较复杂。针对持续时间比较长的工程项目,虽然项目成本估算工作在项目实施前就已经完成,但是随着项目的进行可能会出现新的可用资源,而且原来资源的价格也可能发生变化。随着阶段的不断推移,经过调查研究后掌握的资料越来越丰富,确定性条件越来越多,成本估算的精度随之提高,所以成本估算可以随着项目的进展而进行适当的调整,贯穿项目整个生命周期。项目成本估算是项目决策、资金筹集、评标定标的依据,是承包商报价的依据,是项目进度计划编制的要求,是项目资源安排的依据,是项目成本管理的起点。

一般编制工程项目成本估算表的步骤如下:识别和分析项目成本的构成要素,即工程项目成本由哪些资源项目组成;估算每项成本构成要素的单价和数量;分析成本估算的结果,识别各种可以相互代替的成本,协调各种成本的比例关系。工程项目成本估算简介见表 4-1。

表 4-1　工程项目成本估算简介

工程项目成本估算		
依据	工具方法	结果
项目范围说明书	自上而下估算	项目成本估算
工作分解结构	自下而上估算	更新的项目文档
项目资源计划		
项目进度计划		
风险登记册		
历史数据和信息		

4.2.1　工程项目成本估算的依据

工程项目成本估算的依据如下。

(1)项目范围说明书

项目范围说明书进一步明确了项目应有的结果及项目可交付应有的特征。以此为前提,进一步确定项目利益相关者间希望达成共识的范围,厘清项目管理的思路。一个详细的项目说明书应包含产品的范围描述、验收标准、可交付成果,项目的主要责任、制约因素、假设前提、主要风险等。

(2)工作分解结构(work breakdown structure,WBS)

工作分解结构以可交付结果为导向对项目按一定的原则分解,项目先分解成任务,任务细化到具体工作,再将工作交付相关工作人员,直至无法向下分解。工作分解结构是控制项目变更的重要基础,在制定计划、资源需求、成本估算及预算方面起到关键作用。

(3)项目资源计划

项目资源计划指分析、识别项目需求,明确项目所需资源种类、数量和所需时间从而制定出供应计划及确定项目成本管理活动。

(4)资源单价

成本估算必须由资源单价产生,如人工成本、物料价格等。目前市场竞争激烈,估算人员主要通过咨询价格和分析市场并预测价格的方式确定资源单价。

(5)项目进度计划

项目进度计划是指活动资源所持续的时间及顺序,这是成本估算的重要依据。

(6)风险登记册

风险登记是在成本估算时,项目组应考虑风险对项目产生的影响以及如何应对风险。风险会产生应急费用,而应急费用常常影响项目成本,因此在进行成本估算时,要考虑补偿差错、疏漏及其他不确定性因素对估算精度的影响。

(7)历史数据和信息

成本估算过程中,如果有现存或非正式计划作为参考,效率会大大提高。项目组可以通过这些历史数据和信息优化成本估算工作,而团队成员所累积的技能和知识储备都会为估算工作助力。

4.2.2　工程项目成本估算的技术路线

工程项目的分解层次由项目进展的阶段决定,而项目的难易程度也影响着层次的多少。

（1）自上而下的成本估算

自上而下的成本估算别名"类比估算"。这种技术路线适合在项目的早期阶段采用。项目在这时只确定了初步的工作分解结构图，分解层次少，很难将项目的基本单元详细列出来。基于此，成本估算的主要目标为项目的子项目，难以进行高精度估算。自上而下的成本估算实际上是以项目成本整体为估算对象，因WBS的上部成本已包括下部组成部分的成本，故成本估算停留在WBS的上部层次，不再详细估算底层部分的成本。

（2）自下而上的成本估算

自下而上的成本估算适合在项目详细设计完成后采用。它先估算各个工作单元的费用，再自下而上将各个估算结果汇总，计算出项目费用总和。这种技术路线的前提是确定了详细的WBS，项目内容明确到能识别出为实现项目目标必须做的每一项具体工作任务，对这些较小的工作单元能做出较准确的估算。

（3）自上而下与自下而上相结合的成本估算

自上而下与自下而上相结合的成本估算，就是针对项目的某一子项目进行详细、具体的分解，从该子项目的最低分解层次开始估算费用，并自下而上汇总，直至得到该子项目的成本估算值；之后，以该子项目的估算值为依据，估算与其同层次的其他子项目的费用；最后，汇总各子项目的费用，得到总成本估算。

4.2.3 工程项目成本估算的方法

常用的建设项目成本估算方法有生产能力指数法、资金周转率法、比例估算法、系数估算法等，具体计算方式见本书8.2.1建设投资估算。

4.3 工程项目成本概预算、核算和决算

4.3.1 工程项目成本概预算概述

由于工程项目中概算和预算都是基于工程设计的，很多情况下把概算和预算统一起来考虑，称为工程项目概预算。

4.3.1.1 工程项目成本概预算的依据

工程项目成本概预算的依据主要有项目成本估算文件、工作结构分解、项目进度计划等。

（1）项目成本估算文件

项目成本估算文件是项目成本估算后所形成的结果文件。项目成本概预算的各项工作与活动的概预算定额及确定主要是依据此文件来制定的。

（2）工作结构分解

项目的工作结构分解是在项目范围界定和确认中生成的项目工作分解结构文件。在项目成本概预算工作中，要依据这一文件，进一步分析和确定项目各项工作与活动在成本估算中的合理性及项目概预算定额的分配。

（3）项目进度计划

项目进度计划是有关项目各项工作起始与终结时间的文件。依据这一文件，可以安排项目的资源与成本概预算方面的工作。它通常是项目业主或客户与项目组织共同商定的，它规定了项目范围及必须完成的时间。

4.3.1.2 工程项目成本概预算的编制

工程项目成本概预算的重要功能是测量和监控项目的成本执行情况,通过按时段检查项目成本概预算的使用情况,可以对整个工程项目的实施进行动态管理,保证项目生产有序进行。

工程项目成本概预算的编制内容要根据项目的行业性质而定。不同的行业,性质不同,编制的内容也不同。

(1)项目成本概预算总额的确定

在确定成本概预算总额时可以将目标成本管理与项目成本过程控制管理相结合,即在项目成本管理中采用目标成本管理方法设置目标成本。目标成本的确定方法可以分为以下几类。

①目标利润法。

目标利润法是根据项目产品的销售价格扣减目标利润后得到目标成本的方法。目标利润法确定目标成本的实施步骤如下:

a. 采用正确报价战略和方法,以最理想的合同价格中标;

b. 设立总目标成本,项目经理部从中标价中减去预期利润、税金、应上缴的管理费用等,剩下的就是在施工过程中能够支出的最大限额,即基本的总目标成本。

②技术进步法。

技术进步法可称为技术节约措施法,是指以某项目计划采取的技术组织措施和节约措施所能取得的经济效果作为项目成本降低额,求项目目标成本的方法。

③按实计算法。

以该项目预算的工料分析资料作为控制计划成本的依据。根据项目经理部执行实施定额的实际水平和要求,由各职能部门归总计算各项计划成本。

$$人工费的计划成本 = 计划用工量 \times 实际水平的工资价格 \quad (4-1)$$

$$材料费的计划成本 = \sum(主要材料的计划用量 \times 实际价格) + \sum(周转材料的使用量 \times 日期 \times 租赁价格) \quad (4-2)$$

$$机械使用费的计划成本 = \sum(施工机械的计划台班数 \times 规定的台班单价) \quad (4-3)$$

现场二次搬运费等措施费的计划成本,根据施工方案和统计资料按实测算。

间接费用的计划成本,一般根据历史成本的间接费用进行测算。

④历史资料法。

历史资料法也可称为定率估算法。当项目过于庞大或复杂,一个总项目包括几个子项目时。采用该方法。历史资料法是先将工程项目分为若干个子项目,然后参照同类项目的历史数据,采用算术平均数法计算子项目的目标成本降低率,然后算出子项目成本降低额,汇总后得出整个项目成本降低额及成本降低率。

4.3.1.3 工程项目成本的分解

工程项目成本概预算总额确定后,可以在 WBS 的基础上,自下而上或自上而下地分解项目成本。可根据管理的需要,按照不同的标准进行成本分解,如按成本要素、项目构成的层次、项目进度计划或上述标准的组合进行分解。基本分解方法是自上而下、由粗到细,将项目成本依次分解、归类,形成相互联系的分解结构。

(1)按项目成本要素分解成本目标

按成本要素分解项目成本,即将总成本分解为直接费、间接费,直接费分为直接工程费、措施费,直接工程费再细分为人工费、材料费、机械使用费等内容,如图 4-2 所示。

工程项目成本的分解

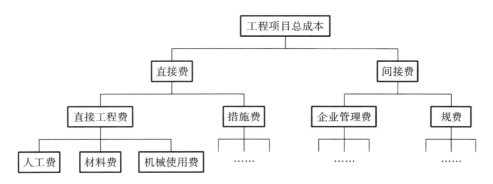

图 4-2 按项目成本要素分解成本目标示意图

（2）按项目构成的层次分解成本目标

按项目构成的层次分解成本目标，即将总成本分解到项目的各个组成部分，如子项目、任务或工作单元上，如图 4-3 所示。

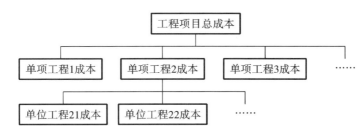

图 4-3 按项目构成的层次分解成本目标示意图

（3）按项目进度计划分解

根据项目进度计划要求，将项目成本按时间分解到各年、季度、月、旬或周，以便将资金的应用和资金的筹集配合起来，同时尽可能减少资金占用和利息支出。按时间进度编制成本概预算，通常可将控制项目进度的网络图进一步扩充而得。即在建立网络图时，一方面确定完成各项活动所需的时间；另一方面确定完成这一活动的合适的概预算。

（4）综合分解

在实践中，分解成本目标不局限于以上三种标准的单独使用，可以同时按照几种标准进行组合分解，从而达到扬长避短的效果，以便进行项目成本的管理。

4.3.1.4 工程项目成本的调整

进行工程项目成本的概预算，无论采用哪一种预算方法，当得出一系列预算数字时，下一步工作就是要对已预算出的结果进行调整。这种调整往往需要反复进行，以使成本预算既先进又合理。项目成本概预算的调整分为初步调整、综合调整和提案调整。

（1）初步调整

初步调整是借助工作任务预览表、工作分析结构、项目进度计划、成本估算在内的概预算依据，对概预算中由于某些工作任务的遗漏和不足、某些工作活动出现的偏差等引起的不准确方面进行调整。

（2）综合调整

如果项目所处环境发生了变化，使项目概预算也发生相应的变化，就需要对概预算做出相应的综合调整，但它不像初步调整那样明确，而是凭借管理者的直觉和经验，更多地依靠对政治经济形势的敏感性。

（3）提案调整

提案调整是当财务、技术人员的项目概预算编制工作已经接近尾声，并认为合理可行时，就可以把它写进项目概预算，提交审议。

4.3.1.5 制定累计概预算成本基准

为每个工作包建立了概预算成本后，接下来就可以将工程项目成本总概预算分摊到各工作包的整个工期中，每期的成本估计是根据组成该工作包的各个活动所完成的进度确定的。当每个工作包的概预算分摊到工期的各个区间后，就能确定直到某期为止按进度完成的工作概预算成本值。这个数字可通过截至这一时点的各期概预算成本求和得出，即累计概预算成本。累计概预算成本将作为分析项目成本绩效的基准，通常以 S 曲线的形式表示。成本基准是项目管理计划的一个组成部分。

累计概预算成本基准的建立步骤如下：

①选定恰当的成本累计区间；
②将每项任务的成本或每个工作包的总概预算成本分摊到成本累计区间；
③对截至某时间的概预算成本求和，得到某期为止的累计概预算成本。

例如，某个大型机床项目，表 4-2 表示了估计工期中如何分摊每一阶段的总概预算成本到各期，也表示了整个项目的每期概预算成本及其累计概预算成本。

表 4-2 某大型机床项目总预算成本分摊表

	总概预算成本	周											
		1	2	3	4	5	6	7	8	9	10	11	12
设计	26	5	5	5	8								
建造	75					9	9	15	15	14	13		
安装调试	19											10	9
合计	120	5	5	8	8	9	9	15	15	14	13	10	9
累计		5	10	18	26	35	44	59	74	88	101	111	120

根据表 4-2，可做出时间—成本累计曲线，如图 4-4 所示。

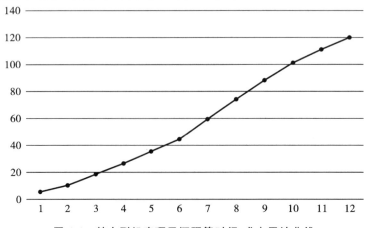

图 4-4 某大型机床项目概预算时间-成本累计曲线

4.3.2 工程项目成本核算

工程项目成本核算贯穿整个工程项目全生命周期,可以反映和监督工程项目中各项费用的发生情况和整个项目的成本水平,并为分析工程项目成本的超支或节约原因和挖掘降低成本的潜力提供科学依据。所以工程项目成本核算是一项重要的内容。但需注意,工程项目成本核算没有固定的实施时间,应根据项目实际情况确定何时进行核算。

(1)工程项目成本核算任务

①根据国家政策法规等规定,认真审核和控制工程项目费用的支出。

②正确计算工程项目概预算成本,如实反映成本超支和节约情况,为工程项目成本分析提供依据。

③及时准确地归集和分配工程项目过程中发生的各项费用,按照规定的成本核算程序和方法计算实际成本。

(2)工程项目成本核算的基本要求

①正确划清各种成本的界限。

②正确进行财物的计价和价值转结。

③做好成本核算中物资计量、收发、盘点、记录、健全制度管理等基本工作。

(3)工程项目成本核算的基本程序。

①确定工程项目成本计算对象,如以单项合同为计算对象、以合同分立后的单项资产为计算对象、以合同合并后的一组合同为计算对象,或以大规模工程中的分部工程为计算对象等。

②确定工程成本项目,明确材料费、人工费、机械使用费和其他费用等直接成本以及各项间接成本。

③确定工程项目成本计算期。成本计算期指每计算一次成本的间隔时间。很多情况下按月计算,也可按施工周期计算。

④设置工程项目成本核算的会计账户,包括工程实施账户、器械作业账户、辅助生产账户、间接费用账户等。

⑤归集和分配工程费用。将核算所确定的工程中所发生的费用,经过一定的处理程序,按照用途归集和分配到生产成本中。

4.3.3 工程项目成本决算

工程项目成本决算又称竣工成本决算,用于核实工程项目最后的成本是否超出预算控制,并找出原因及影响因素,分析过程、总结经验,形成具体的报告文本。成本决算有助于工程项目从业人员了解工程项目的优劣程度,从中学习相关知识和经验,以便在下一个工程项目中发扬优势、回避劣势,提升工程项目质量。由于工程项目成本决算的方式方法与成本核算相似,有的时候甚至被直接划到成本核算里面,本书对决算的内容不作过多赘述。

4.4 工程项目成本控制

4.4.1 工程项目成本控制概述

工程项目成本控制实现的是对工程项目成本的管理,主要内容包括工程项目决策成本控制、招投标费用成本控制、设计成本控制、实施成本控制四个方面。

为了对工程项目进行科学的决策,通常需要对其市场情况、施工环境、资金情况等可行性进行详细研究。完成这些工作所需要的资金就构成了项目的决策成本,对决策成本的概预算和管理就构成了决策成本控制。招投标费用成本控制是指对招投标工作的费用进行的控制。为了实现项目的最大效益,选择最佳的承建商进行项目实施,或希望通过竞争获得项目的承建权,业主或单位常投入一定的人力和物力进行招投标工作,需要对投入的资源成本进行管控。设计成本控制是指对目标项目的各种设计,包括初步设计、施工图设计、复杂设计和其他技术设计等所需费用的管理和控制。

以上三种成本控制在整个项目成本中所占的比例相对较小,因此,工程项目成本控制的研究以实施成本控制为主。实施成本控制是指对整个项目实施所涉及的费用进行的管理和控制。通常一个过程项目涉及的成本主要有设备费、材料费、人力资源费、施工管理费等,这些费用共同构成了项目成本的主体。其中,设备费、材料费、人力资源费通常称为直接成本或直接费用,施工管理费则称为间接成本或间接费用。

成本控制除了确定一个成本的范围之外,最重要的是对整个项目成本费用的使用进行管理,特别是在项目发生了变化或正在发生变化时,对这种变化实施管理。因此,成本控制还包括查找出现正负偏差的原因。该过程必须同其他控制过程,包括范围变更控制、进度计划控制、质量控制和其他控制等紧密地结合起来。例如,对成本偏差采取不适当的应对措施可能会引起质量或进度方面的问题,或导致项目在后期出现无法接受的风险。

4.4.1.1 工程项目成本控制的内容

工程项目成本控制的内容

工程项目成本控制是一个全员的控制,也是一个全过程的控制,它包括事前控制、事中控制、事后控制三个阶段。

①事前控制主要指在设计阶段进行的成本控制。当产品还在设计阶段时,就应考虑企业的总体利润目标,确定目标成本,建立标准成本和成本概预算,并将指标层层分解到各责任单位。事前控制有利于提高广大职工成本控制的自觉性和参与的积极性。

②事中控制是在执行过程中进行的控制。成本目标下达以后,需要进行实地观察,根据分解后的指标,记录执行过程与概预算的差异,并且及时进行相关信息的反馈。在此过程中要求各责任单位从企业整体利益出发,努力做好成本控制工作。

③事后控制属于执行以后的继续控制。实际成本已经发生,但是实际成本和目标成本之间可能存在差异,所以需要就实际成本提出报告,对该差异加以分析,查明发生的缘由和具体责任的归属,以利于未来工作的改进。事后控制阶段采取合理的奖惩措施也是必要的。

总之,工程项目成本控制主要包括以下核心内容:①确定目标成本;②将实际成本与目标成本进行比较;③分析差异,查明原因,进行信息反馈;④在目标成本基础上加减差异,计算控制产品的实际成本。如图4-5所示为项目成本控制程序图。

4.4.1.2 工程项目成本控制的原则

在实施任何管理制度时,都要遵照其基本原则,使之实现最大的效果。进行工程项目成本控制必须遵守以下基本原则。

(1)全面成本管理原则

全面成本管理是指执行成本管理中的"三全性",即成本控制采用全部、全员、全过程的控制。"全部"是强调对产品生产的全部费用要加以控制,这里定义的"全部费用"不仅包括对变动费用的控制,还包括对固定费用的控制。"全员"是指实施成本控制时要发动企业全部职工参与,包括领导

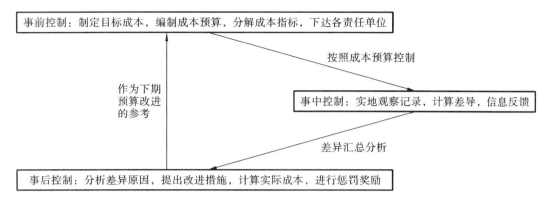

图 4-5 项目成本控制程序图

干部、管理人员、工程技术人员和广大职工,全员都要建立成本意识,参与成本的控制。"全过程"控制,要求对产品的设计、制造、销售整个业务过程进行控制,并将控制的成果在有关报表上加以反映,弥补现有成本控制的不足。全面成本管理使产品的生产管理组织流程的每一环节、每一部门、每一人员,都能参与到成本管理中;同时,强调成本管理的科学性和全员参与的主动性相结合,达到各级组织目标的一致性。

（2）例外管理原则

进行成本控制时特别要注意某些超乎常情的情况。因为实际成本往往与概预算成本有出入,如果差异不大,则不需要一一说明其原因。但是如果有非正常的例外事项发生,就需要引起高度注意,并进行信息反馈。实行例外管理的原则能抓住突出的问题,解决引起生产中发生差异的关键环节,从而使目标成本的实现有了可靠的保证。

（3）成本—效益原则

企业追求的目标是经济效益,企业加强成本控制就是为了降低成本,提高经济效益。所以,企业成本控制活动应以成本—效益原则作为指导思想,从投入与产出的对比分析来看待投入的必要性和合理性,即以尽可能少的成本付出,创造尽可能多的价值,从而获得更多的经济效益。但是,提高经济效益不单依靠降低成本的绝对数,更重要的是在实现相对节约的同时,取得最佳的经济效益。例如,在进行成本概预算时确定了标准成本,但是如果实际生产时因为产量、质量有所提高,那么也可增加相对的限额。

4.4.1.3 工程项目成本控制的依据

对于工程项目成本控制而言,其直接依据是费用概预算计划,执行情况报告,变更申请,费用管理计划,计划、标准和规范。

（1）费用概预算计划

费用概预算计划也称基准成本,是以时间为自变量的概预算,被用于度量和监督项目执行成本。把预计成本按时间累加即为基准成本,许多项目(尤其大项目)可有多重基准成本以衡量成本的不同方面。例如,一个费用计划或现金流量预测是衡量支付的基准成本。费用概预算计划提供了费用概预算和使用的一个基本范围,是实施成本控制的最基本依据。

（2）执行情况报告

执行情况报告一般应提供工程项目的范围、进度、成本、质量等信息。执行情况报告对收集的信息进行组织和总结,并提出分析结果。执行报告按照沟通管理计划的规定提供各类项目涉及人员所需的符合详细等级的信息。该报告可以用多种方法报告费用信息,较常用的是开支表、直方图和 S 形曲线等，任一报告均可全面地或针对某个问题编写。执行情况报告提供了有关成本执行的资料。执行情况报告还提醒项目队伍注意将来可能会引起问题的事项。

（3）变更申请

对项目执行情况的分析，常常要求项目的某些方面做出修改。这些变更申请由各类变更控制程序处理。变更申请是对费用使用方向和范围发生改变的一种记录。变更申请可能以多种形式表达，如直接的或间接的，外部或内部的，法律强制的或可以选择的等。变更既可能是要求增加预算，也可能是允许减少预算。

（4）费用管理计划

费用管理计划描述当实际成本与计划成本发生偏差时如何进行管理（偏差程度不同，则管理力度也不同）。一个费用管理计划可以是详细的或粗略的，可以是正规的或非正规的，这些取决于项目相关人员的需要。项目管理计划是整个项目计划的辅助部分。费用管理计划是对整个成本控制过程进行的有序安排，以达到费用合理使用的目的。

（5）计划、标准和规范

与工程项目有关的各种计划及必须遵循的各种标准、规范，也属于工程项目成本控制。

4.4.2　工程项目成本控制的方法和步骤

工程项目成本控制方法有多种，包括成本累计曲线法、挣值法、成本分析表法、工程成本分析法和价值工程应用等。这里主要介绍成本累计曲线法和挣值法。

4.4.2.1　成本累计曲线法

成本累计曲线又叫作时间累计成本图。它是反映整个项目或项目中某个相对独立部分开支状况的图。它可以从成本预算计划中直接导出，也可利用网络图、条线图等图示单独建立。

通常可以采用下面的三个步骤做出项目的成本累计曲线。

首先，建立直角坐标系，横轴表示项目的工期，纵轴表示项目成本。

然后，按照一定的时间间隔或时间单元累加各工序在该时间段内的支出。

最后，将各时间段的支出金额逐渐累加，确定出各时间段所对应的累计资金支出，然后，用一条平滑的曲线依次连接各点，即可得到成本累计曲线。

成本累计曲线实际支出与理想情况的任何一点偏差，都是一种警告信号，但并不是说工作中一定发生了问题。发现偏差时要查明原因，判定是正常偏差还是不正常偏差，然后采取措施处理。在成本累计曲线上，根据实际成本的趋势可以对未来的成本进行预测，将预测曲线与理想曲线进行比较，可获得很有价值的成本控制信息。这对项目管理很有帮助。虽然成本累计曲线可以为项目控制提供重要的信息，但是前提是假定所有工序时间都是固定的。

对于一个项目的网络计划，在理论上总是分为最早和最迟两种开始与完成时间的。按某一时间开始的项目进度计划，其实施过程中进行时间与累计成本的关系都可以用一条 S 形曲线表示。因此，一般情况下可以绘制出两条曲线。

①计划以各项工作的最早开始时间安排进度而绘制的 S 形曲线，称为 ES 曲线。

②计划以各项工作的最迟开始时间安排进度而绘制的 S 形曲线，称为 LS 曲线。

两条 S 形曲线都是从计划的开始时间开始和完成时间结束，因此两条曲线是闭合的。香蕉曲线即利用各工序的最早开始时间和最迟开始时间制作的成本累计曲线，如图 4-6 所示。

香蕉曲线表明了项目成本变化的安全区间，实际发生的成本变化如不超出两条曲线限定的范围，就属于正常变化，可以通过调整开始和结束的时间使成本控制在计划的范围内。如果实际成本

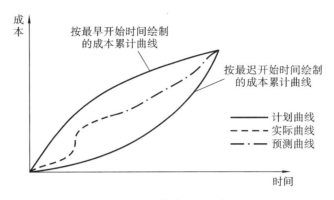

图 4-6 香蕉曲线图示例

超出这一范围,就要引起重视,查清情况,分析出现的原因。如果有必要,应迅速采取纠正措施。香蕉曲线不仅可以用于成本控制,还是进度控制的有效工具。

4.4.2.2 挣值法

在项目成本管理中,若将成本、进度分别进行管理,会带来很多的问题。例如,当工程项目进行到一定阶段时,累计花费成本与累计计划预算成本相当,但实际已完成的实物工程量(进度)并没有达到预计计划量,到了项目预算已经超出而还有剩余工程量未完成时,要完成项目就必须增加更多的成本费用,此时才对项目进行成本控制为时已晚。累计实际成本与累计预算成本比较只能说明一个侧面,并不能真实地反映出项目的成本控制状况。项目的成本与进度之间的联系非常紧密,如果单纯比较项目时间进度的计划值和实际值,或者单纯使用项目成本的预算值和实际值进行比较,都不能保证全面反映项目成本管理的效果,所以必须要结合项目实际完成的工作。项目成本支出、资金消耗量与项目进度有直接的关系。一般来说,项目累计成本支出是与项目进度成正比的,但是单纯地观察项目成本的消耗并不能对项目的成本趋势、进度状态做出完全准确的估计。因此,要想真正有效地控制项目成本,就必须连续地监督项目的资金消耗量并与项目进度进行对比分析控制。这就需要用一种成本/进度综合控制的方法来对其进行分析控制。

挣值法(earned value management,EVM)是一种综合衡量项目进度状态、成本趋势的科学方法,其基本要素是用货币量代替实物量来测量项目的进度。它通过对计划完成的工作、实际挣得的收益、实际花费的成本进行比较,以确定成本与进度是否按计划进行,提供分析、决策依据,从而选取不同的应对措施,以保证最终完成项目目标。

(1)偏差分析

挣值法是偏差分析技术的重要方法,主要用三个基本参数来表示项目的实施状态,并以此预测项目可能的完工时间和完工时的可能成本。这三个基本参数如下。

①计划工作的预算成本(budgeted cost of work scheduled,BCWS),是指根据批准认可的进度计划和预算,到某一时间点应当完成的工作所需投入资金的累计值,按我国的习惯可以将其称为"计划投资额"。

②已完成工作的实际成本(actual cost of work performed,ACWP),是指某一时间点已完成的工作所实际花费的总金额,按我国的习惯可以将其称为"消耗投资额"。

③已完成工作的预算成本(budgeted cost of work performed,BCWP),是指项目实施过程中某阶段实际完成工作量按预算定额计算出来的成本,即"挣值",它反映满足质量标准的实际进度和工作绩效,体现了投资额到成果的转化,按我国的习惯可以将其称为"实现投资额"。

通过三个基本参数值的对比,可以对项目的实际进展情况做出明确的测定和衡量,有利于对项目进行监控,也可以清楚地反映出项目管理和项目技术水平的高低。

从上述三个基本参数还可以导出两个差异值指标和两个指数指标。

a. 成本偏差(cost variance,CV)。

CV 是指在某个检查点上 BCWP 与 ACWP 之间的差异,即

$$CV = BCWP - ACWP \tag{4-4}$$

当 CV 为正值时,表示实际费用没有超出预算费用,项目节支,项目执行效果良好。当 CV 为负值时,表示实际费用超出预算费用,项目超支。若在几个检查点都出现这种情况,则说明项目执行效果不好。

b. 进度偏差(schedule variance,SV)。SV 是指在某个检查点上 BCWP 与 BCWS 之间的差异,即

$$SV = BCWP - BCWS \tag{4-5}$$

当 SV 为正值时,表示进度提前;当 SV 为负值时,表示进度延误。

进度偏差和成本偏差对项目的影响见表 4-3。

表 4-3 进度偏差和成本偏差对项目的影响

	SV>0	SV<0
CV>0	项目在成本预算控制之内,并且进度提前	项目在成本预算控制之内,但进度落后
CV<0	项目成本超支,但进度提前	项目成本超支且进度落后,项目计划失去控制

c. 成本执行指数(cost performed index,CPI)。CPI 是指预算费用与实际费用之比,即

$$CPI = BCWP/ACWP \tag{4-6}$$

当 CPI>1 时,表示节支,即实际费用低于预算费用;当 CPI<1 时,表示超支,即实际费用高于预算费用。

d. 进度绩效指标(schedule performed index,SPI)。SPI 是指项目挣值与计划值之比,即

$$SPI = BCWP/BCWS \tag{4-7}$$

当 SPI>1 时,表示进度超前;当 SPI<1 时,表示进度延误。

图 4-7 显示了某项目的挣值法分析图。其中横坐标表示时间,纵坐标表示成本,图中可以看出三种曲线都是 S 曲线。最理想的状态是三条 S 曲线靠得紧密,平稳上升。如果三条曲线的偏离度和离散度很大,则表示项目实施过程中存在重大的问题或隐患,应对项目进行重新评估和安排。图中所示情况为 CV<0,SV<0,表示项目费用超支,进度拖延,项目运行效果不好。在项目实际操作中,这种情况不应持续,应积极采取补救措施。

(2)成本预测

除了进行偏差分析,还可以根据已知的项目执行过程中获得的工作绩效信息,对项目未来成本进行估算和预测。除了上文中的参数外,还涉及以下参数。

①完工总预算(budgeted at completion,BAC),指完成某个项目的全部预算额之和。

②完工估算(estimate at complete,EAC),指完成某个项目的预计总成本,是截至某一个时刻直接成本和间接成本的总和再加上所有确认的剩余工作的估算成本,即

$$EAC = ACWP + 到完工时的剩余估算 \tag{4-8}$$

预测项目未来完工成本的情况有三种:

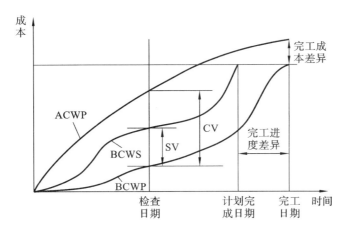

图 4-7 某项目挣值法分析图示例

①若项目未完成部分将按目前的效率进行,则 完工估算 = 实际已发生成本 +(完工总预算 − 挣值)/ 成本执行指数,通常用于当前的变化可以反映未来的变化时,即

$$EAC = ACWP + (BCA - BCWP)/CPI \quad (4\text{-}9)$$

②若项目未完成部分将按计划规定的效率进行,CPI 为 1,则 完工估算 = 实际已发生成本 +(完工总预算 − 挣值),适用于现在的变化仅是一种特殊的情况,项目经理认为未来不会发生类似的变化时,即

$$EAC = ACWP + (BAC - BCWP) \quad (4\text{-}10)$$

③若项目未完成部分需要进行新的成本估算,则 完工估算 = 实际已发生成本 + 重新估算的剩余成本。通常用于过去的执行情况显示了原有的估计假设条件基本失效,或者由于条件的改变原有的假设不再适用时。

尽管挣值法的计算关系相对简单,准确度量作业的挣值却是不容易的,这成为成功应用挣值法的关键。这是由于一方面项目的作业内容是多种多样的,挣值的度量应根据作业的内容精心计算;另一方面,与项目相关的人员已习惯于通常的费用和日程度量概念及方法,改变人们的固有概念需要时间。

通常有以下几种度量挣值的方法。

①线性增长计量:成本按比例平均分配到整个工期,按完成量百分比记入挣值。

②50-50 规则:作业开始计入 50% 成本,作业结束计入剩余的 50%。通常当作业具有多个子作业时采用此方法。

③工程量计量:成本按工程量进行分解,例如全部桩基 300 根,安装预算为 150 万元。则每完成一根,挣值 0.5 万元。

4.4.2.3 工程项目成本控制实施步骤

工程项目成本控制实施的步骤包括以下内容。

①监督成本执行情况以及发现实际成本与计划的偏离。

②要把一些合理的改变包括在费用概预算计划(基准成本)中。

③防止不正确的、不合理的、未经许可的改变包括在费用概预算计划(基准成本)中。

④将合理的改变通知项目的涉及方。

⑤进行变更,控制项目成本。

4.4.3 工程项目成本控制的输出结果

工程项目成本控制的结果是实施成本控制后的项目所发生的变化,包括修正后的成本估算、概预算更新、纠正措施、完成估算、经验与教训等,反映了项目实施的成功与否。

(1)修正后的成本估算

修正后的成本估算就是对用于管理项目的成本信息所做的修正。必要时,应通知有关的项目干系人。修正成本估算是为了管理项目的需要而修改费用信息,由于成本控制反馈出一些有关促进费用重新估算的更为有效的信息,如在成本控制中发现成本基准的某些异常情况或者不适于目前项目进展要求的情况,那么就需要项目管理人员在不改变项目计划方向的前提下重新对成本估算进行完善。

(2)概预算更新

概预算更新是一种特殊的修改估算。概预算更新就是对已经批准的费用计划的修改,一般只有在反映项目范围的变化时才做相应的修改。在某些情况下,成本偏差可能非常严重,需要重新确定费用计划,才能提供测量成本控制情况所需的真实数据。概预算更新的前提是发现了项目前期工作的重大失误,从而要对既定的费用基线进行更改(不包括项目干系人对项目的影响)。出现此类情况后,项目组要在不影响项目进展的情况下,按照正规的报告、审批和执行程序进行概预算更新,并且给出严谨的书面报告,及时按程序通知有关单位。

(3)纠正措施

纠正措施是指为了将项目未来预期的成本控制在项目计划范围内而采取的所有行动。在实施项目成本控制时,由于项目实施不可避免地要遇到各种问题,包括产品市场变化、设备及原材料价格变化、相关政策变化、资金来源和渠道变化、各种物资运输及项目内部建设和管理出现的各种问题等,都会影响到项目成本控制计划的正常实施。对于这些出现的问题,需要采取大量的措施予以纠正,并在必要时重新制定成本计划。因此,在任何一个项目中,如何采取纠正措施解决项目出现的各种问题往往是项目管理中最重要的步骤。

(4)完成估算

完成估算(estimate at completion,EAC)是根据项目执行情况对项目总成本的预测。按照项目完成情况估计在目前状态下完成项目所需要的费用,EAC主要有三种情况。

①EAC=实际支出+按目前情况对剩余预算所做的修改。此类情况通常用在认为项目将来的情况不会与目前情况有很大出入时。

②EAC=实际支出+对未来剩余工作的重新估算。当目前的项目执行情况表明以往的费用估算假设基本失效,或者由于目前条件的改变使原有的假设不再成立时,可以使用该方法。

③EAC=实际支出+剩余的预算。当项目管理者认为目前情况仅仅是特殊情况,不必对项目预算进行变动时,可以使用此方法。

(5)项目计划的变更

虽然费用使用计划是控制费用的标准性依据,但在实际执行时,还有一些出入,这就造成项目费用模型的变化。当变化幅度很大时,就需要制定更适合实际情况的费用管理计划。新计划必须与原计划的产生程序一致,只不过是更加适合变化了的环境。新计划的制定必须及时、准确。为了保持项目的连续性,原计划、新计划乃至实际费用都要在结构、内容和范围上保持高度的一致。

(6)经验与教训

偏差的原因、所选纠正措施的理由及从成本控制角度汲取的其他类型的教训都应编成文档,以作为本项目以及执行组织的其他项目可利用的历史数据库。在项目实施过程中,进行成本控制的目的就是最大限度地降低工程成本。在寻找成本控制法的过程中,有许多经验和诀窍是可以应用的。但是对于许多工程,特别是较大的工程项目,对所有项目作业的成本及成本控制情况进行研究,显然是不合适的,也是不可能的。这时可选择对工程中影响较大的细分项目进行研究,往往能达到实现项目整个目标成本控制的目的。如在选择细分项目时,选择数量多的工种、重复作业的工种、费用高的工种、危险性大的工种等,整体成本控制的效果往往较好。另外,在进行成本控制时,还可以通过在有可能实现节约的环节上加强管理,实现费用的节约。如在材料费、人工费、转包费、机械费、临时设施费等环节的管理上,往往可以通过优化管理使项目在正常进行的同时,成本大大减少。因此,对每一个项目而言,及时总结并采取措施在相关项目中推广好的经验和防范教训是非常必要的。因为它既可以使项目的内在管理更加规范,也可以提高管理人员的管理水平,更为重要的是,它可以从成本控制上降低项目的风险,并保证项目实施的成功。

1. 工程项目管理成本包括哪些内容?
2. 工程项目成本估算的依据是什么?
3. 工程项目成本概预算中目标成本的确定方法有哪些?
4. 工程项目成本控制包括哪些步骤?
5. 工程项目成本核算的基本程序是什么?

5 工程项目招投标与合同管理

【案例】

某县街心花园扩建项目,政府投资80万元。该省招标投标实施办法规定,100万元以上的项目必须进行招投标。县政府文件规定在50万元以上的,必须进行招投标。在项目实施过程中,道路、绿化、喷水池被直接分包给不同的施工队伍,每个项目合同价格都低于50万元。有关部门认为,发包人采用直接将项目化整为零的办法,规避招标,按《中华人民共和国招标投标法》第四十九条的规定对发包人处以30万元罚款。发包人不服,申请行政复议,提出该项目按照省招标投标实施办法不属于强制招标项目,可以不进行招标。该县规定50万以上项目进行招投标,属于无权规定,不能作为执法依据。将项目分为道路、绿化、喷水池等发包,是基于项目的特点而做出的决定,且经过了有关部门的同意,并不存在肢解项目的问题,更不存在规避招标的问题。为此请求行政复议机关撤销被申请人的行政处罚决定,退还罚款。

根据《中华人民共和国行政复议法》的规定,行政复议机关将该县规范性文件转送有关部门处理,经审查认定文件不合法。据此,行政复议机关做出撤销处罚的行政复议决定。

5.1 工程项目招投标概述

招投标是招标与投标的统称。招投标是指由交易活动的发起方在一定范围内公布标的特征和部分交易条件,按照依法确定的规则和程序对多个响应方提交的报价及方案进行评审,择优选择交易主体并确定全部交易条件的一种交易方式。

工程招投标是指在货物、工程和服务的采购行为中,招标人通过事先公布采购和要求,吸引众多投标人按照同等条件进行平等竞争,按照规定程序并组织技术、经济和法律等方面的专家对众多的投标人进行综合评审,从中择优选定项目的中标人的行为过程。

工程招投标是一种有序的市场竞争交易方式,也是规范选择交易主体、订立交易合同的法律程序,其实质是以较低的价格获得最优的货物、工程和服务。

5.1.1 招标

5.1.1.1 招标人与招标代理机构

(1)招标人

《中华人民共和国招标投标法》第八条规定,招标人是依照本法规定提出招标项目、进行招标的法人或其他组织。

第一,招标人应当是法人或者其他组织,自然人则不能成为招标人。根据《中华人民共和国民法典》的规定,法人是指具有民事权利能力和民事行为能力并依法享有民事权利和承担民事义务的组织,包括企业法人、机关法人、事业单位法人和社会团体法人。

第二,法人或者其他组织必须依照《中华人民共和国招标投标法》的规定提出招标项目、进行招标。提出招标项目,是根据招标人的实际情况以及《中华人民共和国招标投标法》的有关规定确定需要招标的具体项目,办理有关审批手续,落实项目的资金来源等。招标是根据《中华人民共和国招标投标法》规定的程序和实质内容确定招标方式,编制招标文件,发布招标公告,审查潜在投标人的资格,进行开标、评标、确定中标人及订立书面合同等。

(2)招标代理机构

我国《中华人民共和国招标投标法》第十三条规定,招标代理机构是依法设立、从事招标代理业务并提供相关服务的社会中介组织。招标代理机构应当符合下列条件:

①招标代理机构应当有从事招标代理业务的营业场所和相应资金;

②有能够编制招标文件和组织评标的相应专业力量。

从事工程建设项目招标代理业务的招标代理机构,与国家行政机关和其他国家机关不得存在隶属关系或者其他利益关系。

5.1.1.2 招标方式

工程项目招标的方式

按照竞争开放程度,招标方式分为公开招标和邀请招标两种方式。招标项目应依据法律规定条件,项目的规模、技术、管理特点要求,投标人的选择空间以及实施的紧迫程度等因素选择合适的招标方式。依法必须招标的项目一般应采用公开招标,如符合条件,确实需要采用邀请招标方式的,须经有关行政主管部门核准。

①公开招标。公开招标属于无限制性竞争招标,是招标人以招标公告的方式邀请不特定的符合公开招标资格条件的法人或其他组织参加投标,按照法律程序和招标文件公开的评标方法、标准选择中标人的招标方式。

②邀请招标。邀请招标属于有限竞争性招标,也称选择性招标,是指招标人选择若干供应商和承包人,向其发出投标邀请书,由被邀请的供应商、承包人投标竞争,从中选定中标人的招标方式。

5.1.1.3 招标文件一般应包括的内容

招标人应当根据招标项目的特点和需要编制招标文件。招标文件应当包括招标项目的技术要求、对投标人资格审查的标准、投标报价要求和评标标准等所有实质性要求和条件以及拟签订合同的主要条款。国家对招标项目的技术、标准有规定的,招标人应当按照其规定在招标文件中提出相应要求。招标项目需要划分标段、确定工期的,招标人应当合理划分标段、确定工期,并在招标文件中载明。

5.1.1.4 招标应具备的条件

根据《中华人民共和国招标投标法》《中华人民共和国招标投标法实施条例》和《工程建设项目施工招标投标办法》的相关规定,依法必须招标的工程建设项目,应当具备下列条件才能进行施工招标。

(1)招标人已经依法成立

①招标人是招标的主体,必须是法人或其他组织,自然人不能成为招标人。

②招标人必须是提出招标项目、进行招标的人。招标人通常为该项工程的投资人,即项目业主;国家投资的工程建设项目,招标人通常为依法设立的项目法人(就经营性建设项目而言)或者项目的建设单位(就非经营性建设项目而言)。

(2)已履行必要的审批、核准或者备案手续

①初步设计及概算应当履行审批手续的,已经批准。

②按照国家有关规定需要履行项目审批、核准手续的,依法必须进行施工招标的工程建设项目,其招标范围、招标方式、招标组织形式应当报项目审批部门审批、核准。项目审批、核准部门应当及时将审批、核准确定的招标内容通报有关行政监督部门。

(3)招标项目资金或资金来源已经落实

招标人应当有进行招标项目的相应资金或者有确定的资金来源,这是招标人对项目进行招标并最终完成该项目的物质保证。在招标时,招标人必须拥有相应的资金或者有能证明其资金来源已经落实的合法性文件作为保证,并应当将资金数额和资金来源在招标文件中如实载明。招投标活动作为一种民事活动,必须坚持诚实信用原则,招标文件所载内容必须真实,招标人不得做假。

5.1.2 投标

5.1.2.1 投标人

根据我国《中华人民共和国招标投标法》第二十五条的规定,投标人是指响应招标公告、参加投标竞争的法人或者其他组织。依法招标的科研项目允许个人参加投标,投标的个人适用该法有关投标人的规定。

招标公告或者投标邀请书发出后,所有对招标项目感兴趣并有可能参加投标的人,称为潜在投标人。那些购买招标文件、参加投标的潜在投标人称为投标人。响应招标公告、参加投标竞争是指潜在投标人获得了招标公告或者投标邀请书以后,购买招标文件,接受资格审查,编制投标文件,按照招标人的要求依法参加投标的活动。

5.1.2.2 投标的要求

(1)编制投标文件的基本要求

根据我国《中华人民共和国招标投标法》第二十七条的规定,投标人编制投标文件应符合以下要求。

①按照招标文件的要求编制投标文件。招标文件是由招标人编制的希望投标人向自己发出要约的意思表示,属于要约邀请书。投标人只有按照招标文件载明的要求编制自己的投标文件,才有中标的可能。

②投标文件应当对招标文件提出的实质性要求和条件做出响应。投标文件的内容应当对招标文件规定的实质要求和条件(包括招标项目的技术要求、投标报价要求和评标标准等)一一做出相对应的回答,不能存有遗漏或重大的偏离,否则将被视为废标,失去中标的机会。

③建设施工的投标文件的内容应当包括拟派出的项目负责人与主要技术人员的简历、业绩和拟用完成招标项目的机械设备等。

(2)对投标行为的要求

①保密要求。

由于投标是一次性的竞争行为,为保证其公正性,必须对当事人各方提出严格的保密要求。投标文件及其修改、补充的内容都必须以密封的形式送达,招标人签收后必须原样保存,不得开启。对于标底和潜在投标人的名称、数量以及可能影响公平竞争的其他有关招标投标的情况,招标人都必须保密,不得向他人透露。

②报价要求。

《中华人民共和国招标投标法》规定:"投标人不得以低于成本的价格报价竞标。"投标人以低于成本的价格报价,一旦中标,必然会降低工程质量来避免亏损。这将严重破坏社会主义市场经济秩序,给社会带来隐患。但投标人从长远利益出发,放弃近期利益,不要利润,仅以成本价投标,这是合法的竞争手段,法律是予以保护的。这里所说的成本,是以社会平均成本和企业个别成本来计算的,并要综合考虑各种价格差别因素。

③诚实信用。

《中华人民共和国招标投标法》规定:投标人不得相互串通投标;不得与招标人串通投标,损害国家利益、社会公共利益和他人的合法利益;不得向招标人或评标委员会成员行贿谋取中标;也不得以他人名义投标或以其他方式弄虚作假,骗取中标。

(3)投标时间与投标人数量的要求

①投标时间。

投标人应当在招标文件要求提交投标文件的截止时间前,将文件送达投标地点。在截止时间后送达的投标文件,招标人应拒收。因此,以邮寄方式送交投标文件的,投标人应留出足够的邮寄时间,以保证投标文件在截止时间前送达。一切投标文件的修改都应在截止时间之前完成,否则后果自负。

②投标人数量的要求。

投标人少于3个的,招标人应当依法重新招标。

(4)联合体投标

根据《中华人民共和国招标投标法》第三十一条的规定,两个以上法人或者其他组织可以组成一个联合体,以一个投标人的身份共同投标。联合体各方均应当具备承担招标项目的相应能力;国家有关规定或者招标文件对投标人资格条件有规定的,联合体各方均应当具备规定的相应资格条件。由同一专业的单位组成的联合体,按照资质等级较低的单位确定资质等级。联合体各方应当签订共同投标协议,明确约定各方拟承担的工作和责任,并将共同投标协议连同投标文件一并提交给招标人。联合体中标的,联合体各方应当共同与招标人签订合同,就中标项目向招标人承担连带责任。

联合体投标的规定

5.1.2.3 投标文件的内容

投标文件应当对招标文件提出的要求和条件做出响应。投标文件一般包括下列内容:

①投标函;

②投标报价;

③施工组织设计;

④资格审查资料。

就投标文件的各个组成部分而言,投标函是最重要的文件,其他组成部分都是投标函的支持性文件。投标函必须加盖单位章或经其法定代表人或其委托代理人签字或盖章,并且在开标会上当众宣读。

5.1.2.4 投标人应具备的条件

根据《中华人民共和国招标投标法》第二十六条规定,投标人应当具备下列条件。

①投标人应当具备承担招标项目的能力。投标人通常应当具备下列条件:a.有与招标文件中要求相适应的人力、物力和财力;b.招标文件要求的资质证书和相应的工作经验与业绩证明;c.法律、法规规定的其他条件。

②国家有关规定对投标人资格条件或者招标文件对投标人资格条件有规定的,投标人应当具备规定的资格条件。某些大型建设项目对供应商或承包商有一定的资质要求,当投标人参加这类招标时,必须具有相应的资质。

5.1.3 开标、评标与定标

5.1.3.1 开标

根据《中华人民共和国招标投标法》第三十四至三十六条的规定,开标应当在招标文件确定的提交投标文件截止时间的同一时间公开进行,开标地点应当为招标文件中预先确定的地点。

开标

开标由招标人主持,邀请所有投标人参加。

开标时,由投标人或者其推选的代表检查投标文件的密封情况,也可以由招标人委托的公证机构检查并公证。经确认无误后,由工作人员当众拆封,宣读投标人名称、投标价格和投标文件的其他主要内容。

招标人在招标文件要求提交投标文件的截止时间前收到的所有投标文件,开标时都应当当众予以拆封、宣读。开标过程应当记录,并存档备查。

5.1.3.2 评标

评标委员会

(1)评标委员会

依法必须进行招标的项目,其评标委员会由招标人的代表和有关技术、经济等方面的专家组成,成员人数应为五人以上单数,其中技术、经济等方面的专家不得少于成员总数的三分之二。与投标人有利害关系的人不得进入相关项目的评标委员会,已经进入的应当更换。评标委员会成员的名单在中标结果确定前应当保密。招标人应当采取必要的措施,保证评标在严格保密的情况下进行。任何单位和个人不得非法干预、影响评标的过程和结果。

专家是指从事相关领域工作满8年并具有高级职称或者具有同等专业水平,由招标人从国务院有关部门或者省、自治区、直辖市人民政府有关部门提供的专家名册或者招标代理机构的专家库内相关专业的专家名单中确定;一般招标项目可以采取随机抽取的方式,特殊招标项目可以由招标人直接确定。

(2)评标

评标由招标人依法组建的评标委员会负责,评标委员会应依法履行下述各种职责。

①评标委员会成员应当客观、公正地履行职务,遵守职业道德,对所提出的评审意见承担个人责任。

②评标委员会可以要求投标人对投标文件中含义不明确的内容做必要的澄清或者说明,但是澄清或者说明不得超出投标文件的范围或者改变投标文件的实质性内容。

③评标委员会应当按照招标文件确定的评标标准和方法,对投标文件进行评审和比较,设有标底的,应当参考标底。评标委员会成员和参与评标的有关工作人员不得透露对投标文件的评审和比较、中标候选人的推荐情况以及与评标有关的其他情况。

④评标委员会完成评标后,应当向招标人提出书面评标报告,并推荐合格的中标候选人。评标委员会经评审,认为所有投标都不符合招标文件要求的,可以否决所有投标。

5.1.3.3 中标

中标

(1)确定中标人的依据

招标人必须根据评标委员会提出的书面评标报告和推荐的中标候选人确定中标人。招标人也可以授权评标委员会直接确定中标人。

(2)中标人应符合的条件

中标人的投标应当符合下列条件之一。

①能够最大限度地满足招标文件中规定的各项综合评价标准。

②能够满足招标文件的实质性要求,并且经评审的投标价格最低;但是投标价格低于成本的除外。

在确定中标人之前,招标人不得与投标人就投标价格、投标方案等实质性内容进行谈判。

③中标通知书。

中标人确定后,招标人应当向中标人发出中标通知书,并同时将中标结果通知所有未中标的投标人。中标通知书对招标人和中标人具有法律效力;中标通知书发出后,招标人改变中标结果的,或者中标人放弃中标项目的,应当依法承担法律责任。招标人和中标人应当自中标通知书发出之日起30日内,按照招标文件和中标人的投标文件订立书面合同。招标人和中标人不得再行订立背离合同实质性内容的其他协议。招标文件要求中标人提交履约保证金的,中标人应当提交。

5.2 工程合同管理概述

5.2.1 工程合同管理要素

5.2.1.1 工程合同管理的基本概念

(1)合同管理的概念与目标

合同管理是对工程项目中相关合同的策划、签订、履行、变更、索赔和争议解决的管理,它是综合性的、全面的、高层次的、高度准确的、严密的、精细的管理工作。合同管理是为项目总目标和企业总目标服务的,保证项目总目标和企业总目标的实现。

(2)工程合同管理的特点

工程合同管理的特点是由工程、工程项目和项目管理的特殊性决定的。

①合同实施过程十分复杂。

由于工程项目是一个渐进的过程,持续时间长,这使得相关的合同,特别是工程承包合同生命周期长。在整个过程中,合同管理稍有疏忽就会导致前功尽弃,造成经济损失。所以,合同管理必须与工程项目的实施过程同步且连续进行。

②合同管理对工程经济效益影响大。

由于工程价值量大,合同价格高,合同管理对工程经济效益影响很大。在现代工程中,由于竞争激烈,本来合同价格中包含的利润就少,合同管理稍有失误,就会导致工程项目亏损。

③合同管理具有多种学科交叉的属性。

工程合同管理即工程技术与经济管理的结合,又是法律与工程的结合,合同的语言和格式有法律的特点,这使得工程专业相关人员在思维方式,甚至在语言上难以适应。但对法律专业人员来说,工程合同又具有工程的特点,合同应描述工程管理程序,在语言和风格上需要符合工程实施的要求。

④合同关系与合同条件复杂。

由于现代工程有许多特殊的融资模式、承发包模式和管理模式,工程的参加单位和协作单位多。现代工程合同条件越来越复杂,这不仅表现在合同条款多、合同文件多,而且还表现在与主合同相关的其他合同的数量多。

⑤合同管理受外界环境影响大。

合同管理涉及面广,合同管理受外界环境(经济、社会、法律和自然条件的变化等)影响大、风险大。这些因素难以预测,不能控制,但都会妨碍合同的正常实施,造成经济损失。

5.2.1.2 合同种类

发包人和承包人应在合同协议书中约定合同形式,并应在专用合同条款中约定相应单价合同或总价合同的风险范围。

(1)单价合同

单价合同是指按工程量清单及其综合单价进行合同价格计算、调整和确认的施工合同,在约定

合同种类

范围内单价不做调整。注意单价合同的含义是单价相对固定,仅在约定的范围内合同单价不做调整,实行工程量清单计价的工程,应采用单价合同。

(2)总价合同

总价合同是指合同当事人约定以施工图、已标价工程量清单或预算书及有关条件进行合同价格计算、调整和确认的施工合同,在约定的范围内合同总价不做调整。技术简单、规模偏小、工期较短的项目,且施工图设计已审查批准的,可采用总价合同。

(3)其他价格形式

合同当事人可在专用条款中约定其他合同价格形式,如成本加酬金、定额计价以及其他合同价格类型。对紧急抢险、救灾以及施工技术特别复杂的项目,可采用成本加酬金合同。

5.2.1.3 工期和期限

(1)工期

工期是指在合同协议书内约定的承包人完成工程所需的期限,在合同协议书内应注明计划开工日期、计划竣工日期和计划工期总日历天数。工期总日历天数与根据前述计划开工、竣工日期计算的工期天数不一致的,以工期总日历天数为准。在中标通知书中注明发包人接受的投标工期。

①天。

除特别指明外,均指日历天。

②开工日期。

开工日期包括计划开工日期和实际开工日期两种。计划开工日期是指合同协议书约定的开工日期;实际开工日期是指监理人按照开工通知约定发出的符合法律规定的开工日期。

③竣工日期。

竣工日期包括计划竣工日期和实际竣工日期两种。计划竣工日期是指合同协议书约定的竣工日期;实际竣工日期是指竣工验收合格的日期。

(2)期限

在合同履行过程中,还涉及的主要期限有缺陷责任期和保修期。

①缺陷责任期。

缺陷责任期是指承包人按照合同约定承担缺陷修复义务,且发包人预留质量保证金(已缴纳履约保证金的除外)的期限,自工程通过竣工验收之日起计算。

②保修期。

保修期是指承包人按照合同约定对工程承担保修责任的期限,从工程竣工验收合格之日起计算。

5.2.2 工程索赔与争执解决

5.2.2.1 工程索赔的概念及分类

(1)工程索赔的概念

工程索赔是指在合同履行过程中,对于并非己方的过错,而是应由对方承担责任的情况造成的实际损失向对方提出经济补偿和(或)时间补偿的要求。

索赔是工程承包中经常发生的正常现象。由于施工现场条件、气候条件的变化,施工进度、物价的变化,以及合同条款、规范、标准文件和施工图纸的变更、差异、延误等因素的影响,工程承包中不可避免地会出现索赔。

(2)工程索赔的分类

工程索赔可以按照索赔目的、索赔的合同依据、索赔对象和索赔理由分类。

①按索赔目的分类。

a.工期索赔：承包商向业主要求延长施工的时间，在原定的工程竣工日期基础上顺延一段合理时间。

b.经济索赔：承包商向业主要求补偿不应该由承包商自己承担的经济损失或额外开支，也就是取得合理的经济补偿。

②按索赔的合同依据分类。

a.单项索赔：针对某一干扰事件提出的索赔。单项索赔的处理是在合同实施过程中，干扰事件发生时，或发生后立即进行。

b.综合索赔：又称总索赔，俗称一揽子索赔，在国际工程中经常采用，一般在竣工前，承包人将施工过程中未解决的单项索赔集中起来，提出一份总索赔报告。合同双方在工程交付前或交付后进行最终谈判，以一揽子方案解决索赔问题。

③按索赔对象分类。

a.明示索赔：承包人所提出的索赔要求，在合同文件中有规定的合同条款，承包人据此提出索赔的要求，并取得经济补偿。

b.默示索赔：承包人的索赔要求在合同条款中没有专门的文字叙述，但根据合同的某些条款的含义，可推论出承包人有索赔权。

④按索赔理由分类。

a.合同内索赔：索赔以合同条文作为依据，发生了合同规定给承包人以补偿的干扰事件，承包人根据合同规定提出索赔要求。

b.合同外索赔：施工过程中发生的干扰事件的性质已经超出合同范围，在合同中找不出具体的依据，一般必须根据适用于合同关系的法律解决索赔问题。

c.道义索赔：由于承包人失误（如报价失误、环境调查失误等），或出现承包人应负责的风险而造成承包人重大的损失。

5.2.2.2 索赔的要求与成立条件

(1)索赔的要求

承包商提出的索赔，以及索赔的最终解决必须如下要求。

①具有客观性，即干扰事件确实存在，造成工程拖延，承包商损失，并有证据证明。

②具有合法性，即按合同、法律或惯例规定应予补偿。

③具有合理性，即满足如下要求：

a.索赔要求符合合同要求与实际情况；

b.索赔值的计算符合以下几方面：

Ⅰ.符合合同规定的计算方法和计算基础；

Ⅱ.符合公认的会计核算原则；

Ⅲ.符合工程惯例；

Ⅳ.干扰事件、责任、干扰事件的影响、索赔值之间有关系，索赔要求符合逻辑。

(2)索赔的成立条件

承包商提出的索赔要求成立必须同时具备以下四个条件。

①与合同比较，已造成了实际的额外费用和（或）工期损失。

②造成费用增加和（或）工期损失的原因不是承包商的过失。

③造成费用增加和（或）工期损失，不应由承包商承担风险。

④承包商在事件发生后的规定时限内提出了书面索赔的意向通知和索赔报告。

5.2.2.3 索赔程序

索赔的程序

在《建设工程施工合同(示范文本)》(GF-2017-0201)和《建设工程工程量清单计价规范》(GB 50500—2013)中均对承包人、发包人索赔的程序和时间有其规定,详细情况可参考相关文件。

(1)承包人索赔的程序

在合同履行的过程中,承包人根据合同约定认为非承包人原因发生的事件造成了承包人的损失,承包人有权得到追加付款和(或)延长工期的,应按以下程序向监理人提出索赔。

①承包人应在知道或应当知道索赔事件发生后28天内,向监理人递交索赔意向通知书,并说明发生索赔事件的事由和要求,并附必要的记录和证明材料;承包人逾期未发出索赔意向通知书的,丧失索赔的权利。

②承包人应在发出索赔意向通知书后28天内,向监理人正式递交索赔报告;索赔报告应详细说明索赔理由以及要求追加的付款金额和(或)延长的工期,并附必要的记录和证明材料。

③索赔事件具有持续影响的,承包人应按合理时间间隔继续递交延续索赔通知,说明持续影响的实际情况和记录,列出累计的追加付款金额和(或)工期延长天数。

④在索赔事件影响结束后28天内,承包人应向监理人递交最终索赔报告,说明最终要求索赔的追加付款金额和(或)延长的工期,并应附必要的记录和证明材料。

(2)发包人索赔程序

在《建设工程施工合同(示范文本)》(GF-2017-0201)和《建设工程工程量清单计价规范》(GB 50500—2013)中对发包人索赔的程序和时间也有其规定。

在合同履行的过程中,发包人根据合同约定,认为有权得到赔付金额和(或)延长缺陷责任期的,监理人应向承包人发出通知并附详细的证明。

发包人应在知道或应当知道索赔事件发生后28天内通过监理人向承包人提出索赔意向通知书,发包人未在前述28天内发出索赔意向通知书的,会丧失要求赔付金额和(或)延长缺陷责任期的权利。发包人应在发出索赔意向通知书后28天内,通过监理人向承包人正式递交索赔报告。

5.2.2.4 工期索赔与费用索赔

(1)工期索赔

①工期索赔的含义。

工期索赔指承包人向业主或者分包人向承包人要求延长工期,是由于非承包人责任的原因而导致施工进程延误,要求批准顺延合同工期的索赔。

②工期索赔的计算

工期索赔一般采用分析法进行计算,首先要确定索赔事件对施工活动的影响及引起的变化,然后再分析施工活动变化对总工期的影响。分析法主要依据合同规定的总工期计划、进度计划,以及双方共同认可的对工期的修改文件,调整计划和受干扰后实际工程进度记录。

常用的计算索赔工期的方法有如下四种。

a.网络分析法。网络分析法是通过分析索赔事件发生前后网络计划工期的差异计算索赔工期的。这是一种科学合理的计算方法,适用于各类工期索赔。

b.对比分析法。对比分析法比较简单,适用于索赔事件仅影响单位工程,或分部分项工程的工期,需由此计算对总工期的影响,计算公式为

$$总工期索赔 = \frac{额外或新增工程量价格}{原合同总价} \times 原合同总工期 \tag{5-1}$$

c.劳动生产率降低计算法。在索赔事件干扰正常施工导致劳动生产率降低,而使工期拖延时,可按下式计算

$$索赔工期 = \frac{实际劳动生产率}{预期劳动生产率} \times 计划工期 \qquad (5-2)$$

d.简单紧加法。在施工过程中,由于恶劣气候、停电、停水及意外风险造成全面停工而导致工期拖延时,可以——列举各种原因引起的停工天数,累加结果,即可作为索赔天数。应该注意的是,由多项索赔事件引起的总工期索赔,最好用网络分析法计算索赔工期。

(2)费用索赔

①费用索赔的含义。

费用索赔是承包单位在由于外界干扰事件的影响使自身工程成本增加而蒙受经济损失的情况下,按照合同规定提出的要求补偿损失的要求。

②索赔费用内容。

索赔费用包括人工费、材料费、施工机械使用费、分包费用、现场管理费、利息、总部(企业)管理费、利润等。

③索赔费用的计算方法。

索赔费用的计算方法有实际费用法、总费用法和修正的总费用法。

a.实际费用法。

实际费用法是计算工程索赔时常用的一种方法。这种方法的计算原则是以承包商为某项索赔工作所支付的实际开支为根据,向业主要求费用补偿。

用实际费用法计算时,在直接费的额外费用部分的基础上,再加上应得的间接费和利润,即承包商应得的索赔金额。实际费用法所依据的是实际发生的成本记录或单据,所以,在施工过程中,系统而准确地积累记录资料是非常重要的。

b.总费用法。

总费用法就是当发生多次索赔事件以后,重新计算该工程的实际总费用。实际总费用减去投标报价估算总费用,即为索赔金额

$$索赔金额 = 实际总费用 - 投标报价估算总费用 \qquad (5-3)$$

因为实际发生的总费用中可能包括了承包商的原因产生的费用,这种方法只有在难以采用实际费用法时才应用。

c.修正的总费用法。

修正的总费用法是对总费用法的改进,即在总费用计算的原则上,去掉一些不合理的因素,使其更合理。修正的内容如下:将计算索赔款的时段局限于受到外界影响的时间,而不是整个施工期;只计算受影响时段内的某项工作所受影响的损失,而不是计算该时段内所有施工工作所受的损失;与该项工作无关的费用不列入总费用中;对投标报价费用重新进行核算:按受影响时段内该项工作的实际单价进行核算,乘以实际完成的该项工作的工程量,得出调整后的报价费用。

按修正后的总费用计算索赔金额的公式如下

$$索赔金额 = 某项工作调整后的实际总费用 - 该项工作的报价费用 \qquad (5-4)$$

修正的总费用法与总费用法相比,有了实质性的改进,它的准确程度已接近于实际费用法。

5.2.2.5 争执解决

(1)合同争执概述

合同争执和索赔是孪生的。合同争执常见的形式是索赔处理争执;索赔的解决程序直接连接

着合同争执的解决程序;在工程合同中,如果不涉及赔偿问题,则任何争执都没有意义。

合同争执的解决原则如下。

①迅速解决争执,使合同争执问题的解决简单、方便、低成本。

②公平合理地解决合同争执。

③符合合同和法律的规定。通常在合同中明确规定争执解决程序条款。这会使合同当事人对合同履行充满信心,减少风险,有利于合同的顺利实施。

④尽量达到双方都能满意的结果。

(2)工程索赔争执解决的程序

承包商提出索赔,将索赔报告交给业主委托的工程师。经工程师检查、审核索赔报告,再交业主审查。如果业主和工程师不提出疑问或反驳意见,也不要求补充或核实证明材料和数据,表示认可,则索赔成功。

如果业主不认可,全部或部分地否定索赔报告,不承认承包商的索赔要求,则会产生索赔争执,在实际工程中,直接地、全部地认可索赔要求的情况是极少的。绝大多数索赔都会导致争执,特别是当干扰事件原因比较复杂、索赔额较大的时候。

合同争执的解决是一个复杂、细致的过程,它占用了承包商大量的时间和金钱。争执的解决有各种途径,可双方商讨,也可请他人调解,这完全由合同双方决定。一般受争执的额度、事态的发展情况、双方的索赔要求、实际的期望值、期望的满足程度、双方在处理索赔问题上的策略(灵活性)等因素影响。

(3)合同争执的解决途径

建设工程合同争执解决途径主要有五种:和解、调解、争议评审、仲裁和诉讼。

①和解。

和解的实质即为协商,是指当事人在自愿互谅的基础上,就已经发生的争议进行协商并达成协议,自行解决争议的一种方式。发生合同争议时,当事人应首先考虑通过和解解决争议。合同争议和解解决方式简便易行,能经济、及时地解决纠纷,同时有利于维护合同双方的友好合作关系,使合同能更好地得到履行。

②调解。

调解是指双方当事人以外的第三人应纠纷当事人的请求,依据法律规定或合同约定,对双方当事人进行疏导、劝说,促使双方互相谅解、自愿达成协议解决纠纷的一种途径。

③争议评审。

争议评审是新增的解决争执的方式,能够有效解决传统争议解决方式专业性不足和效率低下的问题,提高了争议解决的专业性和效率性。

④仲裁。

仲裁是指当争执双方不能通过和解和调解达成一致时,自愿将争议事项按合同仲裁条款的规定采用仲裁方式解决。仲裁作为正规的法律程序,其结果对双方都有约束力。在仲裁中可以对工程师所做的所有指令、决定、签发的证书等进行重新审议。

a.仲裁方式的选择。在民商事仲裁中,有效的仲裁协议是申请仲裁的前提,没有仲裁协议或仲裁协议无效的,当事人就不能提请仲裁机构仲裁,仲裁机构也不能受理。因此,发、承包双方如果选择仲裁方式解决纠纷,必须在合同中订立仲裁条款或者以书面形式在纠纷发生前或者纠纷发生后达成了请求仲裁的协议。仲裁协议有效,必须同时具备三项内容:请求仲裁的意思表示、仲裁事项、选定的仲裁委员会。

b. 仲裁的执行仲裁裁决做出后,当事人应当履行裁决。一方当事人不履行的,另一方当事人可以向被执行人所在地或者被执行财产所在地的中级人民法院申请执行。

c. 关于通过仲裁方式解决合同价款争议在《建设工程工程量清单计价规范》(GB 50500—2013)中有详细相关规定。

⑤诉讼。

诉讼是运用司法程序解决争执的一种方式,由法院受理并行使审判权,对合同双方的争执做出强制性判决。在建设工程合同中,发、承包双方在履行合同时发生争议,双方当事人不愿和解、调解或者和解、调解未能达成一致意见,又没有达成仲裁协议或者仲裁协议无效的,可依法向人民法院提起诉讼。建设工程施工合同纠纷按照不动产纠纷确定管辖。因建设工程合同纠纷提起的诉讼,应当由工程所在地人民法院管辖。

习 题

1. 简述常用的招标方式。
2. 招标应具备的条件有哪些?投标人应具备的条件有哪些?
3. 什么时候开标?评标委员会的组成要求是什么?
4. 工程合同管理的特点是什么?
5. 简述三种类型的工程合同内容。
6. 工程索赔是什么?有哪些类型?
7. 某市因传染疫情严重,为了使传染病人得到及时隔离治疗,临时将郊区的一座疗养院改为传染病医院,投资概算为2500万元。因情况危急,建设单位决定邀请三家有医院施工经验的一级施工总承包企业进行竞标,设计和施工同时进行,采用了成本加酬金的合同形式。通过谈判,建设单位选定一家施工企业,按实际成本加15%的酬金比例进行工程价款的结算,工期为40天。合同签订后,因时间紧迫,施工单位加班加点赶工期,工程实际支出为2800万元,建设单位不愿承担多出概算的300万元。

问题:(1)该工程采用成本加酬金的合同形式是否合适?为什么?

(2)成本增加的风险应由谁来承担?

(3)采用成本加酬金合同的不足之处是什么?

6 工程经济决策基本要素

6.1 投 资

6.1.1 投资的概念

6.1.1.1 投资的基本概念

投资是指国家或企业以及个人,为了特定目的,与对方签订协议,促进社会发展,实现互惠互利,输送资金的过程;又是特定经济主体为了在未来可预见的时期内获得收益或是资金增值,在一定时期内向一定领域投放足够数额的资金或实物的货币等价物的经济行为。投资可分为实物投资、资本投资和证券投资等。

6.1.1.2 投资的构成

在工程经济学中,通常把投资分为建设投资、流动资产投资和建设期贷款利息三大部分,项目投资构成如图 6-1 所示。项目建设的总投资是指项目从建设前期准备到其全部建成投产为止所发生的全部投资的总和,是项目建设和投入运营所需的全部资金。流动资产是指生产性建设项目运营期内长期占用并周转使用的营运资金,不包括运营中所需要的临时性营运资金,包括生产领域的资金投资和流通领域的资金投资。生产性的建设项目总投资包含建设投资、流动资产投资和建设期贷款利息三部分,非生产性建设项目总投资通常不包含流动资产投资。

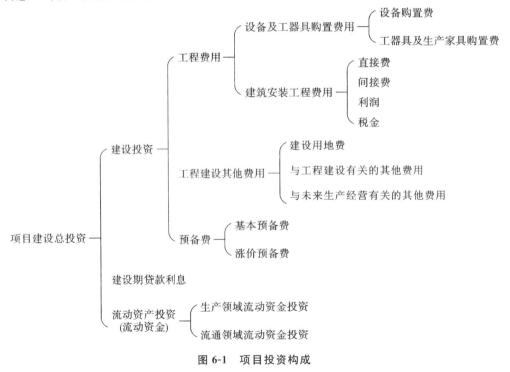

图 6-1 项目投资构成

(1) 建设投资

建设投资是以货币表现的基本建设完成的工作量,是指利用国家预算内拨款、自筹资金、国内外基本建设贷款以及其他专项资金进行的,以扩大生产能力或新增工程效益为主要目的的新建、扩建工程及有关的工作量。它是反映一定时期内基本建设规模和建设进度的综合性指标。建设投资是项目费用的重要组成,是项目财务分析的基础数据,可根据项目前期研究的不同阶段、对投资估算精度的要求及相关规定选用估算方法。

建设投资的构成可按概算法分类或按形成资产法分类。

① 按概算法分类,建设投资由工程费用、工程建设其他费用和预备费三部分构成。其中工程费用又由设备及工器具购置费和建筑安装工程费构成;工程建设其他费用内容较多,且随行业和项目的不同而有所区别。预备费包括基本预备费和涨价预备费。

② 按形成资产法分类,建设投资由固定资产费用、无形资产费用、其他资产费用和预备费四部分组成。

固定资产费用是指项目投产时将直接形成固定资产的建设投资,包括工程费用和工程建设其他费用中按规定将形成固定资产的费用,后者被称为固定资产其他费用,主要包括建设单位管理费、可行性研究费、研究试验费、勘察设计费、环境影响评价费、场地准备及临时设施费、引进技术和引进设备其他费、工程保险费、联合试运转费、特殊设备安全监督检验费和市政公用设施建设及绿化费等。无形资产费用是指将直接形成无形资产的建设投资,主要是专利权、非专利技术、商标权、土地使用权和商誉等。其他资产费用是指建设投资中除形成固定资产和无形资产以外的部分,如生产准备及开办费等。

对于土地使用权的特殊处理:按照有关规定,在尚未开发或建造自用项目前,土地使用权作为无形资产核算,房地产开发企业开发商品房时,将其账面价值转入开发成本;企业建造自用项目时将其账面价值转入在建工程成本。因此,为了与以后的折旧和摊销计算相协调,在建设投资估算表中通常可将土地使用权直接列入固定资产其他费用中。

(2) 建设期贷款利息

建设期贷款利息是指筹措债务资金时在建设期内发生并按规定允许在投产后计入固定资产原值的利息,即资本化利息。为便于计入成本,通常将建设期贷款利息计入固定资产投资。

建设期贷款利息包括向国内银行和其他非银行金融机构贷款、出口信贷、外国政府贷款、国际商业银行贷款以及在境内外发行债券的债券期内应偿还的借款利息。国外贷款利息的计算中,还应包括国外贷款银行根据贷款协议向贷款方以年利率的方式收取的手续费、管理费、承诺费,以及国内代理机构经国家主管部门批准的年利率的方式,向贷款单位收取的转贷费、担保费、管理费等。

(3) 流动资产投资

流动资金是流动资产投资的表现形式,是指为维持一定的生产规模所占用的全部周转资金。当项目生命期结束时,流动资金成为企业在期末的一项可回收的现金流入。流动资金通常在项目投产前预先垫付,在投产后的生产经营过程中,用于购买原材料、燃料动力、备品备件,支付工资和其他费用,以及被在产品、半成品、产成品和其他存货所占用的周转资金。在生产经营过程中,流动资金以现金及各种存款、存货、应收及预付款项等流动资产的形式出现,如图6-2所示。

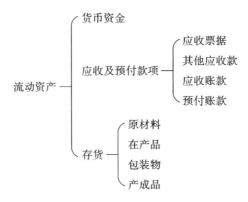

图 6-2 流动资产的构成

6.1.2 项目资产

项目投资形成的资产包括固定资产、无形资产、其他资产和流动资产等,项目投资估算的构成与资产形成的关系如图 6-3。

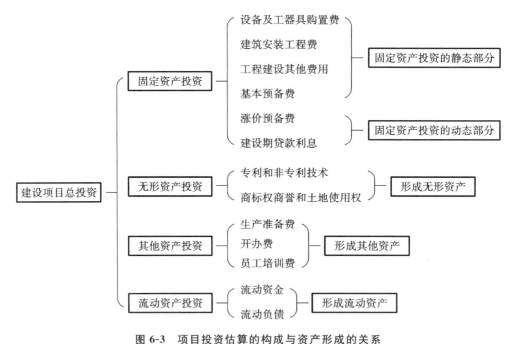

图 6-3 项目投资估算的构成与资产形成的关系

固定资产折旧的概念

6.1.2.1 固定资产

固定资产是指那些在超过一年或超过一个营业期内,资产价值量在规定限额以上、不发生大的实物形态变化的资产。

固定资产具有以下特征:①具有实物形态,是一种有形资产;②为生产商品、提供劳务、出租或者经营管理而持有,目的是使用;③使用寿命超过一个会计年度。

固定资产通常是要求使用期超过一年,单位价值在规定的标准以上,在生产过程中为多个生产周期服务,在使用过程中,能保持原来实物形态的资产。固定资产的价值随其使用的磨损,以折旧的形式分期分批地转移到新产品的价值中去。

固定资产折旧是指固定资产在长期的使用过程中,由于损耗而使其价值逐渐减少。固定资产的损耗分为有形损耗和无形损耗两种。其中,有形损耗是指固定资产由于使用和自然力的影响而引起的价值损失,也称物理损耗;无形损耗是指机器设备由于技术进步而引起的价值折旧费需要逐年提取,作为折旧基金积累,专门用于固定资产的更新改造。固定资产原值减去累计折旧称为固定资产净值。

6.1.2.2 无形资产

无形资产是企业能长期拥有或可控制使用而无实物形态、可辨认的非货币性资产,如专利权、商标权、土地使用权、非专利技术和商誉等。无形资产的价值转移是以其在服务期内逐年摊销的形式来实现的。无形资产从开始使用之日起,在有效使用期内平均计算摊销费。有效使用年限的确定原则:①法律、合同或者企业申请书分别规定有法定的有效期限和受益年限的,取两者中较短者为有效使用期限;②法律没有规定有效期限的,按照合同或者企业申请书规定的受益年限为有效使用期限;③法律、合同或者企业申请书均未规定有效期限和受益年限的,按照不少于10年确定有效使用年限。

6.1.2.3 其他资产

其他资产,也称递延资产,是指除流动资产、长期投资固定资产、无形资产以外的所有不能计入工程成本的其他资产,主要有开办费、员工培训费、生产准备费、农业开荒费和需在生产经营期内分摊的各项递延费用等。其他资产中的开办费从企业开始生产经营起,按照不少于5年的期限平均摊销,以经营租赁租入的固定资产改良支出在租赁有效期内分期平均摊销。

6.1.2.4 流动资产

流动资产是指可在一年内或超过一年的一个营业期里变现或运用的资产,主要由流动资金和流动负债构成。

6.2 成 本 费 用

6.2.1 成本费用的基本概念

6.2.1.1 总成本费用的概念

总成本费用是指项目在生产经营期内为组织生产和销售发生的全部成本和费用,通常按年反映,主要包括生产成本和期间费用。

工程项目总成本费用的概念

(1)生产成本

生产成本是生产单位为生产产品或提供劳务而发生的各项生产费用,包括各项直接支出和制造费用。直接支出包括直接材料、直接工资、其他直接支出;制造费用是指企业内为组织和管理生产所发生的各项费用。生产成本的具体内容包括以下几项。

①直接材料是指项目在生产经营过程中实际消耗的原材料、辅助材料、备品配件、外购半成品、燃料、动力、包装物、低值易耗品以及其他直接材料。

②直接工资,包括直接从事产品生产人员的工资、奖金、津贴和补贴。

③其他直接支出是指按照直接工资的一定百分比来计算直接从事产品生产人员的职工福利费。

④制造费用是指企业内的分厂、车间管理人员工资,折旧费,维修费,修理费及其他制造费用(办公费、差旅费、劳保费等)。

(2)期间费用

期间费用是指不能直接归属于某个特定产品成本的费用。它是随着时间推移而发生的与当期产品的管理和产品销售直接相关,而与产品的产量、产品的制造过程无直接关系,即容易确定其发生的期间,而难以判别其所应归属的产品的费用。期间费用一般包括销售费用、管理费用和财务费用三类。

①销售费用是指项目产品在销售过程中所发生的有关费用,以及专设销售机构所发生的各项费用,包括为销售产品而发生的运输费、装卸费、包装费、保险费、展览费和广告费,以及为销售本项目商品而专设的销售机构(含销售网点、售后服务网点)的职工工资、福利费、类似工资性质的费用、业务费等。

②管理费用是指组织和管理企业生产经营所发生的各项费用,包括企业的董事会和行政管理部门在企业经营管理中发生的,或者应当由企业统一负担的公司经费(包括行政管理部门职工工资及福利费、修理费、物料消耗、低值易耗品摊销、办公费和差旅费等),还包括工会经费、待业保险费、劳动保险费、董事会费、聘请中介机构费、咨询费、诉讼费、业务招待费、房产税、车船使用税、土地使用税、印花税、技术转让费、矿产资源补偿费、无形资产递延资产摊销、职工教育经费、研究与开发费、排污费等。

③财务费用是指为筹集生产经营所需资金而发生的费用,包括生产经营期间发生的利息净支出、金融机构手续费及汇兑净损失等。

6.2.1.2 工程经济分析中成本费用的特点

工程经济分析中成本费用具有以下特点。

①工程经济分析中既要用到财务会计中的成本费用概念(产品生产成本、期间费用),还要用到财务会计中没有的成本概念(机会成本、资金成本)。

②工程经济着重对方案现金流量的考察分析,从这个意义上来讲,成本和费用具有相同性质,概念不用严格区分。

③会计中对成本费用的计量分别针对特定的会计期间的企业生产经营活动和特定生产过程,而工程经济分析成本费用针对某一方案的实施结果。

④财务会计中的成本费用是对企业经营活动和产品生产过程中实际发生的各种费用的真实记录,具有唯一性;工程经济分析中成本和费用是在一定的假设前提下对拟实施投资方案未来情况的预测,具有不确定性。

6.2.2 成本费用计算

6.2.2.1 项目总成本费用计算

总成本费用是指在一定时期(如一年)内因生产和销售产品发生的全部费用,其估算方法主要有生产成本加期间费用估算法和生产要素估算法两种。

(1)生产成本加期间费用估算法

生产成本加期间费用估算法的计算公式为

$$总成本费用 = 生产成本 + 期间费用 \tag{6-1}$$

其中,生产成本和期间费用见下式

$$生产成本 = 直接材料费 + 直接燃料和动力费 + 直接工资 + 其他直接费 + 制造费用 \tag{6-2}$$

$$期间费用 = 管理费用 + 财务费用 + 销售费用 \tag{6-3}$$

(2)生产要素估算法

项目评价中通常采用生产要素法估算总成本费用。

生产要素估算法的计算公式为

总成本费用 = 外购原材料和燃料动力费 + 工资及福利费 + 折旧费 + 修理费 + 维简费 + 摊销费 + 利息支出 + 其他费用 (6-4)

各分项的内容和计算要点如下。

①外购原材料和燃料动力费的估算。

按生产要素法估算总成本费用时,原材料和燃料动力费是指外购的部分。外购原材料和燃料动力费的估算需要相关专业所提供的外购原材料和燃料动力年耗用量,以及在选定价格体系下的预测价格,该价格应按入库价格,即到厂价格计算,并考虑途库损耗。采用的价格时点和价格体系应与营业收入的估算一致。外购原材料和燃料动力费估算要充分体现行业特点和项目具体情况。

原材料成本计算公式为

$$原材料成本 = 年产量 \times 单位产品原材料成本 \qquad (6-5)$$

式中,年产量可根据测定的设计生产能力和投产期各年的生产负荷加以确定;单位产品原材料成本是依据原材料消耗定额和单价确定的。

企业生产经营过程中所需要的原材料种类繁多,在计算时,可根据具体情况,选取耗用量较大的、主要的原材料为对象,依据有关规定、原则和经验数据进行估算。

燃料动力成本计算公式为

$$燃料动力成本 = 年产量 \times 单位产品燃料和动力成本 \qquad (6-6)$$

②工资及福利费的估算。

工资及福利费包含在制造成本、管理费用和销售费用之中。为便于计算和进行项目评估,需将工资及福利费单独估算。

a. 工资的估算。

工资的估算可采取以下两种方法。

Ⅰ. 按项目定员数和人均年工资数计算:

$$年工资总额 = 项目定员数 \times 人均年工资数 \qquad (6-7)$$
$$人均年工资数 = 人均月工资 \times 12 个月 \qquad (6-8)$$

Ⅱ. 按照不同的工资级别对职工进行划分,分别估算同一级别职工的工资,然后再加以汇总。一般可分为五个级别,即高级管理人员、中级管理人员、一般管理人员、技术工人和一般工人。若有国外的技术人员和管理人员,应单独列出。

b. 福利费的估算。

福利费主要用于职工的医药费、医务经费、职工生活困难补助以及按国家规定开支的其他职工福利支出,不包括职工福利设施的支出。职工福利费可按照职工工资总额的一定比例进行估算,常用取值为 14%。

③折旧费的估算。

计算折旧,需要先计算固定资产原值。固定资产原值是指项目投产时(达到预定可使用状态)按规定由投资形成固定资产的部分。其次是计算固定资产折旧。固定资产在使用过程中会磨损,其价值损失通常通过提取折旧的方式得以补偿。按财税制度规定,企业固定资产应当按月计提折旧,并根据用途计入相关资产的成本或者当期损益、财务分析中。按生产要素法估算总成本费用时,固定资产折旧可直接列支于总成本费用。根据国家有关规定,计提折旧的固定资产范围包括:

项目的房屋、建筑物;在用的机器设备、仪器仪表、运输车辆、工具器具;季节性停用和修理停用的设备;以经营租赁方式租出的固定资产;以融资租赁方式租入的固定资产。

固定资产的折旧方式可在税法允许的范围内由企业自行确定,一般采用直线法,包括平均年限法、工作量法。我国税法也允许对某些机器设备采用快速折旧法,即双倍余额递减法和年数总和法。

①平均年限法。

平均年限法也称直线法,即根据固定资产的原值、估计的净残值率和折旧年限计算折旧

$$年折旧额 = \frac{固定资产原值 - 预计净残值}{折旧年限} = \frac{固定资产原值 \times (1 - 预计净残值率)}{折旧年限} \quad (6-9)$$

a. 固定资产原值包括项目总投资中的建筑安装工程费、设备及工器具购置费、预备费、建设期贷款利息以及工程建设其他费用中的形成固定资产的费用。

b. 预计净残值。预计净残值率可在税法允许的范围内由企业自行确定,或按行业规定。《中华人民共和国企业所得税法实施条例》第五十九条规定,企业应当根据固定资产的性质和使用情况,合理确定固定资产的预计净残值。固定资产的预计净残值一经确定,不得变更。

c. 折旧年限。《中华人民共和国企业所得税法实施条例》第六十条规定,固定资产计算折旧的最低年限如下:

Ⅰ. 房屋、建筑物,为 20 年;

Ⅱ. 火车、轮船、机器、机械和其他生产设备,为 10 年;

Ⅲ. 与生产、经营业务有关的器具、工具、家具等,为 5 年;

Ⅳ. 飞机、火车、轮船以外的运输工具,为 4 年;

Ⅴ. 电子设备为 3 年。

【例 6-1】某公司现有一台电子设备的原值为 45000 元,预计折旧年限为 3 年,预计净残值为 2400 元。按年平均年限法计算折旧额。

解:

$$年折旧额 = \frac{45000 - 2400}{3} = 14200(元)$$

②工作量法。

可采用工作量法计提折旧。折旧费计算如下。

a. 交通运输企业和其他企业专用车队的客货运汽车,按照行驶单位里程计算折旧费

$$单位里程折旧额 = \frac{原值 \times (1 - 预计净残值率)}{规定的总行驶里程} \quad (6-10)$$

$$年折旧额 = 单位里程折旧额 \times 年实际行驶里程 \quad (6-11)$$

b. 大型专用设备,可根据工作小时计算折旧费

$$每小时折旧额 = \frac{原值 \times (1 - 预计净残值率)}{规定的总工作小时} \quad (6-12)$$

$$月(年)折旧额 = 每小时折旧额 \times 月(年)实际工作小时 \quad (6-13)$$

【例 6-2】某工厂现有一台加工设备,原值为 115000 元,预计总工作小时数为 60000 小时,预计其报废时净残值率为 4%,本月工作 800 小时。计算该加工设备的本月折旧额。

解:

$$每小时折旧额 = \frac{115000 \times (1 - 4\%)}{60000} = 1.84(元)$$

本月折旧额 = 800 × 1.84 = 1472(元)

③加速折旧法。

加速折旧法又称递减折旧费用法,是在固定资产使用前期提取折旧较多,在后期提取折旧较少,使固定资产价值在使用年限内尽早得到补偿的折旧计算方法。加速折旧法主要有双倍余额递减法和年数总和法。

a. 双倍余额递减法。

双倍余额递减法是以平均年限法确定的折旧率的双倍乘以固定资产在每一会计期间的期初账面净值,从而确定当期应提折旧的方法

$$年折旧率 = \frac{2}{折旧年限} \times 100\% \quad (6-14)$$

$$年折旧额 = 年初固定资产账面原值 \times 年折旧率 \quad (6-15)$$

$$年初固定资产账面原值 = 固定资产原值 - 累计折旧 \quad (6-16)$$

实行双倍余额递减法的,应在折旧年限到期前两年内,将固定资产净值扣除净残值后的净额平均摊销,即最后两年改用直线折旧法计算折旧。

【例 6-3】某台生产设备原值为 380000 元,预计净残值为 14000 元,预计可以使用 5 年。按双倍余额递减法计算各年折旧额。

解：

$$年折旧率 = \frac{2}{5} \times 100\% = 40\%$$

其各年折旧额见表 6-1。

表 6-1 双倍余额递减法折旧计算表

年数	期初账面净值/元	年折旧率/%	年折旧额/元	累计折旧额/元	期末账面净值/元
1	380000	40%	152000	152000	228000
2	228000	40%	91200	243200	136800
3	136800	40%	54720	297920	82080
4	82080		34040	331960	48040
5	48040		34040	366000	14000

b. 年数总和法。

年数总和法是以固定资产原值扣除预计净残值后的余额作为计提折旧的基础,按照逐年递减的折旧率计提折旧的一种方法。采用年数总和法的关键是每年都要确定一个不同的折旧率。

$$年折旧额 = (固定资产原值 - 预计净残值) \times 年折旧率 \quad (6-17)$$

$$年折旧率 = \frac{折旧年限 - 已使用年数}{折旧年限 \times (折旧年限 + 1) \div 2} \times 100\% \quad (6-18)$$

【例 6-4】沿用例 6-3,采用年数总和法计算各年折旧额,结果见表 6-2。

表 6-2 年数总和法折旧计算表

年数	预计使用年限	应计提折旧总额/元	年折旧率/%	年折旧额/元	累计折旧额/元	期末账面净值/元
1	5		0.333333	122000	122000	258000
2	4		0.266667	97600	219600	160400
3	3	366000	0.2	73200	292800	87200
4	2		0.133333	48800	341600	38400
5	1		0.066667	24400	366000	14000

④修理费的估算。

修理费是指为保持固定资产的正常运转和使用,充分发挥使用效能,对其进行必要修理所发生的费用。按修理范围的大小和修理时间间隔的长短可以分为大修理和中小修理。

在估算修理费时,一般无法确定修理费具体发生的时间和金额,可按照折旧费的一定比率或固定资产原值(扣除所含建设期贷款利息的一定比率)计算,具体比率可参照同行业的经验数据确定。

⑤摊销费的估算。

无形资产原值是指项目投产时按规定由投资形成无形资产的部分。

按照有关规定,无形资产从开始使用之日起,在有效使用期限内平均摊入成本。法律和合同规定了法定有效期限或者受益年限的,摊销年限从其规定,否则摊销年限应注意符合税法的要求。无形资产的摊销一般采用平均年限法,不计残值。

其他资产的摊销可以采用平均年限法,不计残值,摊销年限应符合税法要求。《中华人民共和国企业所得税暂行条例实施细则》第三十四条规定,企业在筹建期发生的开办费,应当从开始生产、经营月份的次月起,在不短于 5 年的期限内分期扣除。

若各种无形资产和其他资产摊销年限相同,可根据全部无形资产的原值和摊销年限计算出各年摊销费。若各种无形资产和其他资产摊销年限不同,则要根据"无形资产和其他资产摊销估算表"计算各项无形资产的摊销费,然后将其相加,即可得到运营期各年的无形资产和其他资产摊销费。

⑥财务费用的估算。

在工程项目中,财务费用主要是利息支出,包括长期借款利息、流动资产借款利息和短期借款利息之和。在未与金融机构达成协议之前,长期借款利率可按央行基准利率上浮一定比率,常用上浮比率为 10%～20%。

长期借款利息计算公式为

$$\text{每年应计利息} = \left(\text{年初本金累计额} - \frac{\text{本年还本数}}{2}\right) \times \text{长期借款利率} \tag{6-19}$$

$$\text{最后一年应计利息} = \frac{\text{剩余本金数}}{2} \times \text{长期借款利息} \tag{6-20}$$

流动资金与短期借款通常按期末偿还、期初再借的方式处理,并按一年期利率计息。流动资金借款利息和短期借款利息计算公式为

$$\text{流动资金利息} = \text{流动资金借款额} \times \text{一年期利率} \tag{6-21}$$

$$\text{短期借款利息} = \text{短期借款额} \times \text{一年期利率} \tag{6-22}$$

⑦其他费用的估算。

在工程项目经济分析中,其他费用可根据总成本费用中的外购原材料费、燃料动力费、人工工资及福利费、折旧费、修理费、维简费及摊销费之和的一定比率进行简便估算;也可将其他费用拆分为其他制造费用、其他管理费用和其他营业费用三项费用详细估算。其他制造费用通常按固定资产原值(扣除所含的建设期贷款利息)的一定比率估算或按人员定额估算。其他管理费用通常按人员定额或按职工薪酬总额的倍数估算。其他营业费用通常按营业收入的一定比率估算。

6.2.2.2 经营成本、固定成本和变动成本

在工程项目成本费用中,除了总成本费用以外,经营成本、固定成本和可变成本也是非常重要和常用的概念。

(1)经营成本

经营成本是财务分析的现金流量分析中所使用的特定概念,作为项目现金流量表中运营期现金流出的主体部分,应得到充分的重视。经营成本与融资方案无关。其构成和估算可采用以下表达

$$\text{经营成本} = \text{外购原材料、燃料和动力费} + \text{工资及福利费} + \text{修理费} + \text{其他费用} \quad (6-23)$$

式中,其他费用是指从制造费用、管理费用和营业费用中扣除了折旧费、摊销费、修理费、工资及福利费以后的其余部分。

或者见式(6-24)

$$\text{经营成本} = \text{总成本费用} - \text{折旧费} - \text{维简费} - \text{摊销费} - \text{财务费用} \quad (6-24)$$

(2)固定成本和可变成本

根据成本费用与产量的关系,可以将总成本费用分解为可变成本、固定成本和半可变(或半固定)成本。

①固定成本。

固定成本是指不随产品产量变化的各项成本费用,如车间经费和企业管理费。车间经费包括车间管理人员工资及附加费、办公费、折旧费、修理费、劳动保护费等。企业管理费是为管理和组织企业生产所耗的费用,包括全厂管理部门人员工资及附加费、办公费、折旧费(全厂设备和厂房)、修理费、运输费、仓库保管费、差旅费等。

有些费用,如车间管理人员的工资及附加费、修理费等,只有当产量在一定范围内变动的时候,它才是不变的。当产量变化超过一定范围时,它就会有所增减。因此,它是相对固定的费用。

②可变(变动)成本。

可变成本是指与产品产量增减成正比例变化的各项费用。有些成本费用属于半可变(或半固定)成本,例如不能熄灭的工业炉的燃料费用等。工资、营业费用和流动资金利息等也可能既有可变因素,又有固定因素。必要时需将半可变(或半固定)成本进一步分解,使产品成本费用最终划分为可变成本和固定成本。长期借款利息应视为固定成本,流动资金借款和短期借款利息可能部分与产品产量相关,其利息可视为半可变半固定成本,为简化计算,一般也将其作为固定成本。

6.3 营业收入、税金及附加、利润

营业收入是项目建成投产后回收投资、补偿成本、上缴税金、偿还债务、保证企业再生产正常进行的前提,是估算利润总额、税金及附加的基础数据。营业收入扣除总成本费用、税金及附加后即为利润总额,反映项目在一定时期内的经营成果,也是计算一些静态评价指标的基础。

6.3.1 营业收入

估算工程项目建成后每个运营年度取得的收入主要是营业收入,某些公益性工程项目、基础设施项目还应估算政府给予的补贴收入。营业收入是建设项目经济评价的重要数据,其估算的准确性极大地影响着建设项目经济效果的评价。

营业收入是指项目建设后一个运营年度销售产品或提供服务取得的收入。生产多种产品和提供多项服务的,应分别估算各种产品及服务的销售收入。对不便于按详细的品种分类计算销售收入的,可采取折算为标准产品的方法计算销售收入。

6.3.1.1 生产经营期各年生产负荷的估算

项目生产经营期各年生产负荷是计算营业收入的基础。通常可根据市场预测结果,结合项目性质、产出特性和市场的开发程度制定分年运营计划,进而确定各年生产负荷。运营计划或年生产负荷的确定不应是固定的模式,应强调具体项目具体分析。一般开始投产时负荷较低,以后各年逐步提高,提高幅度取决于市场预测等因素。同时,经济评估人员应配合技术评估人员鉴定各年生产负荷的确定是否有充分依据,是否与产品市场需求量预测相符合,是否考虑了项目的建设进度,以及原材料、燃料、动力供应和工艺技术对生产负荷的制约和影响。

6.3.1.2 产品销售价格估算

营业收入估算的重点是对产品价格进行估算,并判断选用的产品销售(服务)价格是否合理,价格水平是否反映市场供求状况,判别项目是否高估或低估了产出物的价格。销售项目产品单价通常根据市场竞争力及承受能力综合考虑加以确定。

为防止人为夸大或缩小项目效益,属于国家控制价格的物资,要按国家规定的价格政策执行;价格已经放开的产品,应根据市场情况合理选用价格,一般不宜超过同类产品的进口价格(含各种税费)。产品销售价格一般采用出厂价格,参考当前国内市场价格和国际市场价格,通过预测分析合理选定。出口产品应根据离岸价格扣除国内各种税费计算出厂价格,同时还应考虑与投入物价格选用的同期性,并注意价格中不应含有增值税。

6.3.1.3 营业收入的估算

估算营业收入时应对市场预测的相关结果以及建设规模、产品或服务方案进行描述与确认。在项目评估中,产品营业收入的估算,一般假设当年生产产品当年全部销售。计算公式为

$$营业收入 = \sum_{i=1}^{n} Q_i \times P_i \tag{6-25}$$

式中,Q_i——第 i 种产品年产量;
P_i——第 i 种产品销售单价。

当项目产品外销时,还应计算外汇销售收入,并按评估时现行汇率折算成人民币,再计入销售收入总额。

6.3.2 税金及附加

税金是国家凭借政治权利参与国民收入分配和再分配的一种货币形式。在建设项目经济效果评价中合理计算各种税费,是正确计算建设项目效益与费用的重要基础。建设项目经济效果评价涉及的税费主要包括关税、增值税、消费税、企业所得税、资源税等,有些项目还应缴纳土地增值税。经济评价时应说明税种、税基、税率、计税额等,如有减免税费优惠,应说明政策依据以及减免方式和减免金额。附加是教育费附加和地方教育费附加,其征收的环节和计费的依据类似城市维护建

设税。

6.3.2.1 关税

关税是以进出口的应税货物为纳税对象的税种。项目评价中涉及引进设备、技术和进口原材料时,需要估算进口关税。项目评价中应按有关税法和国家的税收优惠政策,正确估算进口关税。进口货物关税以从价计征、从量计征或者国家规定的其他方式征收。

①从价计征时,关税计算公式为

$$应纳进口关税 = 到岸价 \times 关税税率 = (离岸价 + 国外运费 + 国外运输保险费) \times 关税税率 \tag{6-26}$$

②从量计征时,关税计算公式为

$$应纳进口关税 = 进口货物数量 \times 单位税额 \tag{6-27}$$

我国仅对少数货物征收出口关税。若建设项目的出口产品属于征税范围,应按相关规定估算出口关税。

6.3.2.2 增值税

增值税是对我国境内销售货物、进口货物以及提供加工、修理修配劳务的单位和个人,就其取得货物的销售额、进口货物金额、应税劳务收入额计算税款,并实行税款抵扣制的一种流转税。

在工程经济分析中,增值税可作为价外税不出现在现金流量表中,也可作为价内税出现在现金流量表中。当现金流量表中不包括增值税时,产出物的价格不含有增值税中的销项税,投入物的价格中也不含有增值税中的进项税,增值税是按增值额计税的,计算公式为

$$增值税应纳税额 = 销项税额 - 进项税额 \tag{6-28}$$

上式中,销项税额是纳税人销售货物或提供应税劳务,按照销售额和增值税率计算并向购买方收取的增值税额,其计算公式为

$$销项税额 = 销售额 \times 增值税率 = \frac{营业收入(含销项税额)}{1 + 增值税率} \times 增值税率 \tag{6-29}$$

进项税额是纳税人购进货物或接受应税劳务所支付或者负担的增值税额,其计算公式为

$$进项税额 = \frac{外购原材料、燃料及动力费}{1 + 增值税率} \times 增值税率 \tag{6-30}$$

6.3.2.3 消费税

消费税是国家对项目生产、委托加工和进口的部分应税消费品按差别税率或税额征收的一种税。消费税是在普遍征收增值税的基础上,根据消费政策、产业政策的要求,有选择地对部分消费品征收的一种特殊税种。目前,我国的消费税共设 11 个税目,13 个子目。消费税的税率有从价定率和从量定额两种,除了黄酒、啤酒、汽油、柴油产品采用从量定额计征的方法外,其他消费品均为从价定率计税,税率从 3%~45% 不等。

消费税一般以应税消费品的生产者为纳税人,在销售时纳税。应纳税额计算有以下两种方式。

(1)实行从价定率方法计算

$$应纳税额 = 应税消费品销售额 \times 适用税率 = \frac{销售收入(含增值税)}{1 + 增值税率} \times 消费税率$$
$$= 组成计税价格 \times 消费税率 \tag{6-31}$$

(2)实行从量定额方法计算

$$应纳税额 = 应税消费品销售数量 \times 单位税额 \tag{6-32}$$

应税消费品的销售额是纳税人销售应税消费品向买方收取的全部价款和价外费用,不包括向买方收取的增值税税款。销售数量是应税消费品数量。

6.3.2.4 城市维护建设税

城市维护建设税简称城建税,是我国为了加强城市的维护建设,扩大和稳定城市维护建设资金

的来源,对有经营收入的单位和个人征收的一个税种。城市维护建设税是以纳税人实际缴纳的流转税额为计税依据征收的一种税。城市维护建设税按纳税人所在地区实行差别税率:纳税人所在地为市区的,税率为7%;纳税人所在地为县城、镇的,税率为5%;纳税人所在地为乡村的,税率为1%。

城市维护建设税以纳税人实际缴纳的增值税、消费税为计税依据,并分别与上述2种税同时缴纳,其应纳税额计算为

$$应纳城市维护建设税额 = (增值税 + 消费税)的实纳税额 \times 适用税率 \tag{6-33}$$

6.3.2.5 教育费附加

教育费附加是国家为扶持教育事业发展,扩大地方教育经费的资金来源,计征用于教育的政府性基金。根据有关规定,凡缴纳消费税、增值税的单位和个人,都是教育费附加的缴纳人。教育费附加随消费税和增值税同时缴纳。教育费附加的计征依据是各缴纳人实际缴纳的消费税和增值税的税额,征收率为3%。其计算公式为

$$应纳教育费附加 = (消费税 + 增值税)的实纳税额 \times 3\% \tag{6-34}$$

6.3.2.6 地方教育费附加

地方教育费附加是为增加地方教育的资金投入,促进教育事业发展开征的一项政府基金。地方教育费附加征收标准统一为单位和个人实际缴纳的增值税和消费税税额的2%。其计算公式为

$$地方教育费附加 = (增值税 + 消费税)的实纳税额 \times 2\% \tag{6-35}$$

6.3.3 利润

6.3.3.1 利润总额计算

利润总额是项目在一定时期内生产经营活动的最终财务成果,它集中反映了项目生产经营各方面的效益。

现行会计制度规定,利润总额等于营业利润加上投资净收益、补贴收入和营业外收支净额的代数和。其中,营业利润等于主营业务收入减去主营业务成本和主营业务税金及附加,加上其他业务利润,再减去营业费用、管理费用和财务费用后的净额。在对工程项目进行经济分析时,为简化计算,在估算利润总额时,假定不发生其他业务利润,也不考虑投资净收益、补贴收入和营业外收支净额,本期发生的总成本等于主营业务成本、营业费用、管理费用和财务费用之和,并且视项目的主营业务收入为本期的营业收入,主营业务税金及附加为本期的税金及附加。则利润总额的估算公式为

$$利润总额 = 营业收入 - 税金及附加 - 总成本费用 \tag{6-36}$$

其中,营业收入及总成本费用中的外购原材料费、外燃料及动力费均为含税价。当营业收入及总成本费用中的外购原材料费、外购燃料及动力费均使用不含税价时,则税金及附加中应扣除增值税。公式为

$$利润总额 = 营业收入(不含税) - 税金及附加(扣除增值税) - 总成本费用(不含税) \tag{6-37}$$

根据利润总额可计算所得税和净利润,在此基础上可进行净利润的分配。在工程项目的经济分析中,利润总额是计算一些静态评价指标的基础数据。

6.3.3.2 所得税计算及净利润的分配

(1)所得税计算

根据税法的规定,企业取得利润后,先向国家缴纳所得税,即凡在我国境内实行独立经营核算的各类企业或者组织,其来源于我国境内、境外的生产、经营所得和其他所得,均应依法缴纳企业所得税。所得税是现金流出项。

企业所得税以应纳税所得额为计税依据。纳税人每一纳税年度的收入总额减去准予扣除项目的余额,为应纳税所得额。

纳税人发生年度亏损的,可用下一纳税年度的所得弥补;下一纳税年度的所得不足以弥补的,可以逐年延续弥补,但是延续弥补期最长不得超过 5 年。

企业所得税的应纳税额计算公式为

$$\text{所得税应纳税额} = \text{应纳税所得额} \times 25\% \tag{6-38}$$

在工程经济分析中,一般是按照利润总额作为企业所得,乘以 25% 的税率计算所得税,公式为

$$\text{所得税应纳税额} = \text{利润总额} \times 25\% \tag{6-39}$$

(2)净利润的分配

净利润是利润总额扣除所得税后的差额,计算公式为:

$$\text{净利润} = \text{利润总额} - \text{所得税} \tag{6-40}$$

在工程经济分析中,一般视净利润为可供分配的净利润,可按照下列顺序分配。

①提取盈余公积金。一般企业提取的盈余公积金分为两种:一种是法定盈余公积金,在其金额累计达到注册资本的 50% 以前,按照可供分配净利润的 10% 提取,达到注册资本的 50%,可以不再提取;另一种是法定公益金,按可供分配的净利润的 5% 提取。

②向投资者分配利润(应付利润)。企业以前年度未分配利润,可以并入本年度向投资者分配。

③未分配利润。可供分配利润减去盈余公积金和应付利润后的余额,即为未分配利润。

营业收入、总成本费用、税金及附加和利润的关系,如图 6-4 所示。

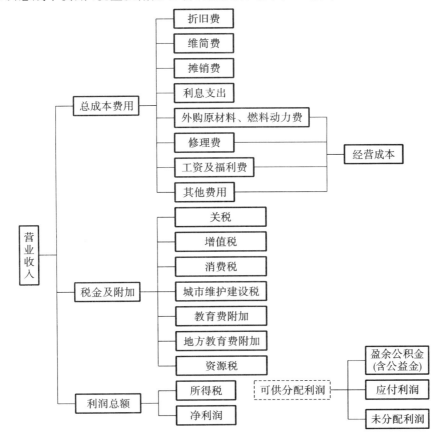

图 6-4 营业收入、总成本费用、税金及附加和利润关系图

资金的
时间价值

6.4 资金时间价值

6.4.1 资金时间价值概述

资金时间价值,又称为货币时间价值,是指资金随着时间的推移而发生的增值。从经济学的角度而言,现在的一单位货币与未来的一单位货币的购买力不同。比如,若银行存款年利率为10%,将今天的1元钱存入银行,一年以后就会是1.10元。可见,经过一年时间,这1元钱发生了0.1元的增值,今天的1元钱和一年后的1.10元钱等值。资金时间价值的实质是资金周转使用后的增值额,是资金所有者让渡资金使用权而参与社会财富分配的一种形式。从根本上说,资金的时间价值是在社会生产和再生产中,由劳动者创造的价值;从表面看,是资金在社会生产和流通中随着时间的推移而产生的,所以称为"时间价值"。

资金的时间价值不产生于生产与制造领域,产生于社会资金的流通领域。资金只有在生产和流通过程中随着时间推移才会产生增值。资金时间价值的产生取决于以下两个因素:其一,资金参与社会再生产,即投入生产和流通中;其二,有时间上的推移,即有参与社会再生产的过程。

衡量资金时间价值的尺度有两种:一是绝对尺度,即利息、盈利或收益;二是相对尺度,即利率、盈利率或收益率。资金在生产和流通环节或服务环节中的作用,使投资者得到了收益或盈利。如果把资金存入银行,经过一段时间后也会产生增值,这就是通常所说的利息。客户按期得到的利息是银行将吸纳的众多款项集中投资于各类项目之中所获得的盈利的一部分,盈利的另一部分则是银行承担风险运作资金的收益。盈利和利息是资金时间价值的两种表现形式,都是资金时间因素的体现,是衡量资金时间价值的绝对尺度。在技术经济分析中,对资金时间价值的计算方法与银行利息的计算方法是相同的,银行利息就是一种资金时间价值的表现形式。

在商品经济条件下,资金在投入服务、生产与交换过程中产生了增值,给投资者带来利润,其实质是由于劳动者在服务、生产与流通过程中创造了价值。从投资者的角度来看,资金的时间价值表现为资金具有增值特性。从消费者的角度来看,资金的时间价值是对资金所有者放弃现时消费的补偿,这是因为资金用于投资后则不能再用于现时消费。个人储蓄和国家积累的目的也是如此。

资金时间价值的大小取决于多方面因素,从投资角度看,主要取决于投资收益率、通货膨胀率和项目投资的风险。投资收益率反映该项目方案所能取得的盈利大小,通货膨胀率则反映投资者必须付出的因货币贬值所带来的损失,而投资风险往往又和投资回报相联系,通常投资回报越高,风险越大。投资风险的分析、判断、评估涉及政治、经济、金融、资源和市场等多方面的因素。

资金的时间价值是技术经济分析中重要的基本原理之一,是用动态分析法对项目投资方案进行对比、选择的依据和出发点。资金的时间价值是客观存在的,是商品生产条件下的普遍规律,只要商品生产存在,资金就具有时间价值。要正确评价项目方案的经济效果,不仅要考虑投资额与收益的大小,还必须考虑投资与效益发生的时间,有效地利用"资金只有运作才会增值"的规律,以便为项目投资决策提供可靠依据,促进经济的发展。

6.4.2 现金流量

6.4.2.1 现金流量的概念

现金流量是现代理财学中的一个重要概念,是企业在一定会计期间按照现金收付实现制,通过一定经济活动(包括经营活动、投资活动、筹资活动和非经常性项目)而产生的现金流入、现金流出及其总量情况的总称,即企业一定时期的现金和现金等价物的流入和流出的数量。衡量企业经营状况是否良好,是否有足够的现金偿还债务,资产的变现能力等,现金流量是非常重要的指标。

工程经济中的现金流量是拟建项目在整个项目计算期内各个时点上实际发生的现金流入、流出以及流入和流出的差额(又称净现金流量)。在项目方案的计算期内,各种现金流量的数额和发生的时间都不尽相同。为了便于分析不同时点上的现金流入和现金流出,计算其净现金流量,现金流量一般以计息周期(年、季、月等)为时间量的单位,采用现金流量图或现金流量表的形式来表示。

在工程经济分析中,通常将项目方案视为一个独立的经济系统来考察系统的经济效果。流入该系统的现金称为现金流入(cash inflows),通常用 CI 表示。流出该系统的现金称为现金流出(cash outflows),通常用 CO 表示。同一时点上现金流入与现金流出之差称为净现金流量,通常用 CI－CO 表示。具体地讲,现金流入是指在项目整个计算期内流入项目系统的资金,如营业(销售)收入、捐赠收入、补贴收入、期末固定资产回收收入和回收的流动资金等。现金流出是指在项目整个计算期内流出项目系统的资金,如企业投入的自有资金、上缴的税金及附加、借款本金和利息的偿还、经营成本等。当现金流入大于现金流出时,净现金流量为正,反之为负。

6.4.2.2 现金流量图

对于一个经济系统,其现金流量的流向(流入或流出)、数额和发生时点都不尽相同。为直观反映项目在整个计算期内的现金流量情况,正确地进行经济评价,有必要借助现金流量图(cash-flows diagrams)。现金流量图是能反映经济系统现金流量随时间变化的图示,即把经济系统的现金流入、现金流出量绘入一个时间坐标图中,从而清晰地表现出各现金流入、流出与相应时间点的关系,如图 6-5 所示。

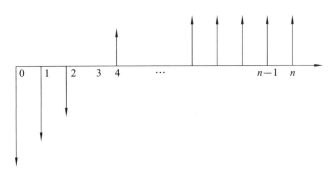

图 6-5 现金流量图的一般形式

现以图 6-5 为例说明现金流量图的作图方法和规则。

①以横轴为时间轴,向右延伸表示时间的延续,轴上每一个刻度表示一个计息周期,可取年、半年、季度或月等,在没有特别说明的情况下,一般以年表示。0 表示时间序列的起点,当期的期末同时也是下一期的期初,n 表示时间序列的终点。

②垂直于时间坐标的箭线表示不同时点现金流量的大小和方向。一般规定横轴上方的箭线表示现金流入,即收入;横轴下方表示现金流出,即费用或损失。

③现金流量图中,箭线长短与现金流量数值大小本应成比例,但经济系统中各时点现金流量的数额常常相差悬殊而无法成比例绘出,因此现金流量图中的箭线长短只要能适当体现各自数值的差异,在各箭线上方或下方注明其现金流量的数值即可。

④箭线与时间轴的交点即为现金流量发生的时点。

⑤现金流量的方向(流入与流出)是对特定系统而言的,分析时角度不一样,其流入与流出也不

现金流量图

一样,如贷款方的流入就是借款方的流出。通常工程项目现金流量的方向是针对资金使用者的系统而言的。

总之,绘制现金流量图时,必须把握好现金流量图的三个要素:大小——现金流量的数额;流向——现金流入或流出;时点——现金流入或流出所发生的时间点。

6.4.2.3 确定现金流量需要注意的问题

①每一笔现金流入与现金流出都应有明确的发生时点。也就是说现金流量衡量的是经济系统内投入产出随时间的变化量或边际值。

②现金流量必须是实际发生的。不应将应收账款、应付账款、暂时不能兑现的有价证券和不能立即出让的固定资产账面价值等作为现金流量。

③确定同一建设项目的现金流量,会因立场和看问题的出发点不同而产生不同的结果。例如,某建筑企业从银行贷款,对于该建筑企业而言,是现金流入;而对于银行而言却是现金流出。

④使用权或所有权未发生转移的现金或其等价物不是现金流量。如固定资产折旧在未被使用之前不列入现金流量。

6.4.3 普通复利公式

利息和利率

6.4.3.1 利息、利率

利息是衡量资金时间价值的绝对尺度,是其最直观的表现。在商品经济社会,货币本身就是一种商品。利息率或利润率就是货币资金的价格。利息或利润是占用(利用)资金的代价(成本),或者是资金所有者放弃资金的使用权所获得的补偿。

如果将一笔资金存入银行(相当于银行占用了这笔资金),经过一段时间以后,资金所有者就能在该笔资金之外再得到一些报酬,即利息。通常,存入银行的资金就叫作本金。这一过程可表示为

$$F_n = P + I_n \tag{6-41}$$

式中,F_n——本利和;

P——本金;

I_n——利息;

n——表示计算利息的周期数,计息周期通常为年、季、月等。

利率是衡量资金时间价值的相对尺度,又称为利息率。利息通常由本金和利率计算得出,利率是指在一个计息周期内所应付出的利息额与本金之比,一般以百分数表示。用 i 表示利率,其计算公式为:

$$i = \frac{I_1}{P} \times 100\% \tag{6-42}$$

式中,i——利率;

I_1——一个计息周期的利息。

利率是银行根据国家的政治、经济形势及政策方针确定的。它可以反映国家在一定经济发展时期的经济状况及特色。利率的经济含义是每单位本金经过一个计息周期后的增值额。

通常在分析资金借贷时使用利息或利率的概念,在研究某项投资的经济效果时则常使用收益(或盈利)或收益率(盈利率)的概念,项目投资通常是要求其收益大于应支付的利息即收益率大于利率。收益与收益率是研究项目经济性必需的指标。

利息的计算方式有单利计息和复利计息两种。

6.4.3.2 单利法

单利法是每期均按原始本金计息。在单利计息的情况下,利息与时间呈线性关系,不管计息周

期为多大,每经过一期按原始本金计息一次,而利息不再计息,即"利不生利"。设每期的利率相等,单利计息的计算公式为

$$I_n = P \cdot n \cdot i \tag{6-43}$$

式中,I_n——n 个计息期的总利息;
n——计息期数;
i——利率。

n 个计息周期后的本利和为

$$F_n = P + P \cdot n \cdot i = P(1 + i \cdot n) \tag{6-44}$$

【例 6-5】某建设公司现向银行贷款 2000 万元,贷款合同规定第 5 年末一次性偿还,年利率为 8%,若按单利计息,则各年年末利息和年末本利和如表 6-3 所示。

表 6-3 单利法的本金、当年利息及本利和(单位:元)

年数	年初贷款额	当年利息	年末本利和	年末偿还
1	2000	2000×8%=160	2160	0
2	2080	2000×8%=160	2320	0
3	2160	2000×8%=160	2480	0
4	2240	2000×8%=160	2640	0
5	2320	2000×8%=160	2800	2800

单利法在一定程度上考虑了资金的时间价值,但每期所得利息不再产生利息,所以实际上假定利息不再投入资金周转过程,这是不符合资金流动规律的,它没有体现各期利息的时间价值,因而不能完全反映资金时间价值。

6.4.3.3 复利法

复利法按上一期的本利和计息。在复利计息的情况下,除本金计息外,利息也生利息,每一计息周期的利息都要并入下一期的本金,再计利息,即"利生利"。设每期的利率相等,复利计算公式为

$$F_n = P(1+i)^n \tag{6-45}$$

推导过程见表 6-4。

表 6-4 复利计算公式

计算周期	期初本金	本期利息	期末本利和 F_n
1	P	$P \cdot i$	$F_1 = P + P \cdot i = P(1+i)$
2	$P(1+i)$	$P(1+i) \cdot i$	$F_2 = P(1+i)^2$
3	$P(1+i)^2$	$P(1+i)^2 \cdot i$	$F_3 = P(1+i)^3$
…	…	…	…
$n-1$	$P(1+i)^{n-2}$	$P(1+i)^{n-2} \cdot i$	$F_{n-1} = P(1+i)^{n-1}$
n	$P(1+i)^{n-1}$	$P(1+i)^{n-1} \cdot i$	$F_n = P(1+i)^n$

【例 6-6】例题 6-5 若按复利计算,则各年年末本利和见表 6-5。

表 6-5　复利法的本金、当年利息及本利和(单位:元)

年数	年初贷款额	当年利息	年末本利和	年末偿还
1	2000	2000×8%=160	2160	0
2	2160	2160×8%=172.8	2332.8	0
3	2332.8	2332.8×8%=186.624	2519.424	0
4	2519.424	2519.424×8%=201.5539	2720.978	0
5	2720.978	2720.978×8%=217.6782	2938.656	2938.656

由于经济活动中实际占用资金的情况正是复利计算所表达的,复利计息更符合资金在社会再生产过程中流动的实际情况,因此,工程经济分析一般采用复利计算。

6.4.4 名义利率和实际利率

名义利率和实际利率

复利的计算通常以年为计息周期,但实际上计息周期也有半年、一个季度或一个月等。当利率的时间单位与计息周期不一致时,同样的年利率下,不同计息周期所得的利息不同,就出现了名义利率与实际利率的概念。

6.4.4.1 名义利率

名义利率是指央行或其他提供资金借贷的机构所公布的未调整通货膨胀因素的利率,即利息(报酬)的货币额与本金的货币额的比率,包括补偿通货膨胀(包括通货紧缩)风险的利率。

名义利率 r 是计息周期的利率 i 与一个利率周期内的计息周期数 m 的乘积

$$r = i \cdot m \tag{6-46}$$

例如,按月计算利息,月利率为1%,每月计息一次,那么一年中计息周期数为12次,通常也称为"年利率为12%,每月计息一次",则1%为月实际利率;1%×12=12%为年名义利率。计算名义利率时,忽略了计息到期的利息再次生息的问题。若按单利计息,名义利率与实际利率是一致的。若按复利计息,当一年的计息次数大于1时,名义利率与实际利率则不相等。通常所说的年利率都是名义利率。

6.4.4.2 实际利率

实际利率是指剔除通货膨胀率后储户或投资者得到利息回报的真实利率。

实际利率考虑了利率周期内的利息再生因素后所得的利率。名义利率或实际利率的换算公式为

$$i = \left(1 + \frac{r}{n}\right)^n - 1 \tag{6-47}$$

式中,n ——一年中的计息期数;

i ——实际利率;

r ——名义利率。

对式(6-47)进行分析得出:当 $n=1$ 时,$i=r$,即实际利率等于名义利率;当 $n>1$ 时,$i>r$,且 n 越大,即一年中计算复利的有限次数越多,则实际利率与名义利率的差别越大。在进行工程经济分析时,如果各方案每年的计息周期数不同,名义利率不具备可比性,必须换算成实际利率后才能进行比较和评价。

表 6-6 给出了当年利率分别为 12% 和 6% 时,对应不同计息周期的名义利率和实际利率。

表 6-6 不同计息期的名义利率和实际利率值

计息周期	一年内计息周期 n	年名义利率 r	年实际利率 i	年名义利率 r	年实际利率 i
年	1		12.000%		6.000%
半年	2		12.360%		6.090%
季	4	12%	12.551%	6%	6.136%
月	12		12.683%		6.178%
周	52		12.734%		6.180%
日	365		12.748%		6.183%

【例 6-7】某能源公司需贷款建设项目,现有两个方案可供选择:方案一的年利率为 17%,每年计息一次;方案二的年利率为 16%,每月计息一次。请问应选择哪一个方案?

解:

方案一的实际利率 $i_1 = 17\%$

方案二的实际利率 $i_2 = \left(1 + \dfrac{0.16}{12}\right)^{12} - 1 = 17.23\%$

因为 $i_1 < i_2$,方案一偿还的金额少于方案二的金额,故应选择方案一。

6.4.4.3 间断计息和连续计息

复利计息有间断复利和连续复利之分。如果计息周期为一定的时间区间,如年、季、月等,并按复利计息,称为间断复利;如果计息周期无限缩短,则称为连续复利。

对于名义利率 r,若在一年中使计息次数无限多,也就是使计息周期的时间无限小,此时可视为计息没有时间间隔而成为连续计息,则年实际利率为

$$i = \lim_{n \to \infty}\left[\left(1 + \dfrac{r}{n}\right)^n - 1\right] = \lim_{n \to \infty}\left(1 + \dfrac{r}{n}\right)^n - 1 = e^r - 1 \tag{6-48}$$

即当 $n \to \infty$,按连续复利计息,实际利率为

$$i = e^r - 1 \tag{6-49}$$

式中,e 为自然对数的底,其值为 2.71828。

因此,当年利率为 12% 时,按连续复利计息的实际利率为

$$i = e^{0.12} - 1 = 12.75\% \tag{6-50}$$

当年利率为 6% 时,按连续复利计算的实际利率为

$$i = e^{0.06} - 1 = 6.18\% \tag{6-51}$$

【例 6-8】某企业投资项目需向银行贷款 160 万元,年利率为 12%,试用间断计息和连续计息法分别计算 4 年后需偿还的贷款额。

解:

间断计息:$F_n = P(1+i)^n = 160 \times (1+12\%)^4 = 251.76$(万元)

连续计息:由 $i = e^r - 1$,则

$$F = P(1+i)^n = P \cdot e^{rn} = 160 \times e^{0.12 \times 4} = 258.57(万元)$$

从理论上讲,资金在不停地运动,每时每刻都通过生产和流通在增值,应采用连续复利计息,但

在实际活动中,计息周期不可能无限缩短,一般都采用较为简单的间断复利计息。

6.4.5 资金的等值计算

资金等值
计算概述

资金是具有时间价值的,即使金额相同,因其发生在不同时间点,其价值也不相同;反之,不同时点绝对值不等的资金在时间价值的作用下却可能具有相同的时间价值。这些不同时期、不同数额但其价值等效的资金称为等值,又称为资金等值。

利用等值的概念,可以把在不同时点发生的资金金额换算成同一时点的等值金额,这一过程叫资金等值计算。资金的等值计算是以资金时间价值原理为依据,以利率为杠杆,结合资金的使用时间及增值能力,对项目方案的现金流进行折算,以期找出共同时点上的等值资金额。把将来某一时点的资金金额换算成现在时点的等值金额的换算过程称为"折现"或"贴现"。与现值等价的将来某时点的资金价值称为"终值"或"未来值"。现值是指资金的现在瞬时价值,将未来某时点发生的资金折现到现在的某个时点,所得的等值资金就是未来那个时点上资金的现值。

在工程经济分析中,为了考察投资项目的经济效益,必须对项目寿命周期内不同时间点上所发生的全部收益与费用进行计算和分析。不同时间点上发生的收益与费用,在考察资金时间价值的情况下,不能简单地直接加减,而必须通过等值计算,将它们换算到同一时间点上再进行分析。资金等值计算公式是以复利计算公式为基础的。

6.4.5.1 一次支付类型

一次支付又称为整付,是指在所分析经济系统的现金流量,无论是流入还是流出均在一个时点上发生。在考虑资金时间价值的情况下,现金流入 F 与现金流出 P 相等,则 F 与 P 就是等值的。P 是 F 的现值,F 是 P 的终值,现金流量图如图 6-6 所示。

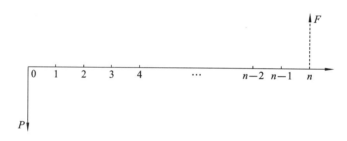

图 6-6 一次支付类型的现金流量图

一次支付类型包括两个等值计算公式。

(1)一次支付终值公式(已知 P 求 F)

一次支付终值是指期初投资 P 元,利率为 i,n 年末一次偿还本利和 F。现金流量图如图 6-7 所示。

一次支付终值公式为

$$F = P(1+i)^n \tag{6-52}$$

式中,F——第 n 年末的终值(或称为本利和);

P——现值(或称为本金);

i——利率(或称为折现率);

n——计息周期;

$(1+i)^n$——一次支付终值系数(或称为整付终值系数),记为 $(F/P, i, n)$,其取值可从附录的复利系数表查到。

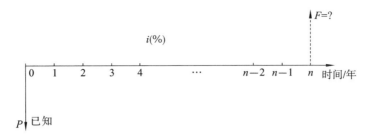

图 6-7 已知 P 求 F 的现金流量图

因此式(6-52)也可写成

$$F = P(F/P, i, n) \tag{6-53}$$

其中,系数表达式斜线右边为已知量,左边表示待求的等值现金流量。为了计算方便,通常按照不同的利率 i 和计息期 n 计算出 $(1+i)^n$ 的值,并列于复利系数表中(见附录)。在计算 F 时,只要从复利系数表中查出相应的复利系数再乘以本金即可。

【例 6-9】某环境股份有限公司进行新工艺的开发,2020 年初向银行贷款 200 万元,2021 年初向银行贷款 100 万元,年利率为 6%,复利计息,2024 年底一次性偿还,应向银行偿付的本利和为多少?

解:根据题意可得现金流量图如图 6-8 所示。

$F = 200 \times (1+6\%)^4 + 100 \times (1+6\%)^3 = 200 \times 1.26 + 100 \times 1.19 = 371.60$(万元)

在实际应用中可通过查复利系数计算表,可得 $(F/P, 6\%, 4) = 1.2625$,$(F/P, 6\%, 3) = 1.1910$,即

$F = 200 \times 1.2625 + 100 \times 1.1910 = 371.60$(万元)

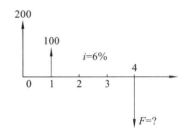

图 6-8 现金流量图

(2)一次支付现值公式(已知 F 求 P)

这是已知终值 F 求现值 P 的等值公式,是一次支付终值公式的逆运算,可以通过一次支付终值公式进行变换得到。现金流量图如图 6-9 所示。

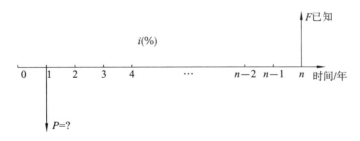

图 6-9 已知 F 求 P 的现金流量图

一次支付现值公式为

$$P = F(1+i)^{-n} \tag{6-54}$$

式中,$(1+i)^{-n}$——一次支付现值系数,记为 $(P/F, i, n)$,其取值可从表查到。

工程经济中,一般是将未来值折现到零期,故计算现值 P 的过程叫"折现"或"贴现";$(1+i)^{-n}$ 又称为折现系数或贴现系数,与一次支付终值系数 $(F/P, i, n)$ 互为倒数。

$$(P/F,i,n) = \frac{1}{(F/P,i,n)} \tag{6-55}$$

也可写成

$$P = F(P/F,i,n) \tag{6-56}$$

【例 6-10】某家庭希望可以在 10 年后从银行得到 40000 元,如果银行年利率为 6%,现应向银行存入多少钱？

解：根据题意可得现金流量图如图 6-10 所示。

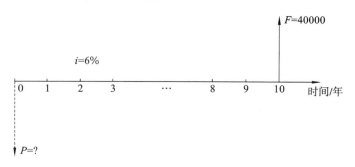

图 6-10 现金流量图

$$P = F(1+i)^{-n} = \frac{40000}{(1+6\%)^{10}} = 22335.79(元)$$

故该家庭现在应向银行存入 22335.79 元。

6.4.5.2 等额支付类型

在经济系统分析期内的现金流量中,有的是集中发生在某一个时点上的,此时可以用一次支付类型的计算公式进行等值计算；而更多的现金流量是分布在分析期内不同时点上的,即多次支付（分付）。现金流入和流出发生在多个时点的现金流量,其数额可以是不等的,也可以是相等的。当现金流序列是连续且数额相等时,则称为等额支付类型或等额支付系列现金流。

等额支付类型包括四个等值计算公式。使用这些公式应满足以下基本条件：①每期支付金额（A 值）相同；②支付间隔相同（如一年）；③每次支付都在年末终值与最后一期支付同时发生。

(1) 等额支付终值公式（已知 A 求 F）

对于一个经济系统,在 n 年内每一个计息周期期末（不包括零期）均支付相同的金额 A、年利率为 i 的情况下,求与 n 年内的全部现金流量等值的等值额,即求系统 n 年后一次支付的终值,已知 A 求 F 就是等额支付终值计算问题。现金流量图如 6-11 所示。

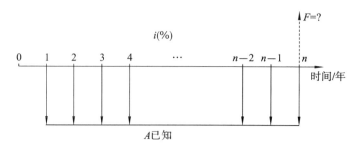

图 6-11 已知 A 求 F 的现金流量图

第 1 年末的支付金额 A,在第 n 年末时的本利和为

$$A(1+i)^{n-1} \tag{6-57}$$

第 2 年末的支付金额 A，在第 $n-1$ 年末时的本利和为

$$A(1+i)^{n-2} \tag{6-58}$$

第 3 年末的支付金额 A，在第 $n-2$ 年末时的本利和为

$$A(1+i)^{n-3} \tag{6-59}$$

依此类推，第 $(n-1)$ 年末的支付金额 A，在第 n 年末时的本利和为 $A(1+i)$；第 n 年末的支付金额 A，当年的本利和仍然为 A。

因此，在这 n 年中，每年期末的支付金额 A 折算到第 n 年末的本利和为

$$\begin{aligned}F &= A(1+i)^{n-1}+A(1+i)^{n-2}+A(1+i)^{n-3}+\cdots+A(1+i)+A\\ &= A[(1+i)^{n-1}+(1+i)^{n-2}+(1+i)^{n-3}+\cdots+(1+i)+1]\end{aligned} \tag{6-60}$$

根据首项为 1、公比为 $(1+i)$ 的等比数列求和公式，可得

$$F = A\frac{(1+i)^n-1}{i} \tag{6-61}$$

式(6-61)即等额支付终值公式，$\frac{(1+i)^n-1}{i}$ 称为等额支付终值系数(或年金终值系数)，记为 $(F/A,i,n)$，其取值可从附录中的复利系数表查到。

【例 6-11】某机构为设立教育基金，预计每年年末向银行存入 4 万元，若存款年利率为 8%，按复利计息，则第 5 年年末基金总额为多少？

解：根据题意可得现金流量图如图 6-12 所示。

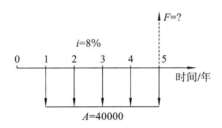

图 6-12 现金流量图

（2）等额支付偿债基金公式（已知 F 求 A）

等额支付偿债基金公式又称为等额支付积累基金公式。在利率为 i 的情况下，求第 n 年年末的资金 F 换算为与之等值的 n 年中每年年末的等额资金。等额支付偿债基金公式是等额支付终值公式的逆运算，现金流量图如图 6-13 所示。

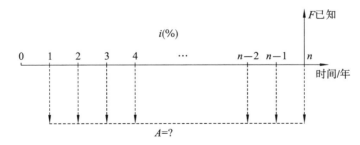

图 6-13 已知 F 求 A 的现金流量图

由式可得，等额支付偿债基金公式为

$$A = F\frac{i}{(1+i)^n - 1} \tag{6-62}$$

式中,$\frac{i}{(1+i)^n - 1}$ 称为等额支付偿债基金系数,记为 $(A/F, i, n)$,其取值可从附录中的复利系数表查到。

【例 6-12】某制药公司计划从现在起每年等额自筹基金,在 5 年后进行厂房的扩建,预计此扩建项目需要资金 400 万元,若年利率为 5%,则每年年末应筹集多少资金?

解:根据题意可得现金流量图如图 6-14 所示。

$$A = F\frac{i}{(1+i)^n - 1} = 400 \times \frac{5\%}{(1+5\%)^5 - 1} = 72.39(万元)$$

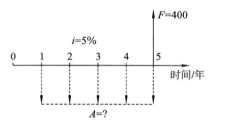

图 6-14 现金流量图

(3)等额支付现值公式(已知 A 求 P)

在利率为 i 的情况下,n 年中每年年末取得的净现金流量为 A,求从第 1 年到第 n 年的等额现金流入总额等值的期初现金流出 P。现金流量图如图 6-15 所示。

求与 n 年内系统的总现金流入等值的期初现值 P,可以分成两步:先由等额支付终值公式 $F = A\frac{(1+i)^n - 1}{i}$ 求出与 n 年内各年末的现金流入等值的终值 F,再由一次支付现值公式 $P = F\frac{1}{(1+i)^n}$ 把终值折算为现值,于是有 $P = F\frac{1}{(1+i)^n} = A\frac{(1+i)^n - 1}{i} \times \frac{1}{(1+i)^n}$,则等额支付现值公式为

$$P = A\frac{(1+i)^n - 1}{i(1+i)^n} \tag{6-63}$$

式中,$\frac{(1+i)^n - 1}{i(1+i)^n}$ 称为等额支付现值系数,记为 $(P/A, i, n)$,其取值可从附录中的复利系数表查到。

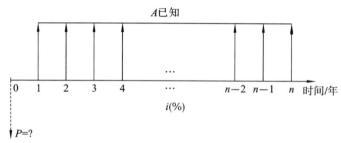

图 6-15 已知 A 求 P 的现金流量图

【例 6-13】某制药公司在未来 10 年中每年年末应为设备支付维修费用 8000 元,如果年利率为 7%,则该公司现在应该向银行存入多少资金,才能满足每年都有 8000 元的维修费。

解:根据题意可得现金流量图如图 6-16 所示。

$$P = A\frac{(1+i)^n - 1}{i(1+i)^n} = 8000 \times \frac{(1+7\%)^{10} - 1}{7\% \times (1+7\%)^{10}} = 56188.65(元)$$

(4)等额支付资本回收公式(已知 P 求 A)

在利率为 i 的情况下,对于期初投资 P,求在 n 年内每年末回收的等额资金 A。等额支付资本

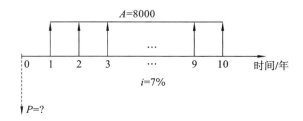

图 6-16 现金流量图

回收公式是等额支付现值公式的逆运算,现金流量图如图 6-17 所示。

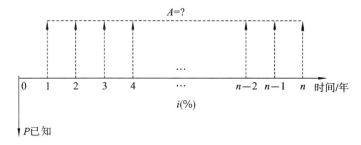

图 6-17 已知 P 求 A 的现金流量图

由式可得等额支付资本回收公式为

$$A = P\frac{i(1+i)^n}{(1+i)^n - 1} \tag{6-64}$$

式中,$\frac{i(1+i)^n}{(1+i)^n - 1}$ 称为等额支付资本回收系数,记为 $(A/P, i, n)$,其取值可从附录中的复利系数表查到。

【例 6-14】某科技公司准备贷款 200 万元开发新产品,银行要求在 6 年内等额回收全部的贷款资金,已知贷款利率为 10%,那么该科技公司每年的净收益至少应达到多少才能还清贷款?

解:根据题意可得现金流量图如图 6-18 所示。

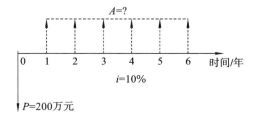

图 6-18 现金流量图

$$A = P(A/P, i, n) = 200 \times 0.2296 = 45.92(万元)$$

6.4.5.3 等差支付系列类型

在有些实际工程经济问题中,现金流量每年都可能有一定数量的增加或减少,并不相等。如房屋随着其使用期的延长,维修费将逐年增加。如果逐年的递增量或递减量是等额的,则称为等差系列现金流量,现金流量图如图 6-19 所示。

图 6-19(a)为一个等差递增系列现金流量,它可以分解为两个现金系列:一个是以第一年年末的基础金额 A_1 的等额序列,如图 6-19(b)所示;另一个是等差额为 G 的等额递增系列现金流量(不

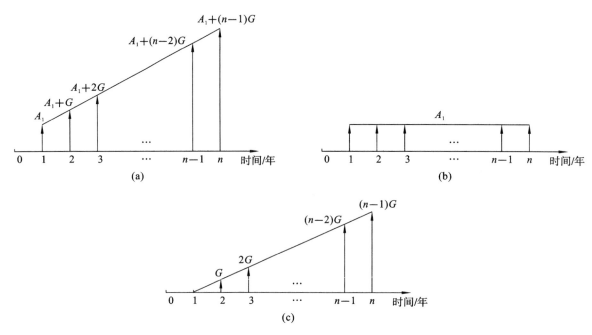

图 6-19 等差递增系列现金流量图

含基础金额),如图 6-19(c)所示。图 6-19(b)支付系列可以用等额支付系列公式计算,关键问题是图 6-19(c)支付系列如何计算。这就是等差系列现金流量需要解决的。

(1)等差支付终值公式(已知 G 求 F)

图 6-19(c)现金流的终值可以看成 $(n-1)$ 个等额支付系列现金流量的终值之和,这些等额支付系列现金流的年值均为 G,年数分别为 $1,2,\cdots,n-1$,可得到 F 与 G 的计算式为

$$F_G = \sum_{j=1}^{n-1} G \cdot \frac{(1+i)^j - 1}{i} = G\left[\frac{(1+i)-1}{i} + \frac{(1+i)^2-1}{i} + \cdots + \frac{(1+i)^{n-1}-1}{i}\right]$$

$$= \frac{G}{i}\left[(1+i) + (1+i)^2 + \cdots + (1+i)^{n-1} - (n-1)\right]$$

$$= \frac{G}{i}\left[1 + (1+i) + (1+i)^2 + \cdots + (1+i)^{n-1}\right] - \frac{n \cdot G}{i}$$

$$= \frac{G}{i}\left[\frac{(1+i)^n - 1}{i}\right] - \frac{n \cdot G}{i} \tag{6-65}$$

整理得

$$F_G = G\left[\frac{(1+i)^n - 1}{i^2} - \frac{n}{i}\right] \tag{6-66}$$

式中,$\frac{(1+i)^n - 1}{i^2} - \frac{n}{i}$ 称为等差支付终值系数,记为 $(F/G, i, n)$,其取值可从附录中的复利系数表查到。

因此,等差支付终值公式为

$$F = F_{A_1} \pm F_G = A_1(F/A, i, n) \pm G(F/G, i, n) \tag{6-67}$$

其中,"减号"为等差递减系列现金流量,如图 6-20 所示。

(2)等差支付年值公式(已知 G 求 A)

由 A 与 F 关系可得

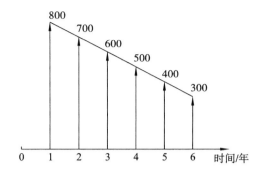

图 6-20 等差系列递减现金流量图

$$A_G = F_G(A/F, i, n) = F_G \cdot \frac{i}{(1+i)^n - 1} = G\left[\frac{(1+i)^n - 1}{i^2} - \frac{n}{i}\right]\left[\frac{i}{(1+i)^n - 1}\right] \quad (6\text{-}68)$$

整理得

$$A_G = G\left[\frac{1}{i} - \frac{n}{(1+i)^n - 1}\right] \quad (6\text{-}69)$$

式中，$\left[\dfrac{1}{i} - \dfrac{n}{(1+i)^n - 1}\right]$ 称为等差支付年值系数，记为 $(A/G, i, n)$，其取值可从附录中的复利系数表查到。

因此，等差支付年值公式为

$$A = A_1 \pm A_G = A_1 \pm G(A/G, i, n) \quad (6\text{-}70)$$

(3) 等差支付现值公式(已知 G 求 P)

由 P 与 F 的关系可得

$$P_G = F_G(1+i)^{-n} = G\left[\frac{(1+i)^n - 1}{i^2(1+i)^n} - \frac{n}{i(1+i)^n}\right] = G\frac{(1+i)^n - in - 1}{i^2(1+i)^n} \quad (6\text{-}71)$$

式中，$\dfrac{(1+i)^n - in - 1}{i^2(1+i)^n}$ 称为等差支付现值系数，记为 $(P/G, i, n)$，其取值可从附录中的复利系数表查到。

因此，等差支付现值公式为

$$P = P_{A_1} \pm P_G = A_1(P/A, i, n) \pm G(P/G, i, n) \quad (6\text{-}72)$$

【例 6-15】某公司打算为技术职工投保，保险期限为 5 年，初次投保金额为 4000 元，以后每年增加 200 元。若年利率为 8%，按复利计息，试求现值、终值和年值。

解：根据题意可得现金流量图如图 6-21 所示。

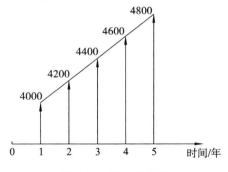

图 6-21 现金流量图

现值：
$$P = P_{A_1} + P_G = A_1(P/A,i,n) + G(P/G,i,n) = 4000 \times 3.9927 + 200 \times 7.3724$$
$$= 15970.8 + 1474.48 = 17445.28(元)$$

年值：
$$A = A_1 + A_G = A_1 + G(A/G,i,n) = 4000 + 200 \times 1.8465 = 4369.3(元)$$

终值：
$$F = A(F/A,i,n) = 4369.3 \times 5.8666 = 25632.94(元)$$

6.4.5.4 公式小结

前面主要介绍了资金时间价值计算的主要公式，其中，一次支付终值公式、一次支付现值公式、等额支付终值公式、等额支付偿债基金公式、等额支付现值公式、等额支付资本回收公式是六个常用的基本公式。为了便于记忆，现将这六个常用公式汇总于表 6-7 中。

表 6-7 六个常用的资金时间价值计算公式

类型	现金流量图	公式名称	已知→求解	公式	系数名称及符号
一次支付类型		一次支付终值公式	$P \to F$	$F = P(1+i)^n$	一次支付终值系数 $(F/P,i,n)$
		一次支付现值公式	$F \to P$	$P = F(1+i)^{-n}$	一次支付现值系数 $(P/F,i,n)$
等额支付类型		等额支付终值公式	$A \to F$	$F = A \dfrac{(1+i)^n - 1}{i}$	等额支付终值系数 $(F/A,i,n)$
		等额支付偿债基金公式	$F \to A$	$A = F \dfrac{i}{(1+i)^n - 1}$	等额支付偿债基金系数 $(A/F,i,n)$

续表

类型	现金流量图	公式名称	已知→求解	公式	系数名称及符号
等额支付类型	A已知 ... 0 1 2 3 4 ... $n-2$ $n-1$ n 时间/年 $i(\%)$ $P=?$	等额支付现值公式	$A \to P$	$P = A \dfrac{(1+i)^n - 1}{i(1+i)^n}$	等额支付现值系数 $(P/A, i, n)$
	$A=?$ ... 0 1 2 3 4 ... $n-2$ $n-1$ n 时间/年 $i(\%)$ P已知	等额支付资本回收公式	$P \to A$	$A = P \dfrac{i(1+i)^n}{(1+i)^n - 1}$	等额支付资本回收系数 $(A/P, i, n)$

1. 简述建设项目资产的构成。
2. 什么是资金的时间价值？资金的时间价值可以用什么来度量？
3. 什么是现金流量？
4. 什么是名义利率和实际利率？它们之间存在什么样的关系？
5. 以按揭贷款的方式进行购房，贷款 20 万元，年利率为 12%，在未来 20 年内按月等额分期支付，则每月应付多少钱？
6. 某企业的固定资产原值为 240 万元，预计使用年限为 5 年，净残值率为 15%，试采用双倍余额递减法计算各年的折旧额。

7 工程经济评价

7.1 投资项目经济评价的基本方法

7.1.1 静态评价方法

7.1.1.1 静态投资回收期法
(1)概念

投资回收期法,又叫投资返本期法或投资偿还期法。投资回收期是指以项目的净收益(包括利润和折旧)抵偿全部投资(包括固定资产投资和流动资产投资)所需的时间,一般以年为计算单位,从项目投建之年算起,如果从投产年或达产年算起时,应注明。投资回收期有静态和动态之分,关于动态投资回收期将在"7.1.2.4"中介绍。

静态投资回收期是财务上反映项目投资回收能力的重要指标,是用来考察项目投资盈利水平的经济效益指标。

(2)计算

静态投资回收期的计算公式为

$$\sum_{t=0}^{P_t} (CI-CO)_t = 0 \tag{7-1}$$

式中,CI——现金流入量;

CO——现金流出量;

$(CI-CO)_t$——第 t 年的净现金流量;

P_t——静态投资回收期(年)。

静态投资回收期亦可根据全部投资的财务现金流量表中累计净现金流量计算求得,其详细计算公式为

$$P_t = [累计净现金流量开始出现正值或零的年份数] - 1 + \frac{上年累计净现金流量}{当年净现金流量} \tag{7-2}$$

用投资回收期评价投资项目时,需要与根据同类项目的历史数据和投资者意愿确定的基准投资回收期相比。设基准投资回收期为 P_c,判别准则如下:

若 $P_t \leqslant P_c$,则可以考虑接受项目;若 $P_t > P_c$,则应予以拒绝。

静态投资回收期指标的优点如下:第一,概念清晰,反映问题直观,计算方法简单;第二,该指标不仅在一定程度上反映项目的经济性,而且能反映项目的风险大小。项目决策面临着未来不确定性因素的挑战,这种不确定性所带来的风险随着时间的延长而增加。为了减少这种风险,投资回收期当然越短越好。因此,作为能够在一定程度上反映项目经济性和风险性的静态投资回收期指标,在项目评价中具有独特的地位和作用,被广泛用作项目评价的辅助性指标。

静态投资回收期指标的缺点如下:第一,它没有反映资金的时间价值;第二,它舍弃了回收期以后的收入与支出数据,故不能全面反映项目在生命期内的真实状态,难以对不同方案的比较选择做

出正确判断。

7.1.1.2 投资收益率法

（1）概念

投资收益率，是指项目达到设计生产能力后的一个正常年份的年息税前利润与项目总投资的比率。对生产期内各年的年息税前利润变化幅度较大的项目，应计算生产期内平均年息税前利润与项目总投资的比率。它适用于项目处在初期勘察阶段或者项目投资不大、生产比较稳定的财务营利性分析。

（2）计算

总投资收益率（return on investment，ROI）的计算公式为

$$\text{ROI} = \frac{\text{EBIT}}{\text{TI}} \times 100\% \tag{7-3}$$

式中，TI——投资总额，包括固定资产投资和流动资产投资等；

EBIT——项目达产后正常年份的年息税前利润或平均年息税前利润，包括企业利润总额和利息支出。

投资收益率指标未考虑资金的时间价值，也未考虑项目建设期、生命期等众多经济数据，故一般仅用于项目初步可行性研究阶段。

用投资收益率指标评价投资方案的经济效果，需要与根据同类项目的历史数据及投资者意愿等确定的基准投资收益率作比较。设基准投资收益率为 R_b，判别准则如下：

若 $\text{ROI} \geq R_b$，则可以考虑接受项目；若 $\text{ROI} < R_b$，则应予以拒绝。

7.1.1.3 静态评价方法小结

① 静态评价方法是一种被广泛应用的方法，它的最大优点是简便、直观，主要适用于方案的粗略评价。

② 静态投资回收期、投资收益率等指标都要与相应的基准值比较，由此形成评价方案的约束条件。

③ 静态投资回收期法和投资收益率法可以独立对单一方案进行评价。

④ 静态评价方法也有一些缺点。例如，不能直观反映项目的总体盈利能力，因为它不能计算偿还完投资以后的盈利情况；未考虑方案在经济生命期内费用、收益的变化情况；未考虑各方案经济寿命的差异对经济效果的影响；没有引入资金的时间因素，当项目运行时间较长时，不宜用这种方法进行评价。

7.1.2 动态评价方法

7.1.2.1 净现值法

（1）概念

净现值法是在建设项目的财务评价中计算投资效果的一种常用的动态分析方法。

净现值指标要求考虑项目寿命期内每年发生的现金流量，净现值是指按给定的折现率（基准折现率），将各年的净现金流量折现到同一时点（基准年）的现值累加值。换句话说，用给定的折现率计算 $n = 0$ 时的等值净现金流量，如图 7-1 所示。

（2）计算

净现值的计算公式为

$$\text{NPV} = \sum_{t=0}^{n} (\text{CI} - \text{CO})_t (1 + i_0)^{-t} \tag{7-4}$$

工程经济评价方法：净现值法

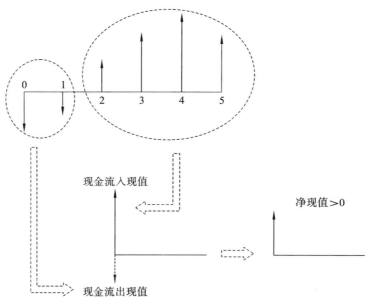

图 7-1 净现值概念示意图

式中，i_0——基准投资收益率；

NPV——净现值；

n——计算期。

净现值的判别准则如下：对单一方案而言，若 NPV$\geqslant$0，表示项目实施后的收益率不小于基准收益率，方案予以接受；若 NPV<0，表示项目的收益率未达到基准收益率，应拒绝。

生命期相等的多方案比较时，以净现值大的方案为优。

(3) 净现值函数

净现值函数就是 NPV 随折现率 i 变化的函数关系。由净现值计算公式(7-4)可知，在方案的净现金流量确定的情况下，折现率 i 变化时，NPV 将随 i 的增大而减小。若 i 连续变化，可得到 NPV 随 i 变化的函数，即净现值函数。例如，某项目于第 1 年初投资 1000 万元并于当年投产，在生命期 4 年内每年净现金流量为 400 万元，该项目的净现金流量及其净现值随折现率变化而变化的对应关系见表 7-1、表 7-2。绘制净现值函数曲线，纵坐标为净现值 NPV，横坐标为折现率 i，如图 7-2 所示。

表 7-1 某项目净现金流量表（单位：万元）

年末	净现金流量
0	-1000
1	400
2	400
3	400
4	400

表 7-2　某项目净现值随折现率的变化表(单位:万元)

折现率	$NPV(i) = -1000 + 400(P/A,i,4)$
0	600
10%	268
20%	35
22%	0
30%	−133
40%	−260
50%	−358
∞	−1000

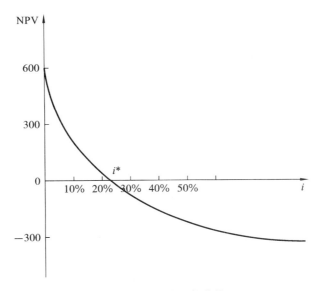

图 7-2　净现值函数曲线

从图 7-2 中,可以发现净现值函数一般有如下特点。

①同一净现金流量的 NPV 随 i 的增大而减小。故基准折现率 i_0 越大,则 NPV 就越小,甚至为零或负值,因而可被接受的方案也就越少。

②NPV 随 i 的增大可从正值变为负值。因此,必然有当 i 为某一数值 i^* 时,使得 NPV=0,如图 7-2 所示。当 $i < i^*$ 时,$NPV(i) > 0$;当 $i > i^*$,$NPV(i) < 0$;只有当净现值函数曲线与横坐标相交时(即图 7-2 中 $i^* = 22\%$),$NPV(i) = 0$。i^* 是一个具有重要经济意义的折现率临界值,下文还要对它作详细分析。

(4)净现值对折现率 i 的敏感性问题

净现值对折现率 i 的敏感性问题是指,当 i 从某一值变为另一值时,若按净现值最大的原则优选项目方案,可能出现 i 变化前后比选结论相悖的情况。表 7-3 中列出了两个互相排斥的方案 A 和 B 的净现金流量及其在折现率分别为 10% 和 20% 时的净现值。

表 7-3　方案 A、方案 B 在基准折现率变动时的净现值(单位:万元)

方案	年末							
	0	1	2	3	4	5	NPV($i=10\%$)	NPV($i=20\%$)
A	−230	100	100	100	50	50	83.91	24.81
B	−100	30	30	60	60	60	75.40	33.58

由表 7-3 可知,在 i 为 10% 和 20% 时,两方案的 NPV 均大于零。根据净现值越大越好的原则,当 $i=10\%$ 时,$NPV_A>NPV_B$,故方案 A 优于方案 B;当 $i=20\%$ 时,$NPV_A<NPV_B$,则方案 B 优于方案 A。这一现象对投资决策具有重要意义。例如,假设在一定的基准折现率 i_0 和投资总限额 K_0 的条件下,净现值大于零的项目有 5 个,其投资总额恰为 K_0,故上述项目均被接受,按净现值的大小,设其排列顺序为 A、B、C、D、E。但当投资限额压缩至 K_1 时,新选项目是否仍然会遵循 A、B、C、D、E 的原顺序直至达到投资限额呢? 一般来说不会。随着投资限额的减少,被选取的方案数量可能减少,应适当提高基准折现率。由于各项目方案净现值对基准折现率的敏感性不同,基准折现率的提高将使原净现值小的项目的净现值可能大于原净现值大的项目的净现值。因此,在基准折现率随着投资总额变动的情况下,按净现值大小准则选择的项目不一定会遵循原有的项目排列顺序。所以基准折现率是投资项目经济效果评价中一个十分重要的参数。

(5)净现值法的优缺点

净现值法的优点如下:①反映了投资项目在整个项目生命期的收益;②考虑了投资项目在整个生命期内更新或追加的投资;③反映了纳税后的投资效果;④既能对一个方案进行费用效益的对比(可行与否)评价,也能对多个投资方案进行比选。

净现值法的缺点如下。第一,需要预先确定基准折现率 i_0,这给项目分析和决策带来了困难。基准折现率是评价项目方案经济性和选择方案的决策标准。而 i_0 定得越高,NPV 就越小,方案可行的可能性就越低;i_0 定得越低,方案可行的可能性就越高。因此,科学合理确定 i_0 是非常重要的。第二,净现值比选方案时,没有考虑各方案投资额的大小,不能反映资金的利用率。例如,有 A、B 两个方案,投资额 $K_A=1000$ 万元,$NPV_A=10$ 万元,$K_B=50$ 万元,$NPV_B=5$ 万元;若按净现值法进行方案比选,由于 $NPV_A>NPV_B$,就应认为 A 优于 B;但 K_A 是 K_B 的 20 倍,而 NPV_A 仅仅是 NPV_B 的两倍,显然,B 的资金利用率远高于 A 的资金利用率。为了反映资金利用率,通常采用净现值率作为净现值的辅助指标。

(6)影响基准折现率大小的因素

影响基准折现率大小的因素主要有:①投资收益率,是投资的资金成本或机会成本;②通货膨胀率;③项目可能面临的风险。

7.1.2.2 净现值率法

(1)概念

净现值用于多方案比较时,虽然能反映每个方案的盈利水平,但是由于没有考虑各方案投资额的多少,因而不能直接反映资金的利用率。为了考察资金的利用率,可采用净现值率作为净现值的补充指标。

净现值率和净现值都是反映建设项目在计算期内获利能力的动态评价指标。净现值率是按基准折现率求得的,方案在计算期内的净现值与其全部投资现值的比率。

(2)计算

净现值率的计算公式为

$$\text{NPVR} = \frac{\text{NPV}}{K_\text{P}} \tag{7-5}$$

式中,NPVR——净现值率;

K_P——项目总投资现值。

净现值率表示单位投资现值所取得的净现值额,也就是单位投资现值所取得的超额净现值。净现值率的最大化,将有利于实现有限投资取得的净贡献的最大化。

净现值率法的判别准则为:用净现值率评价方案时,当 NPVR≥0 时,方案可行;当 NPVR<0 时,方案不可行。用净现值率进行方案比较时,以净现值率较大的方案为优。净现值率一般作为净现值的辅助指标来使用。净现值率法主要适用于多方案的优劣排序。

7.1.2.3 净年值法

年值是指投资方案在生命期内所有现金流量按基准收益率换算成与其等值的等额支付序列年现金流量。换算后的年现金流量在任何年份均相等,在进行不同生命期方案的评价、比较和选择时满足了时间上的可比性。

(1)概念

净年值法,是将方案各个不同时点的净现金流量按基准收益率折算成与其等值的整个生命期内的等额支付序列年值后再进行评价、比较和选择的方法。

(2)计算

净年值 NAV 的计算公式为

$$\text{NAV} = \text{NPV}(A/P, i_0, n) = \left[\sum_{t=0}^{n}(\text{CI} - \text{CO})_t(P/F, i_0, t)\right](A/P, i_0, n) \tag{7-6}$$

净年值与净现值的关系如同总量和(加权)均量的关系,如图 7-3 所示。

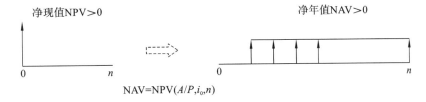

图 7-3 净年值与净现值的关系示意图

判别准则如下:在对独立方案或单一方案进行评价时,NAV≥0,方案可行;NAV<0,方案不可行。

进行多方案比较时,净年值大的方案为优选方案。

显而易见,净年值是方案在生命期内每年除获得按基准收益率应得的收益外,所取得的超额收益年值。

将式(7-5)与式(7-6)相比较可知,净年值与净现值在项目评价的结论上是一致的。因此,就项目的评价结论而言,净年值与净现值是等效评价指标。净现值给出的信息是项目在整个寿命期内获取的超出最低期望盈利的超额收益现值,净年值给出的信息是寿命期内每年的等额超额收益。由于信息的含义不同,在某些决策结构形式下,采用净年值比采用净现值更为简便和易于计算,故净年值指标在经济评价指标体系中也占有相当重要的地位。

7.1.2.4 动态投资回收期法

(1)概念

动态投资回收期,是指在考虑资金时间价值条件下,按设定的基准收益率收回全部投资所需的时间。动态投资回收期法主要是为了克服静态投资回收期法未考虑时间因素的缺点。

(2)计算

动态投资回收期可由式(7-7)求得

$$\sum_{t=0}^{P_D} (CI-CO)_t (1+i_0)^{-t} = 0 \tag{7-7}$$

式中,i_0——基准收益率;

P_D——动态投资回收期。

式(7-7)是指用基准收益率将投资与各期净收益折现为净现值,使净现值等于零时的计算期期数。

P_D也可用项目财务现金流量表中的累计净现金流量计算求得,其计算式为

$$P_D = [累计折现值开始出现正值或零的年份数] - 1 + \frac{上年累计折现值的绝对值}{当年折现值} \tag{7-8}$$

用动态投资回收期评价投资项目的可行性需要与基准动态投资回收期相比较。设基准动态投资回收期为P_b,判别准则如下:若$P_D \leq P_b$,项目可以被接受,否则应予以拒绝。

7.1.2.5 内部收益率法

工程经济评价方法:内部收益率法

(1)概念

内部收益率又称内部报酬率,它是除净现值以外的另一个重要的动态经济评价指标。净现值是求所得与所费的绝对值,而内部收益率是求所得与所费的相对值。

内部收益率是指项目在计算期内各年净现金流量现值累计值(净现值)等于零时的折现率。

(2)计算

内部收益率可用式(7-9)来定义

$$\sum_{t=0}^{n} (CI-CO)_t (1+IRR)^{-t} = 0 \tag{7-9}$$

式中,IRR——内部收益率。

内部收益率的几何意义可以在图7-2中得到解释。由图7-2可知,随折现率的不断增大,净现值不断减小。当折现率增至22%时,项目净现值为零。对该项目而言,其内部收益率即22%。一般而言,内部收益率是净现值曲线与横轴交点处的折现率。

求得的内部收益率IRR要与项目的基准收益率i_0相比较。内部收益率的判别准则:当IRR$\geq i_0$时,表明项目可行;当IRR$< i_0$时,表明项目不可行。

式(7-9)是一个高次方程,直接用式(7-9)求解IRR是比较复杂的,因此在实际应用中通常采用"线性插值法"求IRR的近似解。线性插值法求解IRR的原理如图7-4所示。

其求解步骤如下。

①计算各年的净现金流量。

②在满足下列两个条件的基础上预先估计两个适当的折现率i_1和i_2:① $i_1 < i_2$ 且 $|i_1 - i_2| \leq 5\%$,实际应用中常会有$|i_1 - i_2| \leq 3\%$;② NPV$(i_1) > 0$ 和 NPV$(i_2) < 0$。如果预估的i_1和i_2不满足这两个条件要重新预估,直至满足条件。

③用线性插值法近似求得IRR。如图7-4所示,因为$\triangle ABE \sim \triangle CDE$,所以$AB:CD = BE:$

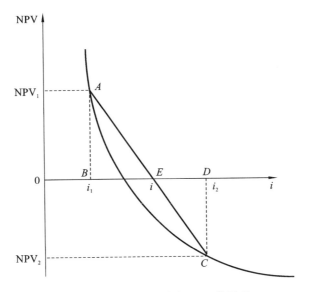

图 7-4 线性插值法求解 IRR 的原理

DE，即

$$\mathrm{NPV}_1 : |\mathrm{NPV}_2| = BE : [(i_2 - i_1) - BE] \quad (7\text{-}10)$$

$$\mathrm{IRR} \approx i = i_1 + BE = i_1 + \frac{\mathrm{NPV}_1}{\mathrm{NPV}_1 + |\mathrm{NPV}_2|}(i_2 - i_1) \quad (7\text{-}11)$$

式中，i_1——插值用的低折现率；

i_2——插值用的高折现率；

NPV_1——用 i_1 计算的净现值（正值）；

NPV_2——用 i_2 计算的净现值（负值）。

只有 i_1 和 i_2 满足上述两个条件时才能用式(7-11)计算 IRR。

(3) 内部收益率的经济含义

内部收益率是用以评价项目方案全部投资经济效益的指标，其数值大小表达的并不是一个项目初始投资的收益率，而是尚未回收的投资余额的年盈利率。

内部收益率的经济含义可以这样理解：在项目的整个寿命期内按利率 $i = \mathrm{IRR}$ 计算，始终存在未能回收的投资，而在寿命期结束时，投资恰好被完全回收。也就是说，在项目寿命期内，项目始终处于"偿付"未被回收的投资的状况。因此，项目的"偿付"能力完全取决于项目内部，故有"内部收益率"之称。

7.2 投资方案的选择

对项目方案进行经济评价，经常遇到两种情况：一种是单方案评价，即投资项目只有一种方案或虽有多个方案但相互独立；另一种是多方案评价，即投资项目有几种可供选择的方案。对单方案的评价，采用前述的经济指标就可以判断项目是否可行。在实践中，由于决策结构的复杂性，往往只有对多方案进行比较评价，才能决策出技术上先进适用、经济上合理有利、社会效益大的最优方案。

多方案动态评价方法的选择与各比选项目方案的类型，即项目方案之间的相互关系有关。按方案之间的经济关系,可分为相关方案与非相关方案。如果采纳或放弃某一方案并不显著地改变另一方案的现金流序列,或者不影响另一方案,则认为这两个方案在经济上不相关。如果采纳或放弃某一方案将显著地改变其他方案的现金流序列,或者会影响其他方案,则认为这两个(或多个)方案在经济上是相关的。为了叙述方便,根据方案的性质,可将方案分为以下三种类型。

①互斥型。在多方案中只能选择一个,其余方案必须放弃,方案之间的关系具有互相排斥的性质。

②独立型。作为评价对象的各个方案的现金流量是独立的,不具有相关性,且任一方案的采用都不影响其他方案,即方案之间不具有排斥性。如果决策的对象是单一方案,则可以认为是独立方案的特例。

③混合型。方案群内包含的各个方案之间既有独立关系,又有互斥关系。对不同类型的方案关系,评价指标和方法不同。

7.2.1 互斥方案的选择

互斥方案经济效果评价包含了两部分的内容。一是用经济效果评价标准(如 $NPV \geq 0$,$NAV \geq 0$,$IRR \geq i_0$)检验方案自身的经济性,即绝对(经济效果)检验(评价)。凡通过绝对检验的方案,就认为它在经济上是可行的,否则就应予以拒绝。二是考察可行方案中哪个方案相对最优,称相对(经济效果)检验(评价)。一般先用绝对检验筛选出可行方案,然后以相对检验优选方案。其步骤如下:①按项目方案投资额从小到大将方案排序;②以投资额最低的方案为临时最优方案,计算此方案的绝对经济效果指标,并与判别标准比较,直至找到可行方案;③依次计算各可行方案的相对经济效果指标,并与判别标准(如基准收益率)比较,优胜劣汰,最终取胜者即为最优方案。

投资回收期、净现值、净年值、IRR 均可以用来进行绝对检验。关于相对检验指标将在下面介绍。

互斥型方案进行比较时,必须具备以下可比性条件:①被比较方案的费用及效益计算口径一致;②被比较方案具有相同的计算期;③被比较方案现金流量具有相同的时间单位。

如果以上条件不能满足,各个方案之间不能进行直接比较,必须经过一定转化后方能进行比较。

1. 生命周期相同的互斥方案的选择

对于生命周期相同的互斥方案,计算期通常设定为其生命周期,这样能满足在时间上的可比性。互斥方案的评价与选择的指标通常采用净现值、净年值和 IRR 比较法。

(1)增量分析法

到底按哪种准则进行互斥方案比选更合理呢?解决这个问题需要分析投资方案比选的实质。投资额不等的互斥方案比选的实质是判断增量投资(或称差额投资)的经济合理性,即投资大的方案相对于投资小的方案多投入的资金能否带来满意的增量收益。显然,若增量投资能够带来满意的增量收益,则投资额大的方案优于投资额小的方案;若增量投资不能带来满意的增量收益,则投资额小的方案优于投资额大的方案。

以上分析采用的通过计算增量净现金流评价增量投资经济效果,对投资额不等的互斥方案进行比选的方法称为增量分析法或差额分析法。这是互斥方案比选的基本方法。

(2)增量分析指标

净现值、净年值、投资回收期、内部收益率等评价指标都可用于增量分析,下面作进一步讨论。

①差额净现值:对于互斥方案,利用不同方案的差额现金流量来计算分析的方法,称为差额净

现值法。设 A、B 为投资额不等的互斥方案，A 方案比 B 方案投资大，两方案的差额净现值可由式 (7-12)求出。由式(7-12)可知，差额净现值等于净现值的差。

$$\Delta \text{NPV} = \sum_{t=0}^{n} [(CI_A - CO_A)_t - (CI_B - CO_B)_t](1+i_0)^{-t}$$
$$= \sum_{t=0}^{n} (CI_A - CO_A)_t (1+i_0)^{-t} - \sum_{t=0}^{n} (CI_B - CO_B)_t (1+i_0)^{-t}$$
$$= \text{NPV}_A - \text{NPV}_B \quad (7\text{-}12)$$

其分析过程如下：首先计算两个方案的净现金流量之差，其次分析投资大的方案相对投资小的方案所增加的投资在经济上是否合理，即差额净现值是否大于零。若 $\Delta \text{NPV} \geqslant 0$，表明增加的投资在经济上是合理的，投资大的方案优于投资小的方案；反之，则说明投资小的方案是更经济的。

当多个互斥方案进行比较时，为了选出最优方案，需要在各个方案之间进行两两比较。首先将它们按投资额从大到小的顺序进行排列，其次从小到大进行比较。每比较一次就淘汰 1 个方案，从而减少比较次数。

必须注意的是，差额净现值只能用来检验差额投资的效果，或者说是相对效果。差额净现值大于零只表明增加的投资是合理的，并不表明全部投资是合理的。因此，在采用差额净现值法对方案进行比较时，必须保证比选的方案都是可行方案。

因此，实际工作中应根据具体情况选择比较方便的比选方法。当有多个互斥方案时，直接用净现值最大准则选择最优方案比两两比较的增量分析更为简便。分别计算各备选方案的净现值，根据净现值最大准则选择最优方案，这种方法将方案的绝对检验和相对检验结合起来，判别准则可表述为：净现值最大且非负的方案为最优可行方案。

②差额内部收益率。也称为差额投资内部收益率，是指相比较的两个方案各年净现金流量差额的现值之和等于零时的折现率，其定义式为

$$\sum_{t=0}^{n} (\Delta CI - \Delta CO)_t (1+\Delta IRR)^{-t} = 0 \quad (7\text{-}13)$$

式中，假设方案 A 投资大于方案 B 投资，ΔCI 为互斥方案 A、方案 B 的差额（增量）现金流入，$\Delta CI = CI_A - CI_B$；ΔCO 为互斥方案 A、方案 B 的差额（增量）现金流出，$\Delta CI = CO_A - CO_B$；ΔIRR 为互斥方案 A、方案 B 的差额内部收益率。

差额内部收益率定义的另一种表述方式是：两互斥方案净现值（或净年值）相等时的折现率。其计算公式也可以写为

$$\sum_{t=0}^{n} (CI_A - CO_A)_t (1+\Delta IRR)^{-t} = \sum_{t=0}^{n} (CI_B - CO_B)_t (1+\Delta IRR)^{-t} \quad (7\text{-}14)$$

用差额内部收益率比选方案的判别准则是：若 $\Delta IRR > i_0$，则投资大的方案为优；若 $\Delta IRR < i_0$，则投资小的方案为优。

下面用净现值函数曲线来说明差额投资内部收益率的几何意义以及比选方案的原理。

在图 7-5 中曲线 A、曲线 B 分别为方案 A、方案 B 的净现值函数曲线。

在图 7-5 中，a 点为 A、B 两方案净现值曲线的交点，在这一点两方案净现值相等。a 点对应的折现率即两方案的差额内部收益率 ΔIRR。由图 7-5(a)中可以看出，当 $\Delta IRR \geqslant i_0$ 时，$\text{NPV}_A > \text{NPV}_B$；由图 7-5(b)中可以看出，当 $\Delta IRR < i_0$ 时，$\text{NPV}_A < \text{NPV}_B$。由此可见，用 ΔIRR 与 NPV 比选方案的结论是一致的。

与差额净现值法类似，差额内部收益率只能说明增加投资部分的经济性，并不能说明全部投资

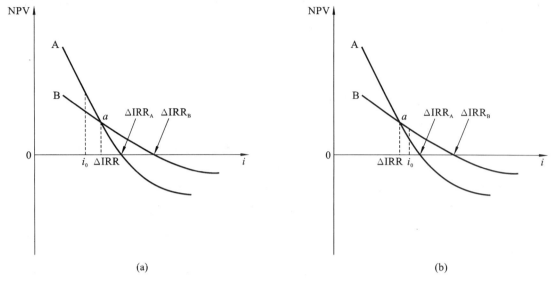

图 7-5 用于方案比较的差额内部收益率

的绝对效果。因此,采用差额内部收益率法进行方案比选时,先要判断被比选方案的绝对效果,只有当方案的绝对效果评价是可行的情况下,才能作为比选对象。差额内部收益率的计算方法与内部收益率计算方法类似。

7.2.2 独立方案的选择

(1) 完全不相关的独立方案的选择

独立方案的采用与否,只取决于方案自身的经济性,即只需检验它们是否能够通过基于净现值、净年值或 IRR 等指标的绝对检验。因此,多个独立方案与单一方案的评价方法是相同的。

(2) 有资源约束的独立方案的选择

有资源约束的独立方案是指方案之间虽然不存在相互排斥或相互补充的关系,但由于资源方面的约束,不能同时满足所有方案对投资的要求,或者由于投资项目的不可分性,这些约束条件意味着接受某几个方案就必须要放弃另一些方案,使之成为相关的互相排斥的方案。

① 独立方案互斥化法。尽管独立方案之间互不相关,但在有约束条件下,它们会成为相关方案。独立方案互斥化的基本思想是把各个独立方案进行组合,其中每一个组合方案就代表一个相互排斥的方案,这样就可以利用互斥方案的比选方法,选择最佳的方案组合。

② 效率型指标排序法。效率型指标排序法是通过计算能反映投资效率的指标,把投资方案按投资效率的高低顺序排列,在资金约束下选择最佳方案组合,使有限资金能获得最大效益。常用的排序指标有内部收益率与净现值率:a. IRR 排序法,是将方案按内部收益率的高低依次排序,在资金约束条件下按顺序选取方案,这一方法的目标是达到总投资效益最大;b. 净现值率排序法,是将各方案的净现值率按大小顺序,在资金约束条件下依此次序选取方案,这方法的目标是达到一定总投资的净现值最大。

7.2.3 混合型方案的选择

当方案组合中既包含互斥方案,也包含独立方案时,就构成了混合方案。独立方案或互斥方案的选择,属于单项决策。但在实际情况下,需要考虑各个决策之间的相互关系。混合型方案比选的基础思路是在分类决策基础上，研究系统内诸方案的相互关系，从中选择最优的方案组合。

混合型方案选择的程序如下：①按组际间的方案互相独立、组内方案互相排斥的原则，形成所有可能的方案组合；②以互斥型方案比选的原则筛选组内方案；③在总投资限额下，以独立型方案比选原则选择最优的方案组合。

习题

1. 试分析净现值、内部收益率和动态投资回收期这三个主要财务盈利指标的关系。
2. 简述内部收益率的经济含义。
3. 简述常用的效率型指标排序法。
4. 某建筑材料工厂设计了一项新的工艺，投资 2400 万元进行生产，投产后年经营成本为 420 万元，年营业收入为 1250 万元，在第 2 年末追加投资 800 万元，假设计算期为 6 年，基准收益率为 10%，残值为零，试计算投资方案的净现值。
5. 新建某食品加工厂，固定资产投资为 52365 万元，流动资金为 6420 万元，其中，自有资金占总投资 30%。预计到设计生产正常年份的年销售收入为 37620 万元，年税金及附加为销售收入的 5%，年经营成本和折旧摊销费共计 19320 万元，当年利息支出为 510 万元，所得税为利润总额的 35%。试计算总投资收益率。

8 工程财务评价

8.1 工程财务评价概述

8.1.1 财务评价的概念

财务评价,又称为企业经济评价,是根据国家现行财税制度和价格体系,分析计算项目的财务效益和费用,编制财务报表,计算财务指标,考察项目盈利能力、清偿能力等财务状况,据以判断项目的财务可行性,为项目投资决策提供科学依据。

8.1.2 财务评价的内容和步骤

8.1.2.1 财务评价的内容

项目财务评价是在项目建设方案、产品方案、建设条件、投资估算和融资方案等进行详尽的分析论证、优选和评价的基础上,进行项目财务效益可行性研究分析评价工作。

项目决策可分为投资决策和融资决策两个层次。投资决策重在考察项目净现金流的价值是否大于其投资成本,融资决策重在考察资金筹措方案能否满足要求。投资决策在先,融资决策在后。根据不同决策的需要,财务分析可分为融资前分析和融资后分析。

(1)融资前分析

财务分析一般宜先进行融资前分析。融资前分析是指在考虑融资方案前就可以开始进行的财务分析,即在不考虑债务融资条件下进行的财务分析。在项目的初期研究阶段,也可只进行融资前分析。

融资前分析只进行盈利能力分析,应以销售(营业)收入、建设投资、经营成本和流动资金(净营运资金)的估算为基础,并以项目投资折现现金流量分析为主,计算项目投资内部收益率和净现值指标,也可计算投资回收期指标(静态)。

(2)融资后分析

在融资前分析结论满足要求的情况下,初步设定融资方案,再进行融资后分析。融资后分析应以融资前分析和初步的融资方案为基础,主要是针对项目资本金折现现金流量和投资各方折现现金流量进行分析,既包括盈利能力分析,又包括偿债能力分析和财务生存能力分析等内容。

8.1.2.2 财务评价的步骤

(1)确定项目评价基础数据,选择财务评价参数

通过项目的市场预测和技术方案分析,确定项目产品方案及合理的生产规模;根据优化的生产工艺方案、设备选型、工程设计方案、建设地点和投资方案,拟定项目实施进度计划、组织机构与人力资源配置,选用财务评价的参数(包括主要投入物和产出物的价格、税率、利率、汇率、计算期、固定资产折旧率、无形资产和其他资产摊销年限、生产负荷和基准、收益率等)。据此进行项目财务预测,获得项目总投资额、生产成本费用、销售(营业)收入、税金及利润等一系列直接财务费用和效益数据,并对这些财务基础数据和参数进行分析。

工程财务评价的步骤

(2)编制财务评价报表

将上述财务基础数据和参数进行汇总,先编制财务评价基础报表,再编制财务评价基本报表。财务评价基本报表主要有项目投资财务现金流量表、资本金财务现金流量表、投资各方财务现金流量表、财务计划现金流量表、利润与利润分配表、资金来源与运用表、借款还本付息计划表和资产负债表等。

(3)计算并分析财务评价指标

通过编制上述财务评价基本报表,可以直接计算出一系列财务评价指标,包括反映项目盈利能力、偿债能力等的静态和动态评价指标,并将这些指标值分别与国家有关部门颁布或投资者自己确定的基准值进行对比,对项目的各种财务状况作出分析,并从财务角度提出项目在财务上是否可行的结论。

(4)进行不确定性分析和风险分析

采用敏感性分析、盈亏平衡分析和概率分析等方法,对上述财务评价指标进行不确定性分析和风险分析。计算出各类抗风险能力指标,分析可能面临的风险及在不确定情况下的承受风险能力,得出项目的财务评价结论与建议。

(5)编写财务评价报告,得出最终结论

根据财务评价、不确定性与风险分析评价的结果,对工程项目的财务可行性作出最终判断和结论,并编写项目财务评价报告。

8.2 项目投资估算

为使项目能够顺利实施,保证正常的生产经营活动,在项目分析中,通常对总投资构成的完整性、合理性和计算的准确性进行分析,必须把项目总投资应估算的内容考虑周全,通过逐项鉴定分析与评价,核实投资估算的数据,以避免投资失控。

投资估算分为固定资产投资估算和流动资产投资估算两个方面。其中固定资产投资估算包括建设投资估算和建设期贷款利息估算两部分,如图8-1所示。

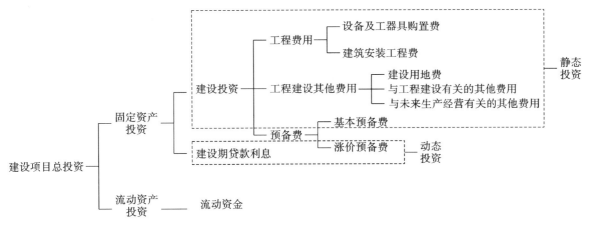

图8-1 建设项目投资估算内容

8.2.1 建设投资估算

(1)估算依据

①项目管理部门颁发的建设工程造价费用构成、计算方法以及其他有关计算工程造价的文件。

②行业主管部门制定的投资估算方法、估算指标和定额。

③有关部门制定的工程建设其他费用计算方法和费用标准以及国家颁布的价格指数。

④拟建项目各单项工程的建设内容和工程量。

（2）估算质量要求

①工程内容和费用构成齐全，计算合理，不重复计算，不提高和降低估算标准，不漏项，不少算。

②若选用的指标与具体工程之间的标准或条件有差异，应进行必要的换算和调整。

③投资估算深度应能满足控制设计概算的要求。

（3）投资估算的步骤

①分别估算各单项工程所需要的建筑工程费、安装工程费、设备及工器具购置费。

②在汇总各单项工程费用的基础上，估算工程建设其他费用和基本预备费，得出项目的静态投资部分。

③估算涨价预备费和建设期贷款利息，得出项目的动态投资部分。

建设投资估算方法：生产能力指数法

（4）估算方法

投资机会研究及项目建议书阶段的投资估算方法分为生产能力指数法、资金周转率法、比例估算法、系数估算法等。

①生产能力指数法。

生产能力指数法是根据已建成的、性质类似的建设项目或生产装置的投资额和生产能力及拟建项目或生产装置的生产能力估算拟建项目的投资额。其计算公式为

$$I_2 = I_1 \left(\frac{C_2}{C_1}\right)^e f \tag{8-1}$$

式中，I_1——已建工程或装置的投资额；

I_2——拟建工程或装置的投资额；

C_1——已建工程或装置的生产能力；

C_2——拟建工程或装置的生产能力；

e——投资、生产能力系数，$0 < e < 1$，根据不同类型企业的统计资料确定；

f——不同时期、不同地点的定额、单价费用变更等的调整系数。

e 的平均值在 0.6 左右，又称为 0.6 指数法。拟建项目的增加幅度不宜大于 50 倍。生产规模比值为 0.5~2，$e = 1$；生产规模比值相差不大于 50 倍，且拟建项目规模扩大仅靠增大设备规模来达到时，则 e 取值为 0.6~0.7；若靠增加相同规模设备数量达到目的时，则 e 取值为 0.8~0.9。

【例 8-1】某地区 2020 年拟建年产 40 万吨的新型建筑环保材料。根据调查，该地区 2018 年建设的年产 30 万吨相同产品的已建项目的投资总额为 2200 万元。生产能力指数为 0.7，2018 年至 2020 年的造价费用每年递增 9%。试计算拟建项目的投资额。

解：

$$I_2 = 2200 \times \left(\frac{40}{30}\right)^{0.7} \times (1+9\%)^2 = 3196.93(万元)$$

②资金周转率法。

资金周转率法是一种用资金周转率来推测投资额的简便方法。这种方法比较简便，计算速度快，但精确度较低，同样可用于投资机会研究及项目建议书阶段的投资估算。其计算公式为

$$I = \frac{Qa}{t_r} \tag{8-2}$$

式中，I——拟建项目投资额；

Q——产品的年产量；

a——产品的单价；

t_r——资金周转率，$t_r = \dfrac{年总销售额}{总投资}$。

③比例估算法。

比例估算法是以拟建项目的设备费或主要工艺设备投资为基数，以其他相关费用占基数的比例系数来估算项目总投资的方法。其计算公式为

$$I = E(1 + f_1 p_1 + f_2 p_2 + f_3 p_3 \cdots + f_n p_n) + C \tag{8-3}$$

式中，I——拟建项目投资额；

E——拟建工程设备购置费总和；

f_1、f_2、$f_3 \cdots f_n$——由于时间因素引起的定额、价格费用标准等变化的综合调整系数；

p_1、p_2、$p_3 \cdots p_n$——建筑工程费、安装工程费、工程建设其他费占设备费用的百分比；

C——拟建项目的其他费用。

【例8-2】某地区2022年拟建一个年产20万吨石油炼化产品的工厂。根据以往的资料可知：该地区在2020年建成投产10万吨同类产品的设备费用为120000万元，建筑工程费17000万元，安装工程费8000万元，工程建设其他费用9800万元。依据目前市场情况，拟建项目设备费约为198000万元。拟建项目其他相关投资估算3000万元，由于时间因素引起的建筑工程费、安装工程费、工程建设其他费的综合调整系数分别为1.4、1.2、1.3，试估算拟建项目的投资。

解：

建筑工程费、安装工程费、工程建设其他费占设备费用的百分比分别为

建筑工程费：17000/120000 = 0.142

安装工程费：8000/120000 = 0.067

工程建设其他费：9800/120000 = 0.082

拟建项目的投资：

$I = 198000 \times (1 + 0.142 \times 1.4 + 0.067 \times 1.2 + 0.082 \times 1.3) + 3000 = 277388.4(万元)$

④系数估算法。

系数估算法也称为因子估算法，系数估算法的方法较多，有代表性的包括朗格系数法、设备与厂房系数法等。

a. 朗格系数法。

$$I = CK_1 \tag{8-4}$$

$$K_1 = (1 + \sum f_1)f_c \tag{8-5}$$

式中，I——拟建项目投资额；

C——主要设备费用；

K_1——朗格系数；

f_1——管线、仪表、建筑物等专业工程投资费用系数；

f_c——包括管理费、合同费、应急费等间接费在内的总估算系数。

b. 设备与厂房系数法。

对于一个生产性项目，如果设计方案已确定了生产工艺，且初步选定了工艺设备并进行了工艺布置，就有了工艺设备的重量及厂房的高度和面积，则工艺设备投资和厂房土建的投资就可分别估算出来。项目的其他费用：与设备关系较大的，按设备投资系数计算；与厂房土建关系较大的，则以

厂房土建投资系数计算。两类投资加起来就可以得出整个项目的投资。

⑤详细估算法。

可行性研究阶段的投资估算主要采用详细估算法。详细估算法是指对建设投资的各个组成部分分别进行估算,并汇总得出建设投资总额的一种方法。

a.建筑工程投资。计算公式为

$$建筑工程投资 = 项目建筑面积 \times 单位面积造价 \tag{8-6}$$

式中,项目建筑面积根据生产能力确定,单位面积造价根据有关部门制定的概预算编制文件和经验数据来确定。

b.设备购置费。计算公式为

$$设备购置费 = 设备出厂价 + 运杂费 \tag{8-7}$$

设备出厂价可以通过生产厂商等渠道了解;运杂费包括运输费、装卸费和保险费等,通常根据设备供应厂家到项目场地的距离、供货方式、运输方式等情况确定。

c.安装费。计算公式为

$$安装工程费 = 设备购入价 \times 安装费率 \tag{8-8}$$

或

$$安装工程费 = 设备重量 \times 设备单位重量安装费 \tag{8-9}$$

设备购入价可以通过生产厂商等渠道了解,安装费率、设备单位重量安装费可根据国家有关规定或经验数据确定。

d.工程建设其他费用。

工程建设其他费用,国家有规定的收费或取费标准。在估算工程建设其他费用时,可根据项目的实际投资构成情况和有关部门的相关规定进行估算。

e.预备费。

预备费包括基本预备费和涨价预备费。

Ⅰ.基本预备费。

基本预备费是指在初步设计及概算内难以预料的工程费用,包括以下几个方面。

在批准的初步设计范围内,技术设计、施工图设计及施工过程中所增加的工程费用;设计变更、局部地基处理等增加的费用。

一般自然灾害造成的损失和预防自然灾害所采取的措施产生的费用。实行工程保险的工程项目费用应适当降低。

竣工验收时为鉴定工程质量对隐蔽工程进行必要的挖掘和修复产生的费用。

计算公式为

$$基本预备费 = (工程费用 + 工程建设其他费用) \times 基本预备费费率 \tag{8-10}$$

Ⅱ.涨价预备费。

涨价预备费是指建设项目在建设期间内由于价格等变化引起工程造价变化的预测预留费用。费用内容包括:人工、设备、材料、施工机械的价差费,建筑安装工程费及工程建设其他费用调整,利率、汇率调整等增加的费用。

具体测算方法根据国家规定的投资综合价格指数,以估算年份价格水平的投资额为基数,采用复利法计算。

基本公式为

$$PF = \sum_{t=1}^{n} I_t [(1+f)^m (1+f)^{0.5} (1+f)^{t-1} - 1] \tag{8-11}$$

式中，PF——涨价预备费；

I_t——第 t 年投资使用计划额；

f——年价格变动率；

n——建设期年份数；

m——建设前期年限。

【例 8-3】某建设项目计划投资 4200 万元，建设期为 3 年，建设前期年限为 1 年。根据编制的投资计划，3 年的投资比例分别为 30%、30%、40%，预测年均价格上涨率为 5%，试估算该建设项目的涨价预备费。

解：

每年的计划投资额分别为

$$I_1 = 4200 \times 30\% = 1260(万元)$$
$$I_2 = 4200 \times 30\% = 1260(万元)$$
$$I_3 = 4200 \times 40\% = 1680(万元)$$

第一年的涨价预备费

$$PF_1 = I_1[(1+f)^m(1+f)^{0.5}(1+f)^{t-1} - 1]$$
$$= 1260 \times [(1+5\%)^1 \times (1+5\%)^{0.5} \times (1+5\%)^{1-1} - 1] = 95.67(万元)$$

第二年的涨价预备费

$$PF_2 = I_2[(1+f)^m(1+f)^{0.5}(1+f)^{t-1} - 1]$$
$$= 1260 \times [(1+5\%)^1 \times (1+5\%)^{0.5} \times (1+5\%)^{2-1} - 1] = 163.46(万元)$$

第三年的涨价预备费

$$PF_3 = I_3[(1+f)^m(1+f)^{0.5}(1+f)^{t-1} - 1]$$
$$= 1680 \times [(1+5\%)^1 \times (1+5\%)^{0.5} \times (1+5\%)^{3-1} - 1]$$
$$= 312.84(万元)$$

$$PF = 95.67 + 163.46 + 312.84 = 571.97(万元)$$

8.2.2 建设期贷款利息估算

建设期贷款利息包括向国内银行和其他非银行金融机构贷款、出口信贷、外国政府贷款、国际商业银行贷款以及在境内外发行的债券等在建设期内应偿还的借款利息。

国外贷款利息的计算中，还应包括国外贷款银行根据贷款协议向贷款方以年利率的方式收取的手续费、管理费、承诺费，以及国内代理机构经国家主管部门批准的以年利率的方式向贷款单位收取的转贷费、担保费、管理费等。

当总贷款是分年均衡发放时，建设期贷款利息的计算可按当年借款在年中支用考虑，即当年贷款按半年计息，上年贷款按全年计息。其计算公式为

$$q_j = \left(P_{j-1} + \frac{1}{2}A_j\right)i \tag{8-12}$$

式中，q_j——建设期第 j 年应计利息；

P_{j-1}——建设期第 $(j-1)$ 年年末贷款累计金额与利息累计金额之和；

A_j——建设期第 j 年贷款金额；

i——年利率。

【例 8-4】某公司新建项目，建设期为 3 年，分年均衡进行贷款，第一年贷款了 200 万元，第二年

贷款了450万元,第三年贷款了300万元,年利率为10%,建设期内利息只计息不支付,试计算建设期的贷款利息。

解：

每年的贷款利息估算分别为

$$q_1 = \frac{1}{2} A_1 \cdot i = \frac{1}{2} \times 200 \times 10\% = 10(万元)$$

$$q_2 = (P_1 + \frac{1}{2} A_2) \cdot i = (200 + 10 + \frac{1}{2} \times 450) \times 10\% = 43.5(万元)$$

$$q_3 = (P_2 + \frac{1}{2} A_3) \cdot i = (210 + 450 + 43.5 + \frac{1}{2} \times 300) \times 10\% = 85.35(万元)$$

建设期贷款利息为：$q = q_1 + q_2 + q_3 = 10 + 43.5 + 85.35 = 138.85(万元)$

8.2.3 流动资金投资估算

项目运营需要流动资产投资,但项目评价中需要估算并预先筹措的是从流动资产中扣除流动负债,即企业短期信用融资(应付账款)后的流动资金。项目评价中流动资金的估算应考虑应付账款对需要预先筹措的流动资金的抵减作用。对有预收账款的某些项目,还可同时考虑预收账款对流动资金的抵减作用。

流动资金估算方法可采用扩大指标估算法或分项详细估算法。

(1)扩大指标估算法

扩大指标估算法是按照流动资金占某种基数来估算流动资金。一般常用的基数有销售收入、经营成本、总成本费用和固定资产投资等。所采用的比率根据经验确定,或根据现有同类企业的实际资料确定,或依行业、部门给定的参考值确定。扩大指标估算法简便易行,但准确度不高,适用于项目建议书阶段的估算。

①产值(或销售收入)资金率估算法。

$$流动资金额 = 年产值(年销售收入额) \times 产值(销售收入)资金率 \tag{8-13}$$

例如,某项目投产后的年产值为2.5亿元,其同类企业的百元产值流动资金占用额为20.5元,则该项目的流动资金估算额为

$$25000 \times 20.5/100 = 5125(万元)$$

②经营成本(或总成本)资金率估算法。经营成本是一项反映物质、劳动消耗和技术水平、生产管理水平的综合指标。一些工业项目,尤其是采掘工业项目常用经营成本(或总成本)资金估算流动资金。

$$流动资金额 = 年经营成本(总成本) \times 经营成本资金率(总成本资金率) \tag{8-14}$$

③固定资产投资资金率估算法。固定资产投资资金率是流动资金占固定资产投资的百分比。如化工项目流动资金占固定资产投资的15%～20%,一般工业项目流动资金占固定资产投资的5%～12%。

$$流动资金额 = 固定资产投资 \times 固定资产投资资金率 \tag{8-15}$$

(2)分项详细估算法

分项详细估算法是对流动资产和流动负债主要构成要素即存货、现金、应收账款、预付账款以及应付账款和预收账款等几项内容分项进行估算,计算公式为

$$流动资金 = 流动资产 - 流动负债 \tag{8-16}$$

$$流动资产 = 应收账款 + 预付账款 + 存货 + 现金 \tag{8-17}$$

$$\text{流动负债} = \text{应付账款} + \text{预收账款} \tag{8-18}$$

$$\text{流动资金本年增加额} = \text{本年流动资金} - \text{上年流动资金} \tag{8-19}$$

流动资金估算的具体步骤是首先确定各分项最低周转天数,计算出周转次数,然后进行分项估算。

①周转次数计算。

周转次数是指流动资金的各个构成项目,在一年内完成多少个生产过程。周转次数可用一年天数(为简化计算,通常按 360 天)除以流动资金的最低周转天数计算,则各项流动资金年平均占用额度为流动资金的年周转额度除以流动资金的年周转次数。

$$\text{周转次数} = \frac{360}{\text{流动资金最低周转天数}} \tag{8-20}$$

周转天数可以参照同类企业的平均周转天数并结合项目特点确定,或按照有关部门规定确定。在确定最低周转天数时应考虑储存天数、在途天数,并考虑适当的保险系数。

②流动资产估算。

a. 存货的估算。存货是指企业在日常生产经营过程中持有以备出售,或者仍然处在生产过程,或者在生产或提供劳务过程中将消耗的材料或物料等,包括各类材料、商品、在产品、半成品和产成品等。为简化计算,项目评价中仅考虑外购原材料、燃料,存货外购原材料,其他材料,在产品和产成品,并分项进行计算。计算公式为

$$\text{存货} = \text{外购原材料、燃料} + \text{其他材料} + \text{在产品} + \text{产成品} \tag{8-21}$$

$$\text{外购原材料、燃料} = \frac{\text{年外购原材料、燃料费用}}{\text{分项周转次数}} \tag{8-22}$$

$$\text{其他材料} = \frac{\text{年其他材料费用}}{\text{其他材料周转次数}} \tag{8-23}$$

$$\text{在产品} = \frac{\text{年外购原材料、燃料} + \text{年工资及福利费} + \text{年修理费} + \text{年其他制造费用}}{\text{在产品周转次数}} \tag{8-24}$$

$$\text{产成品} = \frac{\text{年经营成本} - \text{年营业费用}}{\text{产成品周转次数}} \tag{8-25}$$

b. 应收账款估算。应收账款是指企业对外销售商品、提供劳务尚未收回的资金,计算公式为

$$\text{应收账款} = \frac{\text{年经营成本}}{\text{应收款周转天数}} \tag{8-26}$$

c. 预付账款估算。预付账款是指企业为购买各类材料、半成品或服务预先支付的款项,计算公式为

$$\text{预收账款} = \frac{\text{年外购商品或服务费用}}{\text{预付账款周转天数}} \tag{8-27}$$

d. 现金需要量估算。项目流动资金中的现金是指为维持正常生产运营必须预留的货币资金,计算公式为

$$\text{现金} = \frac{\text{年工资及福利费} + \text{年其他费用}}{\text{现金周转次数}} \tag{8-28}$$

年其他费用=制造费用+管理费用+营业费用(以上三项费用中所含的工资及福利费、折旧费、摊销费、修理费) (8-29)

③流动负债估算。

流动负债是指在一年或者超过一年的一个营业周期内,需要偿还的各种债务,包括短期借款、应付票据、应付账款、预收账款、应付工资、应付福利费、应付股利、应交税费、其他暂收应付款、预提

费用和一年内到期的长期借款等。在项目可行性研究中,流动负债的估算可以只考虑应付账款和预收账款两项。

$$应付账款 = \frac{外购原材料、燃料动力费及其他材料年费用}{应付账款周转次数} \qquad (8-30)$$

$$预收账款 = \frac{预收的营业收入年金额}{预收账款周转次数} \qquad (8-31)$$

【例8-5】某企业员工有2000人,工资及福利费按照每人每年6.8万元估算,每年的其他费用为690万元(其中,其他制造费为240万元),年外购原材料、燃料动力费用为18000万元,年其他材料费用为90万元,年经营成本为26000万元,年销售收入为42000万元,年修理费占经营成本的12%,年预付账款为750万元,年预收账款为1600万元。各项流动资金最低周转天数分别为:应收账款30天,现金为40天,应付账款为30天,存货为40天,预付账款为30天,预收账款为30天。试用分项详细法估算拟建项目的流动资金。

解:
① 存货。

$$外购原材料、燃料 = \frac{年外购原材料、燃料费用}{分项周转次数} = \frac{18000}{360/40} = 2000(万元)$$

$$其他材料 = \frac{年其他材料费用}{其他材料周转次数} = \frac{90}{360/40} = 10(万元)$$

$$在产品 = \frac{年外购原材料、燃料+年工资及福利费+年修理费+年其他制造费}{在产品周转次数}$$

$$= \frac{18000+2000\times 6.8+26000\times 12\%+240}{360/40} = 3884.44(万元)$$

$$产成品 = \frac{年经营成本-年营业费用}{产成品周转次数} = \frac{26000}{360/40} = 2888.89(万元)$$

$$存货 = 外购原材料、燃料+其他材料+在产品+产成品$$
$$= 2000+10+3884.44+2888.89 = 8783.33(万元)$$

② 应收账款。

$$应收账款 = \frac{年经营成本}{应收款周转天数} = \frac{26000}{360/30} = 2166.67(万元)$$

③ 预付账款。

$$预收账款 = \frac{年外购商品或服务费用}{预付账款周转天数} = \frac{750}{360/30} = 62.5(万元)$$

④ 现金。

$$现金 = \frac{年工资及福利费+年其他费用}{现金周转次数} = \frac{2000\times 6.8+690}{360/40} = 1587.78(万元)$$

⑤ 应付账款。

$$应付账款 = \frac{年外购原材料、燃料动力费及其他材料费用}{应付账款周转次数} = \frac{18000+90}{360/30} = 1507.50(万元)$$

⑥ 预收账款。

$$预收账款 = \frac{预收的营业收入年金额}{预收账款周转次数} = \frac{1600}{360/30} = 133.33(万元)$$

$$流动资产 = 应收账款+预付账款+存货+现金$$
$$= 2166.67+62.5+8783.33+1587.78 = 12600.28(万元)$$

流动负债＝应付账款＋预收账款＝1507.50＋133.33＝1640.83(万元)

流动资金 ＝ 流动资产 － 流动负债 ＝ 12600.28 － 1640.83 ＝ 10959.45(万元)

8.3 工程财务评价报表

8.3.1 财务报表的概念

财务报表是对企业财务状况、经营成果和现金流量的结构性表述，是反映企业或预算单位一定时期资金、利润状况的会计报表。为了计算评价指标，考察项目的盈利能力、清偿能力以及抗风险能力等财务状况，需要在编制财务评价辅助报表的基础上编制财务评价报表。

8.3.2 财务报表编制的基本要求

财务报表编制的基本要求如下。

(1)数据真实

财务报表的各项数据必须真实可靠，如实地反映企业的财务状况、经营成果和现金流量。这是对会计信息质量的基本要求。

(2)内容完整

财务报表应当反映企业经济活动的全貌，全面反映企业的财务状况和经营成果，才能满足各方面对会计信息的需要。凡是国家要求提供的财务报表，各企业必须全部编制并报送，不得漏编和漏报。凡是国家统一要求披露的信息，都必须披露。

(3)计算准确

日常的会计核算以及编制财务报表，涉及大量的数字计算，只有准确地计算，才能保证数字的真实可靠。这就要求编制的财务报表必须以核对无误后的账簿记录和其他有关资料为依据，不能使用估计或推算的数据，更不能以任何方式弄虚作假，或隐瞒谎报。编制财务报表的直接依据是会计账簿，所有报表的数据都源于会计账簿，因此为保证财务报表数据的正确性，编制报表之前必须做好对账和结账工作，做到账证相符、账账相符、账实相符，以保证报表数据的真实准确。

(4)报送及时

及时性是信息的重要特征。财务报表信息只有及时地传递给信息使用者，才能给使用者的决策提供依据。否则，即使是真实可靠和内容完整的财务报告，由于编制和报送的不及时，对报告使用者来说，也大大降低了会计信息的使用价值。

(5)手续完备

企业对外提供的财务报表应加具封面、装订成册、加盖公章。财务报表封面上应当注明：企业名称、企业统一代码、组织形式、地址、报表所属年度或者月份、报出日期，并由企业负责人和主管会计工作的负责人、会计机构负责人(会计主管人员)签名并盖章；设置总会计师的企业，还应当由总会计师签名并盖章。

(6)报表首列要求

企业应当在财务报表的显著位置标明：编报企业的名称、资产负债表日或财务报表涵盖的会计期间、人民币金额单位以及其他应当予以标明的事项。

(7)报告期间要求

企业至少应当按年编制财务报表。年度财务报表涵盖的期间短于一年的，应当披露年度财务报表的涵盖期间,以及短于一年的原因。

8.3.3 财务评价辅助报表

进行财务效益和费用估算时,需要编制财务分析辅助报表,包括建设投资估算表(概算法),建设投资估算表(形成资产法),建设期利息估算表,流动资金估算表,项目总投资计划与资金筹措表,营业收入、税金及附加和增值税估算表,总成本费用估算表(生产要素法),外购原材料费用估算表,外购燃料动力费用估算表,固定资产折旧费用估算表,无形资产和其他资产摊销估算表,工资及福利费估算表,总成本费用估算表(生产成本加期间费用法),具体见表8-1～表8-13。

表8-1 建设投资估算表(概算法)

序号	工程或费用名称	建筑工程费	设备购置费	安装工程费	其他费用	合计	其中:外币	比例/(%)
1	工程费用							
1.1	主体工程							
1.1.1								
	…							
1.2	辅助工程							
1.2.1								
	…							
1.3	公用工程							
1.3.1								
	…							
1.4	服务性工程							
1.4.1								
	…							
1.5	厂外工程							
1.5.1								
	…							
1.6								
2	工程建设其他费用							
2.1								
	…							
3	预备费							
3.1	基本预备费							
3.2	涨价预备费							

8 工程财务评价

续表

序号	工程或费用名称	建筑工程费	设备购置费	安装工程费	其他费用	合计	其中:外币	比例/(%)
4	建设投资合计							
	比例/(%)							

注:①"比例"分别指各主要科目的费用(包括横向和纵向)占建设投资的比例;
②本表适用于新设法人项目与既有法人项目的新增建设投资估算;
③"工程或费用名称"可依据不同行业的要求调整。

表8-2 建设投资估算法(形成资产法)

序号	工程或费用名称	建筑工程费	设备购置费	安装工程费	其他费用	合计	其中:外币	比例/(%)
1	固定资产费用							
1.1	工程费用							
1.1.1								
1.1.2								
1.1.3								
	…							
1.2	固定资产及其他费用							
1.2.1								
	…							
2	无形资产费用							
2.1								
	…							
3	其他资产费用							
3.1								
	…							
4	预备费							
4.1	基本预备费							
4.2	涨价预备费							
5	建设投资合计							
	比例(%)							

注:①"比例"分别指各主要科目的费用(包括横向和纵向)占建设投资的比例;
②本表适用于新设法人项目与既有法人项目的新增建设投资估算;
③"工程或费用名称"可依据不同行业的要求调整。

表 8-3 建设期利息估算表

序号	项目	合计	建设期					
			1	2	3	4	...	n
1	借款							
1.1	建设期利息							
1.1.1	期初借款余额							
1.1.2	当期借款							
1.1.3	当期应计利息							
1.1.4	期末借款余额							
1.2	其他融资费用							
1.3	小计(1.1+1.2)							
2	债券							
2.1	建设期利息							
2.1.1	期初债务余额							
2.1.2	当期债务金额							
2.1.3	当期应计利息							
2.1.4	期末债务余额							
2.2	其他融资费用							
2.3	小计(2.1+2.2)							
3	合计(1.3+2.3)							
3.1	建设期利息合计(1.1+2.1)							
3.2	其他融资费用合计(1.2+2.2)							

注:①本表适用于新设法人项目与既有法人项目的新增建设投资的估算;
②原则上应分别估算外汇和人民币债务;
③如有多种借款或债券,必要时应分别列出;
④本表与财务分析表"借款还本付息计划表"可二表合一。

表 8-4 流动资金估算表

序号	项目最低周转天数	周转次数	建设期					
			1	2	3	4	...	n
1	流动资产							
1.1	应收账款							
1.2	存货							

8 工程财务评价

续表

序号	项目最低周转天数	周转次数	建设期					
			1	2	3	4	…	n
1.2.1	原材料							
1.2.2	×××							
	…							
1.2.3	燃料							
	×××							
	…							
1.2.4	在产品							
1.2.5	产成品							
1.3	现金							
1.4	预付账款							
2	流动负债							
2.1	应付账款							
2.2	预收账款							
3	流动资金(1-2)							
4	流动资金当期增加额							

注：①本表适用于新设法人项目与既有法人项目的"有项目""无项目"和增量流动资金估算；
②表中科目可视行业变动；
③如发生外币流动资金，应另行估算后予以说明，其数额应包含在本表数额内；
④不发生预付账款和预收账款的项目可不列此两项。

表 8-5 项目总投资计划与资金筹措表

序号	项目	合计	1	…
1	总投资			
1.1	建设投资			
1.2	建设期利息			
1.3	流动资金			
2	资金筹措			
2.1	项目资本金			
2.1.1	用于建设投资			
	××方			
	…			

续表

序号	项目	合计	1	...
2.1.2	用于流动资金			
	××方			
2.1.3	用于建设期利息			
	××方			
	...			
2.2	债务资金			
2.2.1	用于建设投资			
	××借款			
	××债券			
	...			
2.2.2	用于建设期利息			
	××借款			
	××债券			
	...			
2.2.3	用于流动资金			
	××借款			
	××债券			
	...			
2.3	其他资金			
	×××			
	...			

注：①本表按新增投资范畴编制；

②本表建设期利息一般可包括其他融资费用；

③对既有法人项目，项目资本金中可包括新增资金和既有法人货币资金与资产变现或资产经营权变现的资金，可分别列出或用文字说明。

表 8-6 营业收入、税金及附加和增值税估算表

序号	项目	合计	计算期					
			1	2	3	4	...	n
1	营业收入							
1.1	产品 A 营业收入							
	单价							

8 工程财务评价

续表

序号	项目	合计	计算期					
			1	2	3	4	...	n
	销售量							
	销项税额							
1.2	产品B营业收入							
	单价							
	销售量							
	销项税额							
	...							
2	税金及附加							
2.1	关税							
2.2	消费税							
2.3	城市维护建设费							
2.4	教育费附加							
2.5	地方教育费附加							
3	增值税							
	销项税额							
	进项税额							

注：①本表适用于新设法人项目与既有法人项目的"有项目""无项目"和增量营业收入、税金及附加和增值税估算；
②根据行业或产品的不同可增减相应税收科目；

a. 对于采用生产要素法编制的总成本费用估算表，应编制下列基础报表：外购原材料费用估算表、外购燃料动力费用估算表、固定资产折旧费用估算表、无形资产和其他资产摊销估算表、工资及福利费估算表。

b. 对于采用生产成本加期间费用编制的总成本费用估算表，应根据国家现行的企业财务会计制度和相应要求，另行编制配套的基础报表。

财务效益和费用估算表应反映行业和项目特点，表中项目可适当调整。以上报表按不含增值税价格设定，若采用含增值税价格，应调整相关科目。

表8-7 总成本费用估算表(生产要素法)

序号	项目	合计	计算期					
			1	2	3	4	...	n
1	外购原材料费							
2	外购燃料动力费							
3	工资及福利费							

续表

序号	项目	合计	计算期					
			1	2	3	4	...	n
4	修理费							
5	其他费用							
6	经营成本(1+2+3+4+5)							
7	折旧费							
8	摊销费							
9	利息支出							
10	总成本费用合计(6+7+8+9)							
	其中:可变成本							
	固定成本							

注:本表适用于新设法人项目与既有法人项目的"有项目""无项目"和增量成本费用的估算。

表8-8 外购原材料费用估算表

序号	项目	合计	计算期					
			1	2	3	4	...	n
1	外购原材料费							
1.1	原材料A							
	单价							
	数量							
	进项税额							
1.2	原材料B							
	单价							
	数量							
	进项税额							
	...							
2	辅助材料费用							
	进项税额							
3	其他							
	进项税额							
4	外购原材料费用合计							
5	外购原材料进项税额合计							

注:本表适用于新设法人项目与既有法人项目的"有项目""无项目"和增量外购原材料费用估算。

8 工程财务评价

表 8-9 外购燃料动力费用估算表

序号	项目	合计	计算期					
			1	2	3	4	...	n
1	燃料费							
1.1	燃料 A							
	单价							
	数量							
	进项税额							
	...							
2	动力费							
2.1	动力 A							
	单价							
	数量							
	进项税额							
	...							
3	外购燃料动力费合计							
4	外购燃料动力进项税额合计							

注：本表适用于新设法人项目与既有法人项目的"有项目""无项目"和增量外购燃料动力费估算。

表 8-10 固定资产折旧费用估算表

序号	项目	合计	计算期					
			1	2	3	4	...	n
1	房屋、建筑物							
	原值							
	当期折旧费							
	净值							
2	机器设备							
	原值							
	当期折旧费							
	净值							
	...							
3	合计							

续表

序号	项目	合计	计算期					
			1	2	3	4	...	n
	原值							
	当期折旧费							
	净值							

注：本表适用于新设法人项目固定资产折旧费估算，以及既有法人项目的"有项目""无项目"和增量固定资产折旧费估算。当估算既有法人项目的"有项目"固定资产折旧费时，应将新增和利用原有部分固定资产分别列出，并分别计算折旧费。

表 8-11　无形资产和其他资产摊销估算表

序号	项目	合计	计算期					
			1	2	3	4	...	n
1	无形资产							
	原值							
	当期摊销费							
	净值							
2	其他资产							
	原值							
	当期摊销费							
	净值							
	...							
3	合计							
	原值							
	当期摊销费							
	净值							

注：本表适用于新设法人项目摊销费的估算，以及既有法人项目的"有项目""无项目"和增量摊销费估算。当估算既有法人项目的"有项目"摊销费时，应将新增和利用原有部分的资产分别列出，并分别计算折旧费。

表 8-12　工资及福利费估算表

序号	项目	合计	计算期					
			1	2	3	4	...	n
1	工人							
	人数							
	人均年工资							

续表

序号	项目	合计	计算期					
			1	2	3	4	...	n
	工资额							
2	技术人员							
	人数							
	人均年工资							
	工资额							
3	管理人员							
	人数							
	人均年工资							
	工资额							
4	工资总额(1+2+3)							
5	福利费							
6	合计(4+5)							

注：①本表适用于新设法人项目工资及福利费的估算，以及既有法人项目的"有项目""无项目"和增量工资及福利费的估算；
②外商投资项目取消福利费项目。

表 8-13 总成本费用估算表（生产成本加期间费用法）

序号	项目	合计	计算期					
			1	2	3	4	...	n
1	生产成本							
1.1	直接材料费							
1.2	直接燃料动力费							
1.3	直接工资及福利费							
1.4	制造费用							
1.4.1	折旧费							
1.4.2	修理费							
1.4.3	其他制造费							
2	管理费用							
2.1	无形资产摊销							
2.2	其他资产摊销							

续表

序号	项目	合计	计算期					
			1	2	3	4	…	n
2.3	其他管理费用							
3	财务费用							
3.1	利息支出							
3.1.1	长期借款利息							
3.1.2	流动资金借款利息							
3.1.3	短期借款利息							
4	营业费用							
5	总成本费用合计(1+2+3+4)							
5.1	其中:可变成本							
5.2	固定成本							
6	经营成本(5−1.4.1−2.1−2.2−3.1)							

注:①本表适用于新设法人项目与既有法人项目的"有项目""无项目"和增量成本费用的估算;

②生产成本中的折旧费、修理费指生产性设施的固定资产折旧和修理费;

③生产成本中的工资和福利费指生产性人员的工资和福利费。车间或分厂管理人员工资和福利费可在制造费用中单独列项或含在其他制造费中;

④本表其他管理费中含管理设施的折旧费、修理费以及管理人员的工资和福利费。

8.3.4 财务评价基本报表

财务评价的基本报表主要有项目投资现金流量表、项目资本金现金流量表、投资方现金流量表、利润与利润分配表、财务计划现金流量表、资产负债表、借款还本付息计划表等。

①项目投资现金流量表(见表 8-14)。该表在忽略资金来源(自有或借入),以项目所需的全部融通资金为计算基础,不考虑资金的本息偿还的前提下,反映项目各年现金流量状况,并以计算项目投资财务净现值 FNPV(所得税前和所得税后)、项目投资财务内部收益率 FIRR(所得税前和所得税后)及投资回收期(所得税前和所得税后)等指标,以考察项目的盈利能力。

表 8-14 项目投资现金流量表

序号	项目	合计	计算期					
			1	2	3	4	…	n
1	现金流入							
1.1	营业收入							
1.2	补贴收入							

8 工程财务评价

续表

序号	项目	合计	计算期					
			1	2	3	4	…	n
1.3	回收固定资产余值							
1.4	回收流动资金							
2	现金流出							
2.1	建设投资							
2.2	流动资金							
2.3	经营成本							
2.4	税金及附加							
2.5	维持运营投资							
3	所得税前净现金流量(1—2)							
4	累计所得税前净现金流量							
5	调整所得税							
6	所得税后净现金流量(3—5)							
7	累计所得税后净现金流量							

计算指标：
  项目投资财务内部收益率(%)(所得税前)
  项目投资财务内部收益率(%)(所得税后)
  项目投资财务净现值(所得税前)(i_c = %)
  项目投资财务净现值(所得税后)(i_c = %)
  项目投资回收期(年)(所得税前)
  项目投资回收期(年)(所得税后)

注：调整所得税为以息税前利润为基数计算的所得税，区别于"利润与利润分配表""项目资本金现金资表"和"财务计划现金流量表"中的所得税。

②项目资本金现金流量表(见表 8-15)。该表从项目实施者角度出发，以资本金为计算基础，考虑借入资金的还本付息，在此基础上通过计算资本金收益率(即资本金财务内部收益率)指标，以考察资本金的盈利能力。

表 8-15 项目资本金现金流量表

序号	项目	合计	计算期					
			1	2	3	4	…	n
1	现金流入							

续表

序号	项目	合计	计算期					
			1	2	3	4	…	n
1.1	营业收入							
1.2	补贴收入							
1.3	回收固定资产余值							
1.4	回收流动资金							
2	现金流出							
2.1	项目资本金							
2.2	借款本金偿还							
2.3	借款利息支付							
2.4	经营成本							
2.5	税金及附加							
2.6	所得税							
2.7	维持运营投资							
3	净现金流量(1-2)							

计算指标：
　　资本金财务内部收益率(%)

③投资方现金流量表(见表 8-16)。该表站在各投资主体的立场上，反映其现金流量状况，用于计算投资各方收益率(即投资方财务内部收益率)指标，考察投资各方可能获得的收益情况。

表 8-16　投资方现金流量表

序号	项目	合计	计算期					
			1	2	3	4	…	n
1	现金流入							
1.1	实分利润							
1.2	资产处置收益分配							
1.3	租赁费收入							
1.4	技术转让或使用收入							
1.5	其他现金流入							
2	现金流出							
2.1	实缴资本							

续表

序号	项目	合计	计算期					
			1	2	3	4	…	n
2.2	租赁资产支出							
2.3	其他现金流出							
3	净现金流量(1－2)							

计算指标：

投资各方财务内部收益率(%)

④利润与利润分配表(见表8-17)。该表反映项目计算期内各年的销售收入、总成本费用支出、利润总额、所得税及税后利润分配情况，用以计算投资利润率等指标，以考察项目盈利能力。

表8-17 利润与利润分配表

序号	项目	合计	计算期					
			1	2	3	4	…	n
1	营业收入							
2	税金及附加							
3	总成本费用							
4	补贴收入							
5	利润总额(1－2－3+4)							
6	弥补以前年度亏损							
7	应纳税所得额(5－6)							
8	所得税							
9	净利润(5－8)							
10	期初未分配利润							
11	可供分配的利润(9＋10)							
12	提取法定盈余公积金							
13	可供投资者分配的利润(11－12)							
14	应付优先股股利							
15	提取任意盈余公积金							
16	应付普通股股利(13－14－15)							

续表

序号	项目	合计	计算期					
			1	2	3	4	…	n
17	各投资方利润分配：							
	其中：××方							
	××方							
18	未分配利润（13－14－15－17）							
19	息税前利润（利润总额＋利息支出）							
20	息税折旧摊销前利润（息税前利润＋折旧＋摊销）							

⑤财务计划现金流量表（见表8-18）。该表反映项目计算期各年的投资、融资及经营活动的现金流入和流出，用于计算累计盈余资金，分析项目的财务生存能力。

表8-18 财务计划现金流量表

序号	项目	合计	计算期					
			1	2	3	4	…	n
1	经营活动净现金流量（1.1－1.2）							
1.1	现金流入							
1.1.1	营业收入							
1.1.2	增值税销项税额							
1.1.3	补贴收入							
1.1.4	其他流入							
1.2	现金流出							
1.2.1	经营成本							
1.2.2	增值税进项税额							
1.2.3	税金及附加							
1.2.4	增值税							
1.2.5	所得税							
1.2.6	其他流出							
2	投资活动净现金流量（2.1－2.2）							
2.1	现金流入							
2.2	现金流出							

续表

序号	项目	合计	计算期					
			1	2	3	4	...	n
2.2.1	建设投资							
2.2.2	维持运营投资							
2.2.3	流动资金							
2.3.4	其他流出							
3	筹资活动净现金流量(3.1−3.2)							
3.1	现金流入							
3.1.1	项目资本金投入							
3.1.2	建设投资借款							
3.1.3	流动资金借款							
3.1.4	债券							
3.1.5	短期借款							
3.1.6	其他流入							
3.2	现金流出							
3.2.1	各种利息支出							
3.2.2	偿还债务本金							
3.2.3	应付利润(股利分配)							
3.2.4	其他流出							
4	净现金流量(1+2+3)							
5	累计盈余资金							

⑥资产负债表(见表 8-19)。该表用于综合反映项目计算期内各年年末资产、负债和所有者权益的增减变化及对应关系,计算资产负债率。

表 8-19 资产负债表

序号	项目	合计	计算期					
			1	2	3	4	...	n
1	资产							
1.1	流动资产总额							
1.1.1	货币资金							
1.1.2	应收账款							

续表

序号	项目	合计	计算期					
			1	2	3	4	…	n
1.1.3	预付账款							
1.1.4	存货							
1.1.5	其他							
1.2	在建工程							
1.3	固定资产净值							
1.4	无形资产及其他资产净值							
2	负债及所有者权益							
2.1	流动负债总额							
2.1.1	短期借款							
2.1.2	应付账款							
2.1.3	预收账款							
2.1.4	其他							
2.2	建设投资借款							
2.3	流动资金借款							
2.4	负债小计							
2.5	所有者权益							
2.5.1	资本金							
2.5.2	资本公积							
2.5.3	累计盈余公积金							
2.5.4	累计未分配利润							

计算指标：

资产负债率(%)

⑦借款还本付息计划表(见表8-20)。该表反映项目计算期内各年借款本金偿还和利息支付情况，用于计算偿债备付率和利息备付率指标。

表8-20 借款还本付息计划表

序号	项目	合计	计算期					
			1	2	3	4	…	n
1	借款1							
1.1	期初借款余额							

续表

序号	项目	合计	计算期					
			1	2	3	4	...	n
1.2	当期还本付息							
	其中:还本							
	付息							
1.3	期末借款余额							
2	借款2							
2.1	期初借款余额							
2.2	当期还本付息							
	其中:还本							
	付息							
2.3	期末借款余额							
3	债券							
3.1	期初债务余额							
3.2	当期还本付息							
	其中:还本							
	付息							
3.3	期末债务余额							
4	借款和债券合计							
4.1	期初余额							
4.2	当期还本付息							
	其中:还本							
	付息							
4.3	期末余额							

计算指标:
  利息备付率(%)
  偿债备付率(%)

注:本表可另加流动资金的还本付息计算。

8.4 财务评价指标

财务评价
指标体系

财务评价指标包括盈利能力分析指标、偿债能力分析指标、财务生存能力分析指标。对项目进行财务评价时,应选取合适评价体系,根据可靠估算的相关基础数据进行计算和分析所选取的经济评价指标。常用的经济评价指标体系如图8-2所示。

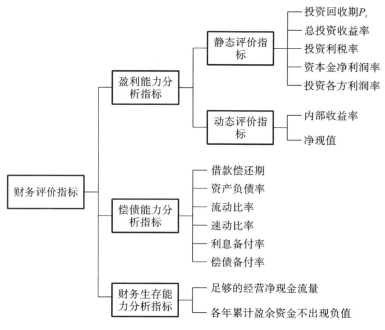

图 8-2 财务评价指标体系

8.4.1 盈利能力分析指标

8.4.1.1 静态指标

(1) 项目投资回收期 P_t

投资回收期是指以项目的净收益偿还项目全部投资所需要的时间,一般以年为单位,并从项目建设起始年算起。若从项目投产年算起,应予以特别注明。投资回收期可根据现金流量表计算。现金流量表中累计现金流量(所得税前)由负值变为0时的时点,即项目的投资回收期。

投资回收期越短,表明项目投资回收越快,抗风险能力越强。

(2) 总投资收益率(ROI)

总投资收益率表示总投资的盈利水平,是指项目达到设计能力后正常年份的年息税前利润或运营期内年平均息税前利润(EBIT)与项目总投资(TI)的比率。

(3) 投资利税率

投资利税率是指项目达到设计生产能力后的一个正常生产年份的年利税总额或项目生产经营期内的年平均利税总额与总投资的比率。

$$投资利税率 = \frac{年利税总额(或年平均利税总额)}{项目总投资} \times 100\% \quad (8\text{-}32)$$

$$年利税总额 = 年利润总额 + 税金及附加 = 年营业收入 - 年总成本费用 \quad (8\text{-}33)$$

投资利税率可由利润与利润分配表中有关数据求得,并与行业平均投资利税率对比,当投资利税率高于或等于行业基准投资利税率时,证明项目可以采纳。

(4) 项目资本金净利润率(ROE)

项目资本金净利润率是项目达到设计能力后正常年份的年净利润或运营期内年平均净利润与项目资本金总额的比率。项目资本金是项目吸收投资者投入企业经营活动的各种财产物资的货币表现。

$$\text{项目资本金净利润率} = \frac{\text{年净利润(或年平均净利润)}}{\text{项目资本金总额}} \times 100\% \quad (8\text{-}34)$$

资本金净利润率是衡量投资者投入项目资本金的获利能力。在市场经济条件下,投资者关心的不仅是项目全部资金所提供的利润,更关心投资者投入的资本金所创造的利润。资本金净利润率指标越高,反映投资者投入项目资本金的获利能力越大。资本金净利润率还是向投资者分配股利的重要参考依据。一般情况下,向投资者分配的股利率要低于资金净利润率。

(5)投资各方利润率

投资各方利润率以投资各方出资额为计算基础,考察投资各方可能获得的收益水平。

8.4.1.2 动态指标

(1)财务内部收益率(FIRR)

财务内部收益率是指项目在整个计算期内各年净现金流量现值累计等于 0 时的折现率,它反映项目所占用资金的盈利率。

$$\sum_{t=0}^{n}(CI-CO)_t(1+FIRR)^{-t}=0 \quad (8\text{-}35)$$

FIRR 可根据财务现金流量表中的净现金流量数据,用线性插值法计算求得,与行业的基准收益率或设定的基准折现率 i_0 比较,当 FIRR$\geqslant i_0$,即其盈利能力已满足最低要求,财务上是可以考虑接受的。

(2)财务净现值(FNPV)

财务净现值是指按设定的折现率 i_0 计算的项目计算期内各年净现金流量的现值之和。

$$FNPV = \sum_{t=0}^{n}(CI-CO)_t(1+i_0)^{-t} \quad (8\text{-}36)$$

财务净现值是评价项目盈利能力的绝对指标,它反映项目在满足按设定折现率要求的盈利之外,获得的超额盈利的现值。FNPV 可根据财务现金流量表的数据计算求得。如果 FNPV$\geqslant 0$,项目是可以考虑接受的。

8.4.2 偿债能力分析指标

对筹措了债务资金的项目,偿债能力考察项目能否按期偿还借款的能力。偿债能力分析应根据有关财务报表,计算利息备付率、偿债备付率、资产负债率等指标,分析评价项目的偿债能力。

8.4.2.1 借款偿还期

借款偿还期是指在有关财税规定及企业具体财务条件下,项目投产后可以用作还款的利润、折旧及其他收益偿还建设投资借款本金和利息所需要的时间。其公式为

$$I = \sum_{t=1}^{P_t} R_t \quad (8\text{-}37)$$

式中,I——建设投资国内借款本金和建设期利息之和;

P_t——建设投资国内借款偿还期,从借款开始年计算;

R_t——第 t 年可用于还款的资金,包括税后利润、折旧费、摊销费及其他还款资金。

借款偿还期可由财务计划现金流量表及国内借款还本付息表的数据直接推算,一般以年为单位表示。从开始借款年算起的偿还期的详细计算公式为

借款偿还期 =(逐年偿还借款,首次出现欠款为零的年份数)− 开始借款年份数 + $\dfrac{\text{当年偿还借款额}}{\text{当年可用于还款的金额}}$ $\quad (8\text{-}38)$

当借款偿还期小于或等于贷款机构的要求期限时,即认为项目有清偿能力。

8.4.2.2 资产负债率

资产负债率是期末负债总额与资产总额之比,也就是负债总额与资产总额的比例关系,如式(8-39)所示。它用于衡量企业利用债权人提供的资金进行经营活动的能力,能够反映项目各年所面临的财务风险程度及债务清偿能力,因此也反映债权人发放贷款的安全程度。

$$LOAR = \frac{TL}{TA} \times 100\% \tag{8-39}$$

式中,TL——期末负债总额;
TA——期末资产总额。

一般认为资产负债率为 0.5~0.7 是合适的。适度的资产负债率,表明企业经营安全、稳健,具有较强的筹资能力,也表明企业和债权人的风险较小。对该指标的分析,应结合国家宏观经济状况、行业发展趋势、企业所处竞争环境等具体条件判定。但是,资产负债比越高,项目风险也越大。当资产负债率过高时,可通过增加项目资本金出资和减少利润分配等途径来调节。项目财务分析中,在长期债务还清后,可不再计算资产负债率。

8.4.2.3 流动比率

流动比率是流动资产总额对流动负债总额的比率,是反映项目各年偿付流动负债能力的指标,用来衡量项目流动资产在短期债务到期以前,可以变为现金用于偿还负债的能力。一般来说,比率越高,说明企业资产的变现能力越强,短期偿债能力亦越强。

$$流动比率 = \frac{流动资产总额}{流动负债总额} \times 100\% \tag{8-40}$$

存货是一类不易变现的流动资产,所以流动比率不能确切反映项目的瞬时偿债能力。

8.4.2.4 速动比率

速动比率反映项目快速偿付(用可以立即变现的货币资金偿付)流动负债能力。

$$速动比率 = \frac{流动资产总额 - 存货}{流动负债总额} \times 100\% \tag{8-41}$$

一般认为,流动比率应在 1.2~2.0;速动比率应不小于 1.0。

8.4.2.5 利息备付率

利息备付率(ICR)是指项目在借款偿还期内,各年可用于支付利息的息税前利润(EBIT)与当期应付利息(PI)的比值,它从付息资金来源的充裕性角度反映项目偿付债务利息的保障程度。

$$ICR = \frac{EBIT}{PI} \tag{8-42}$$

$$息税前利润 = 利润总额 + 计入总共成本费用的利息费用 \tag{8-43}$$

当期应付利息是指计入总成本费用的应付利息。正常情况下,利息备付率应大于1,并结合债权人的要求确认。指标小于1,表示付息保障能力不足。

8.4.2.6 偿债备付率

偿债备付率(DSCR)是指项目在借款偿还期内,各年可用于还本付息的资金(EBITDA)与当期应还本付息金额(PD)的比值,它表示可用于还本付息的资金偿还借款本息的保障程度。

$$DSCR = \frac{EBITDA}{PD} \tag{8-44}$$

可用于还本付息资金包括折旧和摊销、成本中的利息和可用于还款的利润;当期应还本付息金额包括当期应还贷本金及成本中的利息。如果项目在运行期内有维持运营的投资,可用于还本付息资金应扣除维持运营的投资。

正常情况下,偿债备付率应大于1,并结合债权人的要求确认。指标小于1,表示当年资金来源不足以偿付当年债务,需要通过短期借款偿付已到期债务。

8.4.3 财务生存能力分析指标

在项目(企业)运营期间,确保从各项经济活动中得到足够的净现金流量是项目能够持续生存的条件。财务分析中应根据财务计划现金流量表,综合考察项目计算期内各年的投资活动、融资活动和经营活动所产生的各项现金流入和流出,计算净现金流量和累计盈余资金,分析项目是否有足够的净现金流量维持正常运营。为此,财务生存能力分析亦可称为资金平衡分析。

财务生存能力分析应结合偿债能力分析进行,如果拟安排的还款期过短,致使还本付息负担过重,导致为维持资金平衡必须筹借的短期借款过多,可以调整还款期,减轻各年还款负担。

通常因运营期前期的还本付息负担较重,故应特别注重运营期前期的财务生存能力分析。

通过以下两个方面可具体判断项目的财务生存能力。

①拥有足够的经营净现金流量是财务可持续的基本条件,特别是在运营初期。一个项目具有较大的经营净现金流量,说明项目方案比较合理,实现自身资金平衡的可能性大,不会过分依赖短期融资来维持运营;反之,一个项目不能产生足够的经营净现金流量,或经营净现金流量为负值,说明维持项目正常运行会遇到财务上的困难,项目方案缺乏合理性,实现自身资金平衡的可能性小,有可能要靠短期融资来维持运营;或者是非经营项目本身无能力实现自身资金平衡,要靠政府补贴。

②各年累计盈余资金不出现负值是财务生存的必要条件。在整个运营期间,允许个别年份的净现金流量出现负值,但不能容许任一年份的累计盈余资金出现负值。一旦出现负值时应适时进行短期融资,该短期融资应体现在财务计划现金流量表中,同时短期融资的利息也应纳入成本费用和其后的计算。较大的或较频繁的短期融资,有可能导致以后的累计盈余资金无法实现正值,致使项目难以持续运营。

财务计划现金流量表是项目财务生存能力分析的基本报表,其编制基础是财务分析辅助报表和利润与利润分配表。

1. 财务评价的概念是什么?
2. 财务评价的静态指标和动态指标包含哪些内容?
3. 财务评价基本报表包括哪些?这些报表相互之间的关系是什么?各自的作用是什么?
4. 某公司新建项目,建设期为4年,根据建设计划的需要,第一年贷款200万元,第二年贷款150万元,第三年贷款450万元,第四年贷款400万元,年利率为10%,建设期内利息只计息不支付,计算建设期内贷款利息的总和。
5. 某建设项目的设备购置费为450万元,建筑安装工程费用为720万元,工程建设其他费用为560万元,基本预备费率为13%,项目建设前期年限为2年,建设期3年的投资比例为:第一年25%,第二年40%,第三年35%,第四年进行投产。年均投资价格上涨率为6%,求建设期内涨价预备费。

9 不确定性分析

9.1 不确定性分析概述

9.1.1 不确定性分析的概念

不确定性分析是在对投资方案进行财务评价和国民经济评价的基础上进行的,旨在用一定的方法考察不确定性因素对方案实施效果的影响程度,分析项目运行风险,以完善投资方案的主要结论,提高投资决策的可靠性与科学性。常用的不确定性分析方法包括盈亏平衡分析、敏感性分析和概率分析。一般来讲,盈亏平衡分析只适用于项目的财务评价,而敏感性分析和概率分析可同时用于财务评价和国民经济评价。

9.1.2 不确定性分析的作用

不确定性分析是项目评价的一项重要内容。由于项目评价都是以一些确定的数据为基础,如项目的总投资、建设期、年销售收入、年经营成本、年利率、设备残值等指标值,这些数据在计算评价指标时被认为是已知的、确定的,即使某个指标值是估计或预测的,也认为是可靠、有效的。但实际上,由于前述各种影响因素的存在,评价指标的计算值与实际值常常存在差异,从而影响评价结果,仅凭一些基础数据所做的确定性分析为依据来取舍项目,就可能导致投资决策失误。为了有效减少不确定因素对项目经济效果的影响,增强项目的抗风险能力,进而提高项目决策的科学性和可靠性,除对项目进行确定性分析以外,还有必要对项目进行不确定性分析。

9.1.3 不确定性分析的步骤

(1)鉴别不确定性因素

尽管项目运行中涉及的所有因素都具有不确定性,但它们在不同条件下不确定性程度是不同的。对项目进行不确定性分析没有必要对所有的不确定性因素进行分析,而应找出不确定性程度较大的因素作为分析的重点。不确定性包括不可测定的不确定性因素与可测定的风险因素。对不可测定的不确定性因素,应界定其变化的幅度、变化的范围,确定其边界值,对可测定的风险因素应确定其概率分布状况。

(2)选择不确定性分析的方法

根据不确定性因素的性质,选择不确定性分析的方法,一般情况下,盈亏平衡分析与敏感性分析适用于不可测定的不确定性分析;概率分析适用于可测定的风险分析。

(3)明确不确定性分析的结果

不确定性分析,根据分析的需要和依据的指标不同,其分析的结果可以是平衡点确定、不同区间的方案选择、不同方案的比选、敏感度与敏感因素的界定、风险预测等。

9.2 盈亏平衡分析

投资项目的经济效果,会受到许多因素的影响。当这些因素发生变化时,可能会导致原来盈利的项目变为亏损项目。盈亏平衡分析又称量本利分析,其目的是通过分析产品产量、成本和盈利之间的关系,找出方案盈利和亏损在产量、单价、成本等方面的临界点,判断不确定性因素对方案经济效果的影响程度,说明方案实施风险的大小。

9.2.1 线性盈亏平衡的数学模型

根据成本总额对产出品数量的依存关系,全部成本可分解成固定成本和变动成本两部分,再同时考虑收入和利润,成本、产量和利润的关系就可统一于一个数学模型(也称为量本利模型)。其表达形式为

$$\text{利润} = \text{销售收入} - \text{总成本} - \text{销售税金} \tag{9-1}$$

$$\text{销售收入} = \text{单位售价} \times \text{销售量} \tag{9-2}$$

$$\text{总成本} = \text{变动成本} + \text{固定成本} = \text{单位变动成本} \times \text{产量} + \text{固定成本} \tag{9-3}$$

$$\text{销售税金} = \text{单位产品税金及附加} \times \text{销售量} \tag{9-4}$$

由以上公式可得利润公式为

$$B = PQ - C_V Q - C_F - tQ \tag{9-5}$$

式中,B——利润;

P——单位产品售价;

Q——销售量或生产量;

t——单位产品税金及附加;

C_V——单位产品变动成本;

C_F——固定成本。

利润公式中明确表达了产销量、成本、利润之间的数量关系,是基本的损益方程式。它含有相互联系的六个变量,给定其中五个,便可求出余下的最后一个变量的值。

9.2.2 单方案线性盈亏平衡分析

9.2.2.1 线性盈亏平衡分析的基本假设

①产品的产量等于销售量,即不存在产品存余的情况。

②项目正常生产年份的总成本可划分为固定成本和可变成本,且总成本是产量的线性函数。

③项目在计算期内,产品市场价格、生产工艺、技术装备、管理水平等保持不变,销售收入与产量呈线性关系。

④单位产品的价格保持不变。

⑤只生产单一产品,如果生产多种产品,可以换算为单一产品计算。

9.2.2.2 线性盈亏平衡的分析方法

图 9-1 所示为基本的量本利图。

从图 9-1 知,销售收入线与总成本线的交点是盈亏平衡点,表明项目在此产销量下,总收入扣除税金及附加后与总成本相等,既没有利润,又不发生亏损。在此基础上,增加销售量,销售收入超过总成本,收入线与成本线之间的距离为利润值,形成盈利区;反之,形成亏损区。

线性盈亏平衡分析

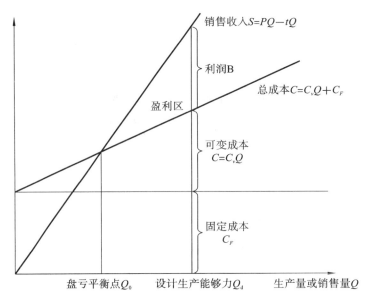

图 9-1 基本的量本利图

由于该图能清晰地显示项目不盈利也不亏损时应达到的产销量,故又称为盈亏平衡图。用图示表达量本利之间的相互关系,不仅直观,一目了然,而且容易理解。

由于单位产品的税金及附加是随产品的销售单价变化而变化的,为了便于分析,将销售收入与税金及附加合并考虑,即可将产销量、成本、利润的关系反映在直角坐标系中,形成基本的量本利图。

9.2.2.3 盈亏平衡点的表达方式

盈亏平衡点是项目亏损与盈利的临界点,表明项目不亏不盈时生产经营的临界状态。项目盈亏平衡点(BEP)的表达形式有很多种,可以用实物产销量、年销售额、单位产品售价、单位产品的可变成本以及年固定总成本的绝对量表示,也可以用某些相对值表示,如生产能力利用率。其中,以产量和生产能力利用率表示的盈亏平衡点应用最为广泛。

(1)用产量表示的盈亏平衡点 BEP(Q)

由利润公式可知,令基本损益方程式中的利润 $B=0$,此时的产量 Q_0 即为盈亏临界点产销量。即

$$\mathrm{BEP}(Q) = \frac{C_F}{P - C_V - t} \tag{9-6}$$

(2)用生产能力利用率表示的盈亏平衡点 BEP(%)

生产能力利用率表示的盈亏平衡点,是指盈亏平衡点产销量占销量项目正常产量的比例。正常产量,是指达到设计生产能力的产销数量,也可以用销售金额来表示。生产能力利用率的计算公式为

$$\mathrm{BEP}(\%) = \frac{Q_0}{Q_d} \times 100\% \tag{9-7}$$

进行项目评价时,生产能力利用率表示的盈亏平衡点常常根据正常年份的产品产销量、变动成本、固定成本、产品价格和税金及附加等数据来计算。即

$$\mathrm{BEP}(\%) = \frac{C_F}{p\,Q_d - C_V\,Q_d - t\,Q_d} \times 100\% \tag{9-8}$$

式(9-6)与(9-8)之间的换算关系为
$$BEP(Q) = BEP(\%) \times 设计生产能力 \tag{9-9}$$
盈亏平衡点应按项目的正常年份计算,不能按计算期内的平均值计算。

(3)用销售额表示的盈亏平衡点 BEP(S)

生产单一产品的项目在现代经济中只占少数,大部分项目会产销多种产品。多品种项目可使用年销售额来表示盈亏临界点。
$$BEP(S) = \frac{p \times C_F}{p - C_V - t} \tag{9-10}$$

(4)用销售单价表示的盈亏平衡点 BEP(P)

如果按设计生产能力进行生产和销售,BEP 还可由盈亏平衡价格 BEP(P) 来表达,即
$$BEP(P) = \frac{C_F}{Q_d} + C_V + t \tag{9-11}$$

【例 9-1】某项目的设计能力为年产 40 万件,估计单位产品价格为 100 元,单位产品可变成本为 70 元,年固定成本为 400 万元。试用产量、生产能力利用率、销售价格、销售额、单位变动成本分别表示该项目的盈亏平衡点。已知该产品的增值税金及附加税率为 5%。

解:① 使用产量表示的 BEP(Q) 得
$$BEP(Q) = \frac{C_F}{P - C_V - t} = \frac{400}{100 - 70 - 100 \times 5\%} = 16(万件)$$

② 使用生产能力利用率表示的 BEP(%)
$$BEP = \frac{Q_0}{Q_d} \times 100\% = \frac{16}{40} \times 100\% = 40\%$$

③ 使用销售额表示的 BEP(S)
$$BEP(S) = \frac{PC_F}{P - C_{V-t}} = \frac{100 \times 400}{100 - 70 - 100 \times 5\%} = 1600(万元)$$

④ 使用销售单价表示的 BEP(P) 得
$$BEP(P) = \frac{C_F}{Q_d} + C_V + t = \frac{400}{40} + 70 + 100 \times 5\% = 85(元/件)$$

⑤ 使用单位变动成本表示的盈亏平衡点
$$C_V{}^* = P - \frac{C_F}{Q_d} - t = 100 - \frac{400}{40} - 100 \times 5\% = 85(元/件)$$

注:* 为盈亏平衡点的简写。

盈亏平衡点反映了项目对市场变化的适应能力和抗风险能力。从盈亏平衡图可看出,盈亏平衡点越低,达到此点的盈亏平衡产量和收益或成本也就越少,项目投产后盈利的可能性越大,适应市场变化的能力越强,抗风险能力也越强。

9.2.3 多方案线性盈亏平衡分析

当不确定性因素同时对两个以上的方案,如对互斥型方案的经济效果产生不同程度的影响时,可通过盈亏平衡分析方法开展互斥型方案在不确定性条件下的比选,也称为优劣平衡分析。其具体做法如下:首先,确定某一分析指标(如有收入时,可以是利润;当各方案收入相等时,可以是成本);然后将这一分析指标用同一变量表示,即确定分析指标的函数式;令方案的分析指标函数式相等,便可以求出该变量的某一特定值,称为方案的盈亏平衡点(或优劣平衡点);最后,分析盈亏平衡

点左右的方案优劣。它可以对决策者确定项目的合理经济规模及对项目工艺技术方案的投资抉择起到一定的参考与帮助作用。

【例 9-2】现有一工程项目，有三种方案，机械化程度高时投资大，固定成本高，可变成本低。其具体参数见表 9-1，试评价三种方案的优劣。

表 9-1 A、B、C 方案具体参数

方案费用项目	A	B	C
产品变动成本/(元/件)	100	50	30
产品年固定成本/元	1000	1800	3100

解：当某产量达到某一值时，几个方案销售收入是一致的，故评价指标应是成本大小；而成本又与产量有关，所以列出产量和成本的关系进行评价。

设预计产量为 Q，则各方案的生产成本为

$$TCA = 1000 + 100Q, TCB = 1800 + 50Q, TCC = 3100 + 30Q$$

各方案的成本线如图 9-2 所示。

当 TCA=TCB 时，得 $Q_1 = 16$ 件；当 TCA=TCC 时，得 $Q_2 = 30$ 件；当 TCB=TCC 时，得 $Q_3 = 65$ 件。由上表 9-1 可知，每种方案在不同产量范围内有不同的相应效果，即产量越大，对方案 C 越有利，而对方案 A 越不利。故当产量 $Q < Q_1 = 16$ 件时，A 方案成本越低，故应选择 A 方案；当产量 Q 介于 $Q_1 \sim Q_3$ 时，B 方案成本最低，故应选择 B 方案；当产量 $Q > Q_3$ 时，C 方案成本最低，故应选择 C 方案。

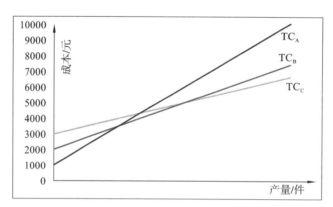

图 9-2 盈亏平衡分析图

盈亏平衡分析在实际运用中具有一定的局限性。一方面，它是建立在产量等于销售量的基础之上的，即生产出的产品能全部销完而没有积压。另一方面，它所使用的一些数据是以正常生产年份的历史数据修正后得出的，精确程度有待提高。因此，盈亏平衡分析法适合于对现有项目的短期分析。由于项目经常考查的是长期的过程，用盈亏平衡分析法无法得到一个全面的结论。但此方法计算简单，并且能够对项目的关键因素做出不确定性分析，所以至今仍被作为项目不确定性分析的方法而使用。

9.3 敏感性分析

9.3.1 敏感性分析基本原理

9.3.1.1 敏感性分析的定义

不确定因素的变化会引起项目经济指标随之变化,各个不确定因素对经济指标的影响又是不一样的,有的因素可能对项目经济的影响较小,而有的因素可能会对项目经济带来大幅度的变动,将这些对项目经济影响较大的因素称为敏感性因素。敏感性分析就是找出项目的敏感性因素,并测算该因素变动一个单位对项目经济效益指标产生的变动幅度,利用这种变动幅度分析工程项目对该因素的敏感性程度,进而判断项目在该因素方面所能承受风险范围的一种不确定性分析方法。

一般进行敏感性分析所涉及的不确定性因素主要有产量(生产负荷)、产品生产成本、主要原材料价格、燃料动力价格、可变成本、固定资产投资、建设周期、折现率、外汇汇率等。敏感性分析不仅能使决策者了解不确定因素对项目经济评价指标的影响,并使决策者对最敏感的因素或可能产生最不利变化的因素提出相应的决策和预防措施,还可以启发评价者对那些较为敏感的因素重新搜集资料进行分析研究,以提高预测的可靠性。

9.3.1.2 敏感性分析的目的

① 找到工程项目中引起经济效益指标变化的敏感性因素,揭示敏感性因素发生改变的原因,并为不确定性分析(如概率分析)提供数据的收集方法和获取方式。

② 研究在不影响现有工程项目方案盈利性的前提下测算不确定性因素变动的极限范围,检验项目抗风险的容错能力。

③ 比较多方案的敏感性大小,以便在经济效益值相似的情况下,从中选出不敏感的投资方案。

敏感性分析不仅可以应用于拟建项目经济评价中,以帮助投资者做出最后的决策,还可以用在项目规划阶段和方案选择中。根据不确定性因素的数量,敏感性分析可以分为单因素敏感性分析和多因素敏感性分析。

9.3.1.3 敏感性分析的步骤

(1) 确定敏感性分析指标

敏感性分析主要针对工程项目的经济效益进行分析,因此,反映工程项目经济效益的评价指标均可以作敏感性分析指标,通常包括息前利润、投资回收期、内部收益率、净现值、投资收益率等。需要注意的是,选择进行敏感性分析的指标,必须与确定性分析的评价指标相一致。应该根据工程项目的实施特点和管理者的关注点,选择少量且重要的经济效益指标进行分析。

敏感性分析的步骤

确定敏感性分析指标可以遵循以下两个原则。第一,与工程项目的实施特点相匹配。如果要分析供求关系对工程项目利润的影响,则应选择息前利润作为敏感性分析指标;如果要分析市场收益率波动对初始投资额的影响,则应选择净现值作为敏感性分析指标。第二,与管理者的关注点相吻合。如果管理者关注的是市场机会或可行性分析阶段,那么可以选用静态评价指标;如果管理者关注的是项目的实施阶段,则应该选择时效性更强的动态评价指标。

(2) 选取不确定因素,确定其变动范围

不确定因素,是指受工程项目内外部环境影响而无法准确控制或预计的因素,如市场销量产品价格、工程建设期、成本、市场收益率、投资额、利率等。

在选择需要分析的不确定因素时,不可能也没有必要对全部不确定性因素逐个进行分析。选择不确定因素的原则有三个。第一,因果性原则。所选取的因素会显著、直接地影响经济效益指标。否则,选取因素变化未能改变经济效益指标,失去了敏感性分析的初衷,例如市场利率与产品价格之间的因果关联基本可以忽略不计,如果选择利率变动对产品价格的影响,根本无法建立函数关系,进而无法进行敏感性分析。第二,主要性原则。如高档消费品,其销售受市场供应关系变化的影响较大。而这种变化不是项目本身所能控制的,因此销售量是不确定性因素,而不是选择产量作为敏感性因素。第三,概率原则。不确定性因素应选取变动概率较大的因素或预测准确性较差的因素。例如,研究成本对产品售价的影响时,应该选取变动成本作为不确定性因素,而非选择固定成本作为不确定性因素,因为变动成本发生改变的概率要远远大于固定成本。

根据不确定因素产生变动的原因,分析该因素可能变化的范围,确定不确定性因素分析的采样频率,并根据变化范围和采样点确定不确定性因素的变化值,例如项目要分析产品价格上涨对利润的影响,通过市场调查预测消费者能够接受价格的最大涨幅为15%,公司希望了解涨幅内三等分涨价方案对利润的影响,那么产品价格上涨的变化取值分别为5%、10%、15%。

(3) 计算不确定因素变动时对分析指标的影响程度

假定除要进行分析的不确定性因素以外的其他因素都固定不变,将不确定性因素变动到预先设定的变化取值,根据不确定性因素与敏感性分析指标的数量关系计算经济效益指标的变化幅度。

判断敏感性分析指标对不确定因素的敏感程度有以下两个指标。

① 敏感度系数。敏感度系数 (S_{AF}) 是指项目评价指标变化率与不确定因素之比,计算公式为

$$S_{AF} = \frac{\Delta A/A}{\Delta F/F} \tag{9-12}$$

式中,$\Delta F/F$ ——不确定性因素 F 的变化率;

$\Delta A/A$ ——不确定性因素 F 发生 ΔF 变化时,评价指标 A 的相应变化率;

$S_{AF} > 0$,表示评价指标与不确定性因素同方向变化;

$S_{AF} < 0$,表示评价指标与不确定性因素反方向变化。

$|S_{AF}|$ 越大,表明评价指标 A 对于不确定性因素 F 越敏感;反之,则不敏感。

② 临界点。临界点是指不确定性因素的变化使项目由可行变为不可行的临界数值,求出待分析的不确定因素的最大允许变动幅度,并与其事先设定的最可能出现的最大变动幅度相比。如果该因素可能出现的最大变动幅度超过其最大允许变动幅度,则经济评价指标超过项目可行的临界值,改变项目的可行性,说明该不确定因素是敏感性因素。

(4) 找出敏感因素,综合评价,优选方案

借助用图或表格的形式展示确定性分析和敏感性分析的结果,综合评价并选择敏感程度小的方案。

利用计算出来的——对应关系,如 $-5\% \sim +5\%$、$-10\% \sim +10\%$ 等所对应的经济评估指标值,在敏感性分析图上绘出相应因素的敏感性变化曲线。纵坐标表示敏感性分析指标,横坐标表示各敏感性因素变化,零点为没变的情况;分析曲线的变化趋势,确定最大的允许变化幅度和最敏感因素。一般情况下,因素每次变化能引起指标值较大变化,表明因素越敏感,在曲线图中,表现为曲线越陡;因素每次变化不能引起指标值较大变化,表明因素敏感性程度越弱,曲线越平缓。

敏感性分析作为一种风险分析,主要是为了表明项目承担风险的能力,如某个不确定性因素变化引起项目经济评价指标的变化不大,则认为项目经济生命力强,承担风险能力大。显然,项目经济评价指标对不确定性因素的敏感度越低越好。所以,敏感性分析主要是寻找引起项目经济评价指标下降的最敏感性因素并对其进行综合评价,提出把风险降低到最低限度的对策,为投资决策提供参考。

9.3.2 单因素敏感性分析

单因素敏感性分析是指在进行敏感性分析时,假定只有一个因素是变化的,其他的因素均保持不变,分析这个可变因素对经济评价指标的影响程度和敏感程度。单因素敏感性分析是敏感性分析的基本方法。

【例 9-3】某企业拟投资生产一种新产品,计划一次性投资 P 为 2500 万元,建设期 n_1 为 1 年,第二年起每年预计可取得销售收入 W 为 800 万元,年经营成本 C 预计为 300 万元,项目寿命期 n 为 10 年,期末预计设备残值收入 S_V 为 100 万元,基准收益率 i 为 10%。试分析该项目净现值对投资、年销售收入、年经营成本等因素的敏感性。

解:
首先,计算该项目的净现值。

$$\text{NPV} = -P + (W-C)(P/A,i,n-n_1)(P/F,i,n_1) + S_V(P/F,i,n)$$
$$= -2500 + (800-300)(P/A,10\%,9)(P/F,10\%,1) + 100(P/F,10\%,10)$$
$$= -2500 + 500 \times 5.7590 \times 0.9091 + 100 \times 0.3855 = 156.30(万元)$$

对于影响项目净现值的各参数,任何一个不同于预计值的变化都会使净现值发生变化。现假设在其他参数不变的前提下,分别计算各影响参数在其预测值的基础上变化 -20%、-10%、$+10\%$、$+20\%$ 的幅度时项目的净现值,计算结果列于表 9-2。

表 9-2 单因素变化对净现值的影响程度

影响因素	变化率				
	-20%	-10%	0	$+10\%$	$+20\%$
投资/万元	656.29	406.29	156.29	-93.71	-343.71
年销售收入/万元	-681.38	-262.55	156.29	575.13	993.97
年经营成本/万元	470.42	313.36	156.29	-0.77	-157.84

根据表中数据可以画出敏感性分析图,见图 9-3。

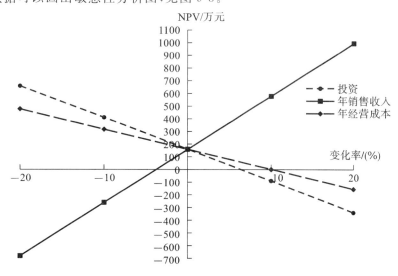

图 9-3 单因素变化敏感性分析

从图 9-3 中可以看出,年销售收入、投资、年经营成本曲线的陡度依次从高到低,在同一百分率变动的情况下,它们引起净现值变化的幅度也依次从高到低,即净现值对年销售收入、投资、年经营成本变化的敏感程度依次从高到低。因此,在敏感性分析图上,直线的陡度越大,项目评价指标对该因素的变动越敏感;反之,直线越平缓,项目评价指标对该因素的变动越不敏感。

9.3.3 多因素敏感性分析

单因素敏感性分析方法适合于分析项目方案的最敏感因素,但它忽略了各个变动因素综合作用的可能性。无论是哪种类型的技术项目方案,各种不确定因素对项目方案经济效益的影响,都是综合发生的,而且各个因素的变化率及其发生的概率是随机的。因此,研究分析经济评价指标受多个因素同时变化的综合影响,研究多因素的敏感性分析,更具有实用价值。多因素敏感性分析是指同时有两个或者两个以上的因素发生变化时,分析这些可变因素对经济评价指标的影响程度和敏感程度。多因素敏感性分析要考虑可能发生的各种因素不同变动幅度的多种组合,其计算要比单因素敏感性分析复杂得多。

(1)双因素敏感性分析

【例 9-4】某投资商拟建新的生产线,生产某新产品。通过市场调查,拟定项目规模 Q 为年产 10 万公斤,预计销售价格 W 为 70 元/公斤,年经营成本 C 为 250 万元,寿命期 n 为 10 年,残值 S_v 为 120 万元,并估算投资额 P 为 2500 万元,最低期望收益率 i 为 10%。要求:选取投资额和价格,进行双因素敏感性分析。

解:设投资额变化率为 x,价格变化率为 y。

$$\begin{aligned}
\text{NPV} &= -P + (WQ-C)(P/A,i,n) + S_v(P/F,i,n) \\
&= -2500(1+x) + [700(1+y)-250](P/A,10\%,10) + 120(P/F,10\%,10) \\
&= -2500x + 4301y + 311.32
\end{aligned}$$

令 NPV=0,

有

$$y = 0.581x - 0.072$$

或

$$x = 1.72y + 0.125$$

根据 $y = 0.581x - 0.072$ 绘制双因素敏感性分析图,如图 9-4 所示。

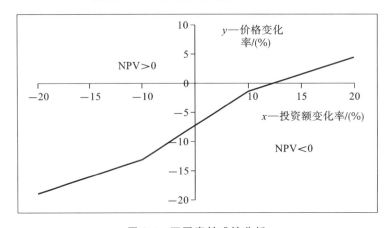

图 9-4 双因素敏感性分析

图 9-4 是根据方程 $y = 0.581x - 0.072$ 绘制在坐标图上的一条直线,即一条 NPV=0 的临界

线。在临界线上，NPV＝0；在临界线左上方的区域，NPV＞0；在临界线右下方的区域，NPV＜0。也就是说，如果投资额和价格同时变动，只要变动范围不超过临界线进入右下方区域（包括临界线上的点），方案都是可以接受的。

（2）三因素敏感性分析

【例 9-5】对于三因素敏感性分析，一般需列出三维的数学表达式，但也可以采取降维的方法处理。对例 9-4 中的方案作关于投资、价格和年经营成本三因素同时变化时的敏感性分析。

解：设投资额变化率为 x，价格变化率为 y，经营成本变化率为 z。

① $z=0$，

$$\begin{aligned}\text{NPV} &= -P + (WQ-C)(P/A,i,n) + S_v(P/F,i,n) \\ &= -2500(1+x) + [700(1+y)-250](P/A,10\%,10) + 120(P/F,10\%,10) \\ &= -2500x + 4301y + 311.32\end{aligned}$$

令 NPV＝0，$y = 0.581x - 0.072$；

② $z=10\%$，

$$\begin{aligned}\text{NPV} = \text{NPV} &= -P + (WQ-C)(P/A,i,n) + S_v(P/F,i,n) \\ &= -2500(1+x) + [700(1+y)-250\times(1+z)](P/A,10\%,10) + 120(P/F,10\%,10) \\ &= -2500x + 4301y + 157.71\end{aligned}$$

令 NPV＝0，$y = 0.581x - 0.037$；

同理可得，$z=20\%$，$y = 0.581x - 0.001$；

$z=-10\%$，$y = 0.581x - 0.108$；

$z=-20\%$，$y = 0.581x - 0.144$。

也可以选择投资额变化率或者价格变化率为不变的因素，得到其他方程。

绘制在控制其中一种因素的条件下的双因素敏感性分析图。图 9-5 把经营成本变化率作为不变的因素，将价格和投资额的变化绘制在坐标图上的一组平行直线方程，即一组 NPV＝0 的临界线。在临界线上，NPV＝0；在临界线左上方的区域，NPV＞0；在临界线右下方的区域，NPV＜0。也就是说，在经营成本变化率不变的情况下，如果投资额和价格同时变动，只要变动范围不超过临界线进入右下方区域（包括临界线上的点），方案都是可以接受的。

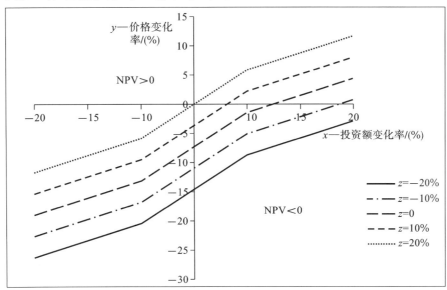

图 9-5 三因素敏感性分析

9.3.4 敏感性分析的局限性

敏感性分析在一定程度上就各种不确定因素的变动对项目经济指标的影响作了定量描述,这有助于决策者了解项目的风险情况,有助于确定在决策过程中及项目实施中需要重点研究与控制的因素。但是,敏感性分析没有考虑各种不确定因素在未来发生一定幅度变动的概率。这可能会影响分析结论的准确性与实用性。实际,各种不确定性因素在未来发生变动的概率往往有所差别。常常会出现这样的情况,通过敏感性分析找出的某个敏感性因素未来发生不利变动的概率很小,实际引起的风险并不大;若另一个不太敏感的因素未来发生不利变动的概率却很大,实际上所引起的风险反而比那个敏感性因素更大。这类问题是敏感性分析无法解决的,为弥补这一不足,可借助于概率分析。

9.4 概 率 分 析

9.4.1 概率分析的概念及其步骤

9.4.1.1 概率分析的概念

概率分析是通过研究各种不确定因素发生不同程度变动的概率,及其对技术方案经济评价指标影响的一种定量分析方法。概率分析的关键是确定各种不确定因素变动的概率,概率分析的内容应根据经济评价的要求和技术方案的特点确定。概率分析主要分析项目净现值的期望值及净现值大于或等于零时的累计概率,也可以通过模拟法测算项目的内部收益率等评价指标的概率分布,根据概率分析的结果,提出项目评价的决定性意见。

9.4.1.2 概率分析的步骤

①选定一个或几个评价指标,通常将内部收益率、净现值等作为评价指标。同时要注意概率分析时所选定的分析指标应与确定性分析的评价指标保持一致。

②选定需要进行概率分析的不确定因素,通常有产品价格、销售量、主要原材料价格、投资额以及外汇汇率等。针对项目的不同情况,通过敏感性分析,选择最为敏感的因素作为概率分析的不确定因素。

③预测不确定因素变化的取值范围及概率分布。在单因素概率分析中,设定某个因素变化,其他因素均不变化,即只有一个自变量;在多因素概率分析中,设定多个因素同时变化,对多个自变量进行概率分析。

④根据测定的风险因素取值和概率分布,计算评价指标的相应取值和概率分布。

⑤计算评价指标的期望值和项目可接受的概率。

⑥分析计算结果,判断其可接受性,研究减轻和控制不利影响的措施。

9.4.2 概率分析的方法

9.4.2.1 期望值法

期望值是用来描述随机变量的一个主要参数。随机变量是这样一类变量:通常能够知道其所有可能的取值范围,也知道其取各种值的可能性,但却不能肯定其最后确切的取值。比如说有一个变量 X,它的取值范围是 0、1、2,也知道 X 取值 0、1、2 的概率分别是 0.3、0.5 和 0.2,但是究竟 X 取什么值却不知道,那么 X 就称为随机变量。从随机变量的概念上来理解,可以说在投资项目经济评价中所遇到的大多数变量因素,如投资额、成本、销售量、产品价格、项目生命期等,都是随机变量。通常可以预测其未来可能的取值范围,估计各种取值或值域发生的概率,但不可能准确地预知其取什么值。投资方案的现金流量序列是由这些因素的取值决定的,所以,方案的现金流量序列实际上也是随机变量。而以此计算出来的经济评价指标也是随机变量,由此可见,项目净现值也是一个随机变量。

期望值也称数学期望,它是在大量重复事件中随机变量的取值与相应概率的加权平均值,也是最大可能取值。随机变量可以分为离散型随机变量和连续型随机变量。离散型随机变量是指事件发生的可能结果是有限的,并且每个结果发生的概率为确定的随机变量;连续型随机变量是指可能的取值在有限的区间内有无限个,且概率总和为 1 的随机变量。在技术经济分析中,任何不确定因素的变化一般为有限次数,可以采用离散型变量的期望值公式

$$E(X) = \sum_{i=1}^{n} X_i P_i \tag{9-13}$$

式中,$E(X)$——随机变量的期望值;

i——随机变量的序号;

X_i——随机变量值;

n——随机变量的数量;

P_i——随机变量的概率。

期望值法,就是把每个方案的期望值求出来,加以比较。如果决策目标是效益最大,则采用收益期望值最大的方案。如果方案中对应的损益值为费用值,而且决策目标是费用最小,则应选择期望值最小的投资方案。

【例 9-6】某项目的投资方案寿命期为 5 年,基准折现率为 10%,方案的初始投资额和每年年末净收益的可能情况及概率见表 9-3。试求该方案净现值的期望值。

表 9-3 方案的不确定性因素值及其概率

投资额		年净收益	
数值/万元	概率	数值/万元	概率
110	0.3	30	0.25
120	0.5	35	0.4
130	0.2	40	0.35

解:组合投资额和年收益两个不确定性因素的可能情况,该方案共有 9 种不同的投资状态。例如,初始投资额 110 万元、年净收入 30 万元的概率是 $0.30 \times 0.25 = 0.075$,此时,方案的净现值为

$$\text{NPV} = -110 + 30(P/A, 10\%, 5) = 3.72 (万元)$$

同理计算各种状态的净现值及其对应的概率见表 9-4。

表 9-4 方案所有组合状态的概率及净现值

投资额	110			120			130		
年净收益	30	35	40	30	35	40	30	35	40
组合概率	0.075	0.12	0.105	0.125	0.2	0.175	0.05	0.08	0.07

续表

投资额	110			120			130		
NPV	3.72	22.68	41.63	−6.28	12.68	31.63	−16.28	2.68	21.63

根据期望的公式 $E(X)=\sum_{i=1}^{n}X_iP_i$，可求出净现值的期望值为

$E(\mathrm{NPV})=3.72\times0.075+22.68\times0.12+41.63\times0.105+(-6.28)\times0.125+12.68\times0.2+31.63\times0.175+(-16.28)\times0.05+2.68\times0.08+21.63\times0.07=15.57$（万元）

净现值的期望值在概率分析中是一个非常重要的指标，在对项目进行概率分析时，一般都要计算项目净现值的期望值及净现值大于或等于零时的累计概率。累计概率越大，表明项目承担的风险越小。

根据表 9-4 计算结果，按净现值从小到大排序，计算累计概率，结果见表 9-5。

表 9-5 方案净现值的排序及累计概率

序 号	NPV	概 率	累计概率
1	−16.28	0.05	0.05
2	−6.28	0.125	0.175
3	2.68	0.08	0.255
4	3.72	0.075	0.33
5	12.68	0.2	0.53
6	21.63	0.07	0.6
7	22.68	0.12	0.72
8	31.63	0.175	0.895
9	41.63	0.105	1

再依据线性内插法的思路，计算 NPV≥0 的累计概率：

$$1-\left(0.175+\frac{6.28}{6.28+2.68}\times0.08\right)=1-0.231=0.769$$

NPV≥0 的累计概率越大，表明项目的风险越小。

【例 9-7】某水库在河岸附近修建了一个水处理设备，现考虑修建一道堤坝保护设备不受洪水影响，有关数据见表 9-6，设备使用年限为 10 年，$i_c=10\%$，不考虑设备残值，求修建多高的堤坝最经济。

表 9-6 修建堤坝的相关数据

河水超出正常水位的高度 x m	河水超出正常水位 x m 的年数	河水超出正常水位 x m 的概率	河水超出堤坝 x m 年损失/万元	建 x m 堤坝投资/万元
0.0	20	0.40	0	0
0.5	16	0.32	10	10
1.0	9	0.18	15	20

续表

河水超出正常水位的高度 x m	河水超出正常水位 x m 的年数	河水超出正常水位 x m 的概率	河水超出堤坝 x m 年损失/万元	建 x m 堤坝投资/万元
1.5	2	0.04	20	30
2.0	2	0.04	25	45
2.5	1	0.02	35	55

解:分别计算不同高度堤坝的年度费用期望值。

例如堤坝高为 0.5 m 时,有

年度损失期望值 $= 0.18 \times 10 + 0.04 \times 15 + 0.04 \times 20 + 0.02 \times 25 = 3.7$(万元)

年度费用期望值 $= 10 \times (A/P, 10\%, 10) + 3.7 = 5.327$(万元)

再例如堤坝高为 1.0 m 时,有

年度损失期望值 $= 0.04 \times 10 + 0.04 \times 15 + 0.02 \times 20 = 1.4$(万元)

年度费用期望值 $= 20 \times (A/P, 10\%, 10) + 1.4 = 4.655$(万元)

计算结果见表 9-7。

表 9-7 年度费用期望值计算值

堤坝高/m	投资等值年金/万元	年度损失期望值/万元	年度费用期望值/万元
0	0	8.4	8.4
0.5	1.627	3.7	5.327
1.0	3.255	1.4	4.655
1.5	4.882	0.7	5.582
2.0	7.324	0.2	7.524
2.5	8.951	0	8.951

由表 9-7 可知,修建 1.0 m 的堤坝最经济。

有时在多方案决策时,仅根据期望值进行决策还不够,必要时还可进一步计算期望值的标准差以及变异系数,并据此作出决策。

标准差反映了一个随机变量实际值与其期望值偏离的程度。这种偏离程度在一定意义上反映了投资方案风险的大小。标准差的一般计算公式为

$$\sigma = \sqrt{\sum_{i=1}^{n} P_i [X_i - E(X)]^2} \tag{9-14}$$

标准差虽然可以反映随机变量的离散程度,但它是一个绝对量,其大小与变量的数值及期望值大小有关。一般而言,变量的期望值越大,其标准差也越大。特别是需要对不同方案的风险程度进行比较时,标准差往往不能够准确反映风险程度的差异。为此引入另一个指标,称为变异系数。它是标准差与期望值之比,即

$$V = \frac{\sigma}{E(X)} \tag{9-15}$$

由于变异系数是一个相对数,不会受变量和期望值绝对值大小的影响,因此能更好地反映投资

方案的风险程度。

当对多个投资方案进行比较时,如果是效益指标,则认为期望值较大的方案较优;如果是费用指标,则认为期望值较小的方案较优。如果期望值相同,则标准差较小的方案风险更低;如果多个方案的期望值与标准差均不相同,则变异系数较小的方案风险更低。

【例 9-8】 某公司研发了一种新产品,生产部门要从三个互斥方案中选择一个方案进行生产,各方案的自然状态、概率及净现值如表 9-8 所示。

表 9-8 各方案的自然状态、概率及净现值

自然状态	概率	方案净现值/万元		
		A(大批量生产)	B(中批量生产)	C(小批量生产)
销路好	0.25	400	300	100
销路一般	0.5	250	250	280
销路差	0.25	100	200	370

解:
(1)计算各方案净现值的期望和标准差
$E_A(NPV) = 400 \times 0.25 + 250 \times 0.5 + 100 \times 0.25 = 250$(万元)
$E_B(NPV) = 300 \times 0.25 + 250 \times 0.5 + 200 \times 0.25 = 250$(万元)
$E_C(NPV) = 100 \times 0.25 + 280 \times 0.5 + 370 \times 0.25 = 257.5$(万元)

$\sigma_A = \sqrt{0.25 \times (400-250)^2 + 0.5 \times (250-250)^2 + 0.25 \times (100-250)^2}$
$= 106.066$(万元)

$\sigma_B = \sqrt{0.25 \times (300-250)^2 + 0.5 \times (250-250)^2 + 0.25 \times (200-250)^2}$
$= 35.35$(万元)

$\sigma_C = \sqrt{0.25 \times (100-257.5)^2 + 0.5 \times (280-257.5)^2 + 0.25 \times (370-257.5)^2}$
$= 98.075$(万元)

(2)根据方案净现值的期望和标准差评价方案

因为方案 A 与方案 B 现值的期望值相等,均为 250 万元,故需要通过比较它们的标准差来决定方案的优劣。在前面的计算中有:$\sigma_A > \sigma_B$,方案 B 风险较小,其经济效益优于方案 A,所以,舍去方案 A 保留方案 B。

对方案 B 与方案 C 进行比较选择。由于它们净现值的期望值不相等,方案 C 的 $E_C(NPV)$ 大于方案 B 的 $E_B(NPV)$,但是方案 B 净现值的标准差 σ_B 小于方案 C 的 σ_C,究竟哪个方案较为经济合理并不明显,故必须通过计算它们各自的变异系数,才能进一步确定这两个方案风险的大小。

(3)计算变异系数

$$V_B = \frac{35.355}{250} = 0.141, \quad V_C = \frac{98.075}{257.5} = 0.381$$

因为 $V_B < V_C$,所以方案 B 的风险比方案 C 小,而两方案的净现值差别不大,因此,最后应选择方案 B 为最优的生产方案,即中批量生产该新产品。

9.4.2.2 决策树法

决策树是将各种可供选择的方案以及影响各备选方案的有关因素(如自然状态、概率、损益值等)绘成一个树状图(见图 9-6)。这个树状网络图从左向右展开,一般根据期望值法计算每一个方

案的期望损益值并进行决策。决策树法特别适用于多阶段决策分析。

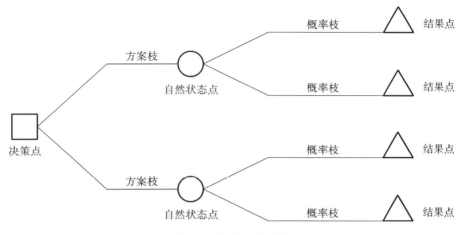

图 9-6 决策树结构图

决策树一般由三种点、两类枝组成：三种点即决策点、自然状态点、结果点；两类枝即方案枝和概率枝。决策点用"□"表示，是对多种可能方案择优的结果；从决策点引出若干条分枝，每条分枝代表一个备选方案，即方案枝；在方案枝末端连接自然状态点，以"○"表示，代表备选方案的期望损益值；从自然状态点引出的各条分枝为概率枝，每一分枝代表一种自然状态可能出现的概率；在每条概率枝的末端以结果点"△"结束，并标注各方案在相应自然状态下的损益值。

应用决策树进行决策一般分为以下两个步骤。

①绘制决策树。根据决策问题的具体条件，由左到右逐步展开绘制决策树，为便于随后的分析、择优，对决策点和自然状态点混在一起进行编号，编号的顺序是从左到右、从上到下。

②运用期望值法进行决策。逆着编号逐步计算各自然状态点的损益期望值，在计算每一自然状态点的损益期望值时，一定要注意考虑资金的时间价值。遇到决策点，则比较损益期望值的大小，"剪枝"删去被淘汰的方案。最后，决策点上只留被选中的最佳方案一枝。

决策树法分为单级决策和多级决策两种。在整个决策期中只需要进行一次决策，就可以选出最佳方案的决策，称为单级决策；当决策问题比较复杂时，就需要进行一系列的决策过程才能选出最佳方案，以达到决策目标，这种决策称为多级决策。多级决策是由若干个单级决策构成的，因而其与单级决策所不同的是多几个决策点，分为几段，每一段都是一个单级决策。

决策树能使决策问题的过程形象直观，特别是在多级决策活动中，它层次分明、一目了然，对于集体思考与讨论以及计算有很大作用。决策树的应用较广泛，是十分有效的辅助决策的工具。

【例 9-9】现有两个投资方案，投资 A 方案、投资 B 方案。投资方案 A 需要投资 320 万元，投资 B 方案需要投资 150 万元，A 方案和 B 方案的投资周期为 10 年。经市场调查，可能的自然状态和年收益见表 9-9。请决定建厂方案。

表 9-9 可能的自然状态和年收益

自然状态	概率	年收益/万元	
		A 方案	B 方案
风险低	0.6	120	70
风险高	0.4	−50	−20

解:绘制的决策树如图 9-7 所示。

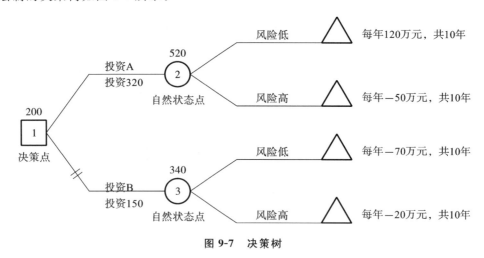

图 9-7 决策树

用期望值准则进行决策,有
$E(A) = [120 \times 0.6 + (-50) \times 0.4] \times 10 = 520$(万元)
$E(B) = [70 \times 0.6 + (-20) \times 0.4] \times 10 = 340$(万元)
$MAX\{520-320, 340-150\} = 200$(万元)
所以选择投资 A 方案,10 年利润期望值为 200 万元。

1. 线性盈亏平衡分析的前提是什么?盈亏平衡点的生产能力利用率说明什么问题?

2. 什么是敏感性分析?敏感性分析的目的是什么?如何进行敏感性分析?

3. 某企业生产某种产品,设计年产量为 6000 件,每件产品的出厂价格 50 元,企业每年固定性开支为 66000 元,每件产品成本为 28 元,求企业可能盈利、企业不盈不亏时最低产量,企业年利润为 5 万元时的产量。

4. 某投资项目其主要经济参数的估计值为:初始投资 15000 元,寿命为 10 年,残值为零,年收入为 3500 元,年支出为 1000 元,投资收益为 15%。①当年收入变化时,试对内部收益率的影响进行敏感性分析;②试分析初始投资、年收入与寿命三个参数同时变化时对净现值的敏感性。

5. 某方案需投资 25000 元,预期寿命为 5 年,残值为 0,每年净现金流量为随机变量,其可能发生的三种状态的概率及变量值如下:5000 元($P=0.3$);10000 元($P=0.5$);12000 元($P=0.2$);若利率为 12%,试计算净现值的期望值与标准差。

习题参考答案

附 录

复利系数表($i=1\%$)

N	$(F/P,i,n)$	$(P/F,i,n)$	$(F/A,i,n)$	$(A/F,i,n)$	$(A/P,i,n)$	$(P/A,i,n)$	$(P/G,i,n)$	$(A/G,i,n)$	$(F/G,i,n)$
1	1.0100	0.9901	1.0000	1.0000	1.0100	0.9901	0.0000	0.0000	0.0000
2	1.0201	0.9803	2.0100	0.4975	0.5075	1.9704	0.9803	0.4975	1.0000
3	1.0303	0.9706	3.0301	0.3300	0.3400	2.9410	2.9215	0.9934	3.0100
4	1.0406	0.9610	4.0604	0.2463	0.2563	3.9020	5.8044	1.4876	6.0401
5	1.0510	0.9515	5.1010	0.1960	0.2060	4.8534	9.6103	1.9801	10.1005
6	1.0615	0.9420	6.1520	0.1625	0.1725	5.7955	14.3205	2.4710	15.2015
7	1.0721	0.9327	7.2135	0.1386	0.1486	6.7282	19.9168	2.9602	21.3535
8	1.0829	0.9235	8.2857	0.1207	0.1307	7.6517	26.3812	3.4478	28.5671
9	1.0937	0.9143	9.3685	0.1067	0.1167	8.5660	33.6959	3.9337	36.8527
10	1.1046	0.9053	10.4622	0.0956	0.1056	9.4713	41.8435	4.4179	46.2213
11	1.1157	0.8963	11.5668	0.0865	0.0965	10.3676	50.8067	4.9005	56.6835
12	1.1268	0.8874	12.6825	0.0788	0.0888	11.2551	60.5687	5.3815	68.2503
13	1.1381	0.8787	13.8093	0.0724	0.0824	12.1337	71.1126	5.8607	80.9328
14	1.1495	0.8700	14.9474	0.0669	0.0769	13.0037	82.4221	6.3384	94.7421
15	1.1610	0.8613	16.0969	0.0621	0.0721	13.8651	94.4810	6.8143	109.6896
16	1.1726	0.8528	17.2579	0.0579	0.0679	14.7179	107.2734	7.2886	125.7864
17	1.1843	0.8444	18.4304	0.0543	0.0643	15.5623	120.7834	7.7613	143.0443
18	1.1961	0.8360	19.6147	0.0510	0.0610	16.3983	134.9957	8.2323	161.4748
19	1.2081	0.8277	20.8109	0.0481	0.0581	17.2260	149.8950	8.7017	181.0895
20	1.2202	0.8195	22.0190	0.0454	0.0554	18.0456	165.4664	9.1694	201.9004
21	1.2324	0.8114	23.2392	0.0430	0.0530	18.8570	181.6950	9.6354	223.9194
22	1.2447	0.8034	24.4716	0.0409	0.0509	19.6604	198.5663	10.0998	247.1586
23	1.2572	0.7954	25.7163	0.0389	0.0489	20.4558	216.0660	10.5626	271.6302
24	1.2697	0.7876	26.9735	0.0371	0.0471	21.2434	234.1800	11.0237	297.3465
25	1.2824	0.7798	28.2432	0.0354	0.0454	22.0232	252.8945	11.4831	324.3200

续表

复利系数表($i=1\%$)

N	$(F/P,i,n)$	$(P/F,i,n)$	$(F/A,i,n)$	$(A/F,i,n)$	$(A/P,i,n)$	$(P/A,i,n)$	$(P/G,i,n)$	$(A/G,i,n)$	$(F/G,i,n)$
26	1.2953	0.7720	29.5256	0.0339	0.0439	22.7952	272.1957	11.9409	352.5631
27	1.3082	0.7644	30.8209	0.0324	0.0424	23.5596	292.0702	12.3971	382.0888
28	1.3213	0.7568	32.1291	0.0311	0.0411	24.3164	312.5047	12.8516	412.9097
29	1.3345	0.7493	33.4504	0.0299	0.0399	25.0658	333.4863	13.3044	445.0388
30	1.3478	0.7419	34.7849	0.0287	0.0387	25.8077	355.0021	13.7557	478.4892
31	1.3613	0.7346	36.1327	0.0277	0.0377	26.5423	377.0394	14.2052	513.2740
32	1.3749	0.7273	37.4941	0.0267	0.0367	27.2696	399.5858	14.6532	549.4068
33	1.3887	0.7201	38.8690	0.0257	0.0357	27.9897	422.6291	15.0995	586.9009
34	1.4026	0.7130	40.2577	0.0248	0.0348	28.7027	446.1572	15.5441	625.7699
35	1.4166	0.7059	41.6603	0.0240	0.0340	29.4086	470.1583	15.9871	666.0276

复利系数表($i=2\%$)

N	$(F/P,i,n)$	$(P/F,i,n)$	$(F/A,i,n)$	$(A/F,i,n)$	$(A/P,i,n)$	$(P/A,i,n)$	$(P/G,i,n)$	$(A/G,i,n)$	$(F/G,i,n)$
1	1.0200	0.9804	1.0000	1.0000	1.0200	0.9804	0.0000	0.0000	0.0000
2	1.0404	0.9612	2.0200	0.4950	0.5150	1.9416	0.9612	0.4950	1.0000
3	1.0612	0.9423	3.0604	0.3268	0.3468	2.8839	2.8458	0.9868	3.0200
4	1.0824	0.9238	4.1216	0.2426	0.2626	3.8077	5.6173	1.4752	6.0804
5	1.1041	0.9057	5.2040	0.1922	0.2122	4.7135	9.2403	1.9604	10.2020
6	1.1262	0.8880	6.3081	0.1585	0.1785	5.6014	13.6801	2.4423	15.4060
7	1.1487	0.8706	7.4343	0.1345	0.1545	6.4720	18.9035	2.9208	21.7142
8	1.1717	0.8535	8.5830	0.1165	0.1365	7.3255	24.8779	3.3961	29.1485
9	1.1951	0.8368	9.7546	0.1025	0.1225	8.1622	31.5720	3.8681	37.7314
10	1.2190	0.8203	10.9497	0.0913	0.1113	8.9826	38.9551	4.3367	47.4860
11	1.2434	0.8043	12.1687	0.0822	0.1022	9.7868	46.9977	4.8021	58.4358
12	1.2682	0.7885	13.4121	0.0746	0.0946	10.5753	55.6712	5.2642	70.6045
13	1.2936	0.7730	14.6803	0.0681	0.0881	11.3484	64.9475	5.7231	84.0166
14	1.3195	0.7579	15.9739	0.0626	0.0826	12.1062	74.7999	6.1786	98.6969
15	1.3459	0.7430	17.2934	0.0578	0.0778	12.8493	85.2021	6.6309	114.6708
16	1.3728	0.7284	18.6393	0.0537	0.0737	13.5777	96.1288	7.0799	131.9643

续表

复利系数表($i=2\%$)

N	$(F/P,i,n)$	$(P/F,i,n)$	$(F/A,i,n)$	$(A/F,i,n)$	$(A/P,i,n)$	$(P/A,i,n)$	$(P/G,i,n)$	$(A/G,i,n)$	$(F/G,i,n)$
17	1.4002	0.7142	20.0121	0.0500	0.0700	14.2919	107.5554	7.5256	150.6035
18	1.4282	0.7002	21.4123	0.0467	0.0667	14.9920	119.4581	7.9681	170.6156
19	1.4568	0.6864	22.8406	0.0438	0.0638	15.6785	131.8139	8.4073	192.0279
20	1.4859	0.6730	24.2974	0.0412	0.0612	16.3514	144.6003	8.8433	214.8685
21	1.5157	0.6598	25.7833	0.0388	0.0588	17.0112	157.7959	9.2760	239.1659
22	1.5460	0.6468	27.2990	0.0366	0.0566	17.6580	171.3795	9.7055	264.9492
23	1.5769	0.6342	28.8450	0.0347	0.0547	18.2922	185.3309	10.1317	292.2482
24	1.6084	0.6217	30.4219	0.0329	0.0529	18.9139	199.6305	10.5547	321.0931
25	1.6406	0.6095	32.0303	0.0312	0.0512	19.5235	214.2592	10.9745	351.5150
26	1.6734	0.5976	33.6709	0.0297	0.0497	20.1210	229.1987	11.3910	383.5453
27	1.7069	0.5859	35.3443	0.0283	0.0483	20.7069	244.4311	11.8043	417.2162
28	1.7410	0.5744	37.0512	0.0270	0.0470	21.2813	259.9392	12.2145	452.5605
29	1.7758	0.5631	38.7922	0.0258	0.0458	21.8444	275.7064	12.6214	489.6117
30	1.8114	0.5521	40.5681	0.0246	0.0446	22.3965	291.7164	13.0251	528.4040
31	1.8476	0.5412	42.3794	0.0236	0.0436	22.9377	307.9538	13.4257	568.9720
32	1.8845	0.5306	44.2270	0.0226	0.0426	23.4683	324.4035	13.8230	611.3515
33	1.9222	0.5202	46.1116	0.0217	0.0417	23.9886	341.0508	14.2172	655.5785
34	1.9607	0.5100	48.0338	0.0208	0.0408	24.4986	357.8817	14.6083	701.6901
35	1.9999	0.5000	49.9945	0.0200	0.0400	24.9986	374.8826	14.9961	749.7239

复利系数表($i=3\%$)

N	$(F/P,i,n)$	$(P/F,i,n)$	$(F/A,i,n)$	$(A/F,i,n)$	$(A/P,i,n)$	$(P/A,i,n)$	$(P/G,i,n)$	$(A/G,i,n)$	$(F/G,i,n)$
1	1.0300	0.9709	1.0000	1.0000	1.0300	0.9709	0.0000	0.0000	0.0000
2	1.0609	0.9426	2.0300	0.4926	0.5226	1.9135	0.9426	0.4926	1.0000
3	1.0927	0.9151	3.0909	0.3235	0.3535	2.8286	2.7729	0.9803	3.0300
4	1.1255	0.8885	4.1836	0.2390	0.2690	3.7171	5.4383	1.4631	6.1209
5	1.1593	0.8626	5.3091	0.1884	0.2184	4.5797	8.8889	1.9409	10.3045
6	1.1941	0.8375	6.4684	0.1546	0.1846	5.4172	13.0762	2.4138	15.6137
7	1.2299	0.8131	7.6625	0.1305	0.1605	6.2303	17.9547	2.8819	22.0821

续表

复利系数表($i=3\%$)									
N	$(F/P,i,n)$	$(P/F,i,n)$	$(F/A,i,n)$	$(A/F,i,n)$	$(A/P,i,n)$	$(P/A,i,n)$	$(P/G,i,n)$	$(A/G,i,n)$	$(F/G,i,n)$
8	1.2668	0.7894	8.8923	0.1125	0.1425	7.0197	23.4806	3.3450	29.7445
9	1.3048	0.7664	10.1591	0.0984	0.1284	7.7861	29.6119	3.8032	38.6369
10	1.3439	0.7441	11.4639	0.0872	0.1172	8.5302	36.3088	4.2565	48.7960
11	1.3842	0.7224	12.8078	0.0781	0.1081	9.2526	43.5330	4.7049	60.2599
12	1.4258	0.7014	14.1920	0.0705	0.1005	9.9540	51.2482	5.1485	73.0677
13	1.4685	0.6810	15.6178	0.0640	0.0940	10.6350	59.4196	5.5872	87.2597
14	1.5126	0.6611	17.0863	0.0585	0.0885	11.2961	68.0141	6.0210	102.8775
15	1.5580	0.6419	18.5989	0.0538	0.0838	11.9379	77.0002	6.4500	119.9638
16	1.6047	0.6232	20.1569	0.0496	0.0796	12.5611	86.3477	6.8742	138.5627
17	1.6528	0.6050	21.7616	0.0460	0.0760	13.1661	96.0280	7.2936	158.7196
18	1.7024	0.5874	23.4144	0.0427	0.0727	13.7535	106.0137	7.7081	180.4812
19	1.7535	0.5703	25.1169	0.0398	0.0698	14.3238	116.2788	8.1179	203.8956
20	1.8061	0.5537	26.8704	0.0372	0.0672	14.8775	126.7987	8.5229	229.0125
21	1.8603	0.5375	28.6765	0.0349	0.0649	15.4150	137.5496	8.9231	255.8829
22	1.9161	0.5219	30.5368	0.0327	0.0627	15.9369	148.5094	9.3186	284.5593
23	1.9736	0.5067	32.4529	0.0308	0.0608	16.4436	159.6566	9.7093	315.0961
24	2.0328	0.4919	34.4265	0.0290	0.0590	16.9355	170.9711	10.0954	347.5490
25	2.0938	0.4776	36.4593	0.0274	0.0574	17.4131	182.4336	10.4768	381.9755
26	2.1566	0.4637	38.5530	0.0259	0.0559	17.8768	194.0260	10.8535	418.4347
27	2.2213	0.4502	40.7096	0.0246	0.0546	18.3270	205.7309	11.2255	456.9878
28	2.2879	0.4371	42.9309	0.0233	0.0533	18.7641	217.5320	11.5930	497.6974
29	2.3566	0.4243	45.2189	0.0221	0.0521	19.1885	229.4137	11.9558	540.6283
30	2.4273	0.4120	47.5754	0.0210	0.0510	19.6004	241.3613	12.3141	585.8472
31	2.5001	0.4000	50.0027	0.0200	0.0500	20.0004	253.3609	12.6678	633.4226
32	2.5751	0.3883	52.5028	0.0190	0.0490	20.3888	265.3993	13.0169	683.4253
33	2.6523	0.3770	55.0778	0.0182	0.0482	20.7658	277.4642	13.3616	735.9280
34	2.7319	0.3660	57.7302	0.0173	0.0473	21.1318	289.5437	13.7018	791.0059
35	2.8139	0.3554	60.4621	0.0165	0.0465	21.4872	301.6267	14.0375	848.7361

复利系数表($i=4\%$)

N	$(F/P,i,n)$	$(P/F,i,n)$	$(F/A,i,n)$	$(A/F,i,n)$	$(A/P,i,n)$	$(P/A,i,n)$	$(P/G,i,n)$	$(A/G,i,n)$	$(F/G,i,n)$
1	1.0400	0.9615	1.0000	1.0000	1.0400	0.9615	0.0000	0.0000	0.0000
2	1.0816	0.9246	2.0400	0.4902	0.5302	1.8861	0.9246	0.4902	1.0000
3	1.1249	0.8890	3.1216	0.3203	0.3603	2.7751	2.7025	0.9739	3.0400
4	1.1699	0.8548	4.2465	0.2355	0.2755	3.6299	5.2670	1.4510	6.1616
5	1.2167	0.8219	5.4163	0.1846	0.2246	4.4518	8.5547	1.9216	10.4081
6	1.2653	0.7903	6.6330	0.1508	0.1908	5.2421	12.5062	2.3857	15.8244
7	1.3159	0.7599	7.8983	0.1266	0.1666	6.0021	17.0657	2.8433	22.4574
8	1.3686	0.7307	9.2142	0.1085	0.1485	6.7327	22.1806	3.2944	30.3557
9	1.4233	0.7026	10.5828	0.0945	0.1345	7.4353	27.8013	3.7391	39.5699
10	1.4802	0.6756	12.0061	0.0833	0.1233	8.1109	33.8814	4.1773	50.1527
11	1.5395	0.6496	13.4864	0.0741	0.1141	8.7605	40.3772	4.6090	62.1588
12	1.6010	0.6246	15.0258	0.0666	0.1066	9.3851	47.2477	5.0343	75.6451
13	1.6651	0.6006	16.6268	0.0601	0.1001	9.9856	54.4546	5.4533	90.6709
14	1.7317	0.5775	18.2919	0.0547	0.0947	10.5631	61.9618	5.8659	107.2978
15	1.8009	0.5553	20.0236	0.0499	0.0899	11.1184	69.7355	6.2721	125.5897
16	1.8730	0.5339	21.8245	0.0458	0.0858	11.6523	77.7441	6.6720	145.6133
17	1.9479	0.5134	23.6975	0.0422	0.0822	12.1657	85.9581	7.0656	167.4378
18	2.0258	0.4936	25.6454	0.0390	0.0790	12.6593	94.3498	7.4530	191.1353
19	2.1068	0.4746	27.6712	0.0361	0.0761	13.1339	102.8933	7.8342	216.7807
20	2.1911	0.4564	29.7781	0.0336	0.0736	13.5903	111.5647	8.2091	244.4520
21	2.2788	0.4388	31.9692	0.0313	0.0713	14.0292	120.3414	8.5779	274.2300
22	2.3699	0.4220	34.2480	0.0292	0.0692	14.4511	129.2024	8.9407	306.1992
23	2.4647	0.4057	36.6179	0.0273	0.0673	14.8568	138.1284	9.2973	340.4472
24	2.5633	0.3901	39.0826	0.0256	0.0656	15.2470	147.1012	9.6479	377.0651
25	2.6658	0.3751	41.6459	0.0240	0.0640	15.6221	156.1040	9.9925	416.1477
26	2.7725	0.3607	44.3117	0.0226	0.0626	15.9828	165.1212	10.3312	457.7936
27	2.8834	0.3468	47.0842	0.0212	0.0612	16.3296	174.1385	10.6640	502.1054
28	2.9987	0.3335	49.9676	0.0200	0.0600	16.6631	183.1424	10.9909	549.1896

续表

复利系数表($i=4\%$)

N	$(F/P,i,n)$	$(P/F,i,n)$	$(F/A,i,n)$	$(A/F,i,n)$	$(A/P,i,n)$	$(P/A,i,n)$	$(P/G,i,n)$	$(A/G,i,n)$	$(F/G,i,n)$
29	3.1187	0.3207	52.9663	0.0189	0.0589	16.9837	192.1206	11.3120	599.1572
30	3.2434	0.3083	56.0849	0.0178	0.0578	17.2920	201.0618	11.6274	652.1234
31	3.3731	0.2965	59.3283	0.0169	0.0569	17.5885	209.9556	11.9371	708.2084
32	3.5081	0.2851	62.7015	0.0159	0.0559	17.8736	218.7924	12.2411	767.5367
33	3.6484	0.2741	66.2095	0.0151	0.0551	18.1476	227.5634	12.5396	830.2382
34	3.7943	0.2636	69.8579	0.0143	0.0543	18.4112	236.2607	12.8324	896.4477
35	3.9461	0.2534	73.6522	0.0136	0.0536	18.6646	244.8768	13.1198	966.3056

复利系数表($i=5\%$)

N	$(F/P,i,n)$	$(P/F,i,n)$	$(F/A,i,n)$	$(A/F,i,n)$	$(A/P,i,n)$	$(P/A,i,n)$	$(P/G,i,n)$	$(A/G,i,n)$	$(F/G,i,n)$
1	1.0500	0.9524	1.0000	1.0000	1.0500	0.9524	0.0000	0.0000	0.0000
2	1.1025	0.9070	2.0500	0.4878	0.5378	1.8594	0.9070	0.4878	1.0000
3	1.1576	0.8638	3.1525	0.3172	0.3672	2.7232	2.6347	0.9675	3.0500
4	1.2155	0.8227	4.3101	0.2320	0.2820	3.5460	5.1028	1.4391	6.2025
5	1.2763	0.7835	5.5256	0.1810	0.2310	4.3295	8.2369	1.9025	10.5126
6	1.3401	0.7462	6.8019	0.1470	0.1970	5.0757	11.9680	2.3579	16.0383
7	1.4071	0.7107	8.1420	0.1228	0.1728	5.7864	16.2321	2.8052	22.8402
8	1.4775	0.6768	9.5491	0.1047	0.1547	6.4632	20.9700	3.2445	30.9822
9	1.5513	0.6446	11.0266	0.0907	0.1407	7.1078	26.1268	3.6758	40.5313
10	1.6289	0.6139	12.5779	0.0795	0.1295	7.7217	31.6520	4.0991	51.5579
11	1.7103	0.5847	14.2068	0.0704	0.1204	8.3064	37.4988	4.5144	64.1357
12	1.7959	0.5568	15.9171	0.0628	0.1128	8.8633	43.6241	4.9219	78.3425
13	1.8856	0.5303	17.7130	0.0565	0.1065	9.3936	49.9879	5.3215	94.2597
14	1.9799	0.5051	19.5986	0.0510	0.1010	9.8986	56.5538	5.7133	111.9726
15	2.0789	0.4810	21.5786	0.0463	0.0963	10.3797	63.2880	6.0973	131.5713
16	2.1829	0.4581	23.6575	0.0423	0.0923	10.8378	70.1597	6.4736	153.1498
17	2.2920	0.4363	25.8404	0.0387	0.0887	11.2741	77.1405	6.8423	176.8073
18	2.4066	0.4155	28.1324	0.0355	0.0855	11.6896	84.2043	7.2034	202.6477
19	2.5270	0.3957	30.5390	0.0327	0.0827	12.0853	91.3275	7.5569	230.7801

续表

复利系数表($i=5\%$)

N	$(F/P,i,n)$	$(P/F,i,n)$	$(F/A,i,n)$	$(A/F,i,n)$	$(A/P,i,n)$	$(P/A,i,n)$	$(P/G,i,n)$	$(A/G,i,n)$	$(F/G,i,n)$
20	2.6533	0.3769	33.0660	0.0302	0.0802	12.4622	98.4884	7.9030	261.3191
21	2.7860	0.3589	35.7193	0.0280	0.0780	12.8212	105.6673	8.2416	294.3850
22	2.9253	0.3418	38.5052	0.0260	0.0760	13.1630	112.8461	8.5730	330.1043
23	3.0715	0.3256	41.4305	0.0241	0.0741	13.4886	120.0087	8.8971	368.6095
24	3.2251	0.3101	44.5020	0.0225	0.0725	13.7986	127.1402	9.2140	410.0400
25	3.3864	0.2953	47.7271	0.0210	0.0710	14.0939	134.2275	9.5238	454.5420
26	3.5557	0.2812	51.1135	0.0196	0.0696	14.3752	141.2585	9.8266	502.2691
27	3.7335	0.2678	54.6691	0.0183	0.0683	14.6430	148.2226	10.1224	553.3825
28	3.9201	0.2551	58.4026	0.0171	0.0671	14.8981	155.1101	10.4114	608.0517
29	4.1161	0.2429	62.3227	0.0160	0.0660	15.1411	161.9126	10.6936	666.4542
30	4.3219	0.2314	66.4388	0.0151	0.0651	15.3725	168.6226	10.9691	728.7770
31	4.5380	0.2204	70.7608	0.0141	0.0641	15.5928	175.2333	11.2381	795.2158
32	4.7649	0.2099	75.2988	0.0133	0.0633	15.8027	181.7392	11.5005	865.9766
33	5.0032	0.1999	80.0638	0.0125	0.0625	16.0025	188.1351	11.7566	941.2754
34	5.2533	0.1904	85.0670	0.0118	0.0618	16.1929	194.4168	12.0063	1021.3392
35	5.5160	0.1813	90.3203	0.0111	0.0611	16.3742	200.5807	12.2498	1106.4061

复利系数表($i=6\%$)

N	$(F/P,i,n)$	$(P/F,i,n)$	$(F/A,i,n)$	$(A/F,i,n)$	$(A/P,i,n)$	$(P/A,i,n)$	$(P/G,i,n)$	$(A/G,i,n)$	$(F/G,i,n)$
1	1.0600	0.9434	1.0000	1.0000	1.0600	0.9434	0.0000	0.0000	0.0000
2	1.1236	0.8900	2.0600	0.4854	0.5454	1.8334	0.8900	0.4854	1.0000
3	1.1910	0.8396	3.1836	0.3141	0.3741	2.6730	2.5692	0.9612	3.0600
4	1.2625	0.7921	4.3746	0.2286	0.2886	3.4651	4.9455	1.4272	6.2436
5	1.3382	0.7473	5.6371	0.1774	0.2374	4.2124	7.9345	1.8836	10.6182
6	1.4185	0.7050	6.9753	0.1434	0.2034	4.9173	11.4594	2.3304	16.2553
7	1.5036	0.6651	8.3938	0.1191	0.1791	5.5824	15.4497	2.7676	23.2306
8	1.5938	0.6274	9.8975	0.1010	0.1610	6.2098	19.8416	3.1952	31.6245
9	1.6895	0.5919	11.4913	0.0870	0.1470	6.8017	24.5768	3.6133	41.5219
10	1.7908	0.5584	13.1808	0.0759	0.1359	7.3601	29.6023	4.0220	53.0132
11	1.8983	0.5268	14.9716	0.0668	0.1268	7.8869	34.8702	4.4213	66.1940

续表

复利系数表($i=6\%$)

N	$(F/P,i,n)$	$(P/F,i,n)$	$(F/A,i,n)$	$(A/F,i,n)$	$(A/P,i,n)$	$(P/A,i,n)$	$(P/G,i,n)$	$(A/G,i,n)$	$(F/G,i,n)$
12	2.0122	0.4970	16.8699	0.0593	0.1193	8.3838	40.3369	4.8113	81.1657
13	2.1329	0.4688	18.8821	0.0530	0.1130	8.8527	45.9629	5.1920	98.0356
14	2.2609	0.4423	21.0151	0.0476	0.1076	9.2950	51.7128	5.5635	116.9178
15	2.3966	0.4173	23.2760	0.0430	0.1030	9.7122	57.5546	5.9260	137.9328
16	2.5404	0.3936	25.6725	0.0390	0.0990	10.1059	63.4592	6.2794	161.2088
17	2.6928	0.3714	28.2129	0.0354	0.0954	10.4773	69.4011	6.6240	186.8813
18	2.8543	0.3503	30.9057	0.0324	0.0924	10.8276	75.3569	6.9597	215.0942
19	3.0256	0.3305	33.7600	0.0296	0.0896	11.1581	81.3062	7.2867	245.9999
20	3.2071	0.3118	36.7856	0.0272	0.0872	11.4699	87.2304	7.6051	279.7599
21	3.3996	0.2942	39.9927	0.0250	0.0850	11.7641	93.1136	7.9151	316.5454
22	3.6035	0.2775	43.3923	0.0230	0.0830	12.0416	98.9412	8.2166	356.5382
23	3.8197	0.2618	46.9958	0.0213	0.0813	12.3034	104.7007	8.5099	399.9305
24	4.0489	0.2470	50.8156	0.0197	0.0797	12.5504	110.3812	8.7951	446.9263
25	4.2919	0.2330	54.8645	0.0182	0.0782	12.7834	115.9732	9.0722	497.7419
26	4.5494	0.2198	59.1564	0.0169	0.0769	13.0032	121.4684	9.3414	552.6064
27	4.8223	0.2074	63.7058	0.0157	0.0757	13.2105	126.8600	9.6029	611.7628
28	5.1117	0.1956	68.5281	0.0146	0.0746	13.4062	132.1420	9.8568	675.4685
29	5.4184	0.1846	73.6398	0.0136	0.0736	13.5907	137.3096	10.1032	743.9966
30	5.7435	0.1741	79.0582	0.0126	0.0726	13.7648	142.3588	10.3422	817.6364
31	6.0881	0.1643	84.8017	0.0118	0.0718	13.9291	147.2864	10.5740	896.6946
32	6.4534	0.1550	90.8898	0.0110	0.0710	14.0840	152.0901	10.7988	981.4963
33	6.8406	0.1462	97.3432	0.0103	0.0703	14.2302	156.7681	11.0166	1072.3861
34	7.2510	0.1379	104.1838	0.0096	0.0696	14.3681	161.3192	11.2276	1169.7292
35	7.6861	0.1301	111.4348	0.0090	0.0690	14.4982	165.7427	11.4319	1273.9130

复利系数表($i=7\%$)

N	$(F/P,i,n)$	$(P/F,i,n)$	$(F/A,i,n)$	$(A/F,i,n)$	$(A/P,i,n)$	$(P/A,i,n)$	$(P/G,i,n)$	$(A/G,i,n)$	$(F/G,i,n)$
1	1.0700	0.9346	1.0000	1.0000	1.0700	0.9346	0.0000	0.0000	0.0000
2	1.1449	0.8734	2.0700	0.4831	0.5531	1.8080	0.8734	0.4831	1.0000

续表

复利系数表($i=7\%$)

N	$(F/P,i,n)$	$(P/F,i,n)$	$(F/A,i,n)$	$(A/F,i,n)$	$(A/P,i,n)$	$(P/A,i,n)$	$(P/G,i,n)$	$(A/G,i,n)$	$(F/G,i,n)$
3	1.2250	0.8163	3.2149	0.3111	0.3811	2.6243	2.5060	0.9549	3.0700
4	1.3108	0.7629	4.4399	0.2252	0.2952	3.3872	4.7947	1.4155	6.2849
5	1.4026	0.7130	5.7507	0.1739	0.2439	4.1002	7.6467	1.8650	10.7248
6	1.5007	0.6663	7.1533	0.1398	0.2098	4.7665	10.9784	2.3032	16.4756
7	1.6058	0.6227	8.6540	0.1156	0.1856	5.3893	14.7149	2.7304	23.6289
8	1.7182	0.5820	10.2598	0.0975	0.1675	5.9713	18.7889	3.1465	32.2829
9	1.8385	0.5439	11.9780	0.0835	0.1535	6.5152	23.1404	3.5517	42.5427
10	1.9672	0.5083	13.8164	0.0724	0.1424	7.0236	27.7156	3.9461	54.5207
11	2.1049	0.4751	15.7836	0.0634	0.1334	7.4987	32.4665	4.3296	68.3371
12	2.2522	0.4440	17.8885	0.0559	0.1259	7.9427	37.3506	4.7025	84.1207
13	2.4098	0.4150	20.1406	0.0497	0.1197	8.3577	42.3302	5.0648	102.0092
14	2.5785	0.3878	22.5505	0.0443	0.1143	8.7455	47.3718	5.4167	122.1498
15	2.7590	0.3624	25.1290	0.0398	0.1098	9.1079	52.4461	5.7583	144.7003
16	2.9522	0.3387	27.8881	0.0359	0.1059	9.4466	57.5271	6.0897	169.8293
17	3.1588	0.3166	30.8402	0.0324	0.1024	9.7632	62.5923	6.4110	197.7174
18	3.3799	0.2959	33.9990	0.0294	0.0994	10.0591	67.6219	6.7225	228.5576
19	3.6165	0.2765	37.3790	0.0268	0.0968	10.3356	72.5991	7.0242	262.5566
20	3.8697	0.2584	40.9955	0.0244	0.0944	10.5940	77.5091	7.3163	299.9356
21	4.1406	0.2415	44.8652	0.0223	0.0923	10.8355	82.3393	7.5990	340.9311
22	4.4304	0.2257	49.0057	0.0204	0.0904	11.0612	87.0793	7.8725	385.7963
23	4.7405	0.2109	53.4361	0.0187	0.0887	11.2722	91.7201	8.1369	434.8020
24	5.0724	0.1971	58.1767	0.0172	0.0872	11.4693	96.2545	8.3923	488.2382
25	5.4274	0.1842	63.2490	0.0158	0.0858	11.6536	100.6765	8.6391	546.4148
26	5.8074	0.1722	68.6765	0.0146	0.0846	11.8258	104.9814	8.8773	609.6639
27	6.2139	0.1609	74.4838	0.0134	0.0834	11.9867	109.1656	9.1072	678.3403
28	6.6488	0.1504	80.6977	0.0124	0.0824	12.1371	113.2264	9.3289	752.8242
29	7.1143	0.1406	87.3465	0.0114	0.0814	12.2777	117.1622	9.5427	833.5218
30	7.6123	0.1314	94.4608	0.0106	0.0806	12.4090	120.9718	9.7487	920.8684
31	8.1451	0.1228	102.0730	0.0098	0.0798	12.5318	124.6550	9.9471	1015.3292
32	8.7153	0.1147	110.2182	0.0091	0.0791	12.6466	128.2120	10.1381	1117.4022

续表

复利系数表($i=7\%$)

N	$(F/P,i,n)$	$(P/F,i,n)$	$(F/A,i,n)$	$(A/F,i,n)$	$(A/P,i,n)$	$(P/A,i,n)$	$(P/G,i,n)$	$(A/G,i,n)$	$(F/G,i,n)$
33	9.3253	0.1072	118.9334	0.0084	0.0784	12.7538	131.6435	10.3219	1227.6204
34	9.9781	0.1002	128.2588	0.0078	0.0778	12.8540	134.9507	10.4987	1346.5538
35	10.6766	0.0937	138.2369	0.0072	0.0772	12.9477	138.1353	10.6687	1474.8125

复利系数表($i=8\%$)

N	$(F/P,i,n)$	$(P/F,i,n)$	$(F/A,i,n)$	$(A/F,i,n)$	$(A/P,i,n)$	$(P/A,i,n)$	$(P/G,i,n)$	$(A/G,i,n)$	$(F/G,i,n)$
1	1.0800	0.9259	1.0000	1.0000	1.0800	0.9259	0.0000	0.0000	0.0000
2	1.1664	0.8573	2.0800	0.4808	0.5608	1.7833	0.8573	0.4808	1.0000
3	1.2597	0.7938	3.2464	0.3080	0.3880	2.5771	2.4450	0.9487	3.0800
4	1.3605	0.7350	4.5061	0.2219	0.3019	3.3121	4.6501	1.4040	6.3264
5	1.4693	0.6806	5.8666	0.1705	0.2505	3.9927	7.3724	1.8465	10.8325
6	1.5869	0.6302	7.3359	0.1363	0.2163	4.6229	10.5233	2.2763	16.6991
7	1.7138	0.5835	8.9228	0.1121	0.1921	5.2064	14.0242	2.6937	24.0350
8	1.8509	0.5403	10.6366	0.0940	0.1740	5.7466	17.8061	3.0985	32.9578
9	1.9990	0.5002	12.4876	0.0801	0.1601	6.2469	21.8081	3.4910	43.5945
10	2.1589	0.4632	14.4866	0.0690	0.1490	6.7101	25.9768	3.8713	56.0820
11	2.3316	0.4289	16.6455	0.0601	0.1401	7.1390	30.2657	4.2395	70.5686
12	2.5182	0.3971	18.9771	0.0527	0.1327	7.5361	34.6339	4.5957	87.2141
13	2.7196	0.3677	21.4953	0.0465	0.1265	7.9038	39.0463	4.9402	106.1912
14	2.9372	0.3405	24.2149	0.0413	0.1213	8.2442	43.4723	5.2731	127.6865
15	3.1722	0.3152	27.1521	0.0368	0.1168	8.5595	47.8857	5.5945	151.9014
16	3.4259	0.2919	30.3243	0.0330	0.1130	8.8514	52.2640	5.9046	179.0535
17	3.7000	0.2703	33.7502	0.0296	0.1096	9.1216	56.5883	6.2037	209.3778
18	3.9960	0.2502	37.4502	0.0267	0.1067	9.3719	60.8426	6.4920	243.1280
19	4.3157	0.2317	41.4463	0.0241	0.1041	9.6036	65.0134	6.7697	280.5783
20	4.6610	0.2145	45.7620	0.0219	0.1019	9.8181	69.0898	7.0369	322.0246
21	5.0338	0.1987	50.4229	0.0198	0.0998	10.0168	73.0629	7.2940	367.7865
22	5.4365	0.1839	55.4568	0.0180	0.0980	10.2007	76.9257	7.5412	418.2094
23	5.8715	0.1703	60.8933	0.0164	0.0964	10.3711	80.6726	7.7786	473.6662
24	6.3412	0.1577	66.7648	0.0150	0.0950	10.5288	84.2997	8.0066	534.5595
25	6.8485	0.1460	73.1059	0.0137	0.0937	10.6748	87.8041	8.2254	601.3242

续表

复利系数表($i=8\%$)

N	$(F/P,i,n)$	$(P/F,i,n)$	$(F/A,i,n)$	$(A/F,i,n)$	$(A/P,i,n)$	$(P/A,i,n)$	$(P/G,i,n)$	$(A/G,i,n)$	$(F/G,i,n)$
26	7.3964	0.1352	79.9544	0.0125	0.0925	10.8100	91.1842	8.4352	674.4302
27	7.9881	0.1252	87.3508	0.0114	0.0914	10.9352	94.4390	8.6363	754.3846
28	8.6271	0.1159	95.3388	0.0105	0.0905	11.0511	97.5687	8.8289	841.7354
29	9.3173	0.1073	103.9659	0.0096	0.0896	11.1584	100.5738	9.0133	937.0742
30	10.0627	0.0994	113.2832	0.0088	0.0888	11.2578	103.4558	9.1897	1041.0401
31	10.8677	0.0920	123.3459	0.0081	0.0881	11.3498	106.2163	9.3584	1154.3234
32	11.7371	0.0852	134.2135	0.0075	0.0875	11.4350	108.8575	9.5197	1277.6692
33	12.6760	0.0789	145.9506	0.0069	0.0869	11.5139	111.3819	9.6737	1411.8828
34	13.6901	0.0730	158.6267	0.0063	0.0863	11.5869	113.7924	9.8208	1557.8334
35	14.7853	0.0676	172.3168	0.0058	0.0858	11.6546	116.0920	9.9611	1716.4600

复利系数表($i=9\%$)

N	$(F/P,i,n)$	$(P/F,i,n)$	$(F/A,i,n)$	$(A/F,i,n)$	$(A/P,i,n)$	$(P/A,i,n)$	$(P/G,i,n)$	$(A/G,i,n)$	$(F/G,i,n)$
1	1.0900	0.9174	1.0000	1.0000	1.0900	0.9174	0.0000	0.0000	0.0000
2	1.1881	0.8417	2.0900	0.4785	0.5685	1.7591	0.8417	0.4878	1.0000
3	1.2950	0.7722	3.2781	0.3051	0.3951	2.5313	2.3860	0.9675	3.0900
4	1.4116	0.7084	4.5731	0.2187	0.3087	3.2397	4.5113	1.4391	6.3681
5	1.5386	0.6499	5.9847	0.1671	0.2571	3.8897	7.1110	1.9025	10.9412
6	1.6771	0.5963	7.5233	0.1329	0.2229	4.4859	10.0924	2.3579	16.9259
7	1.8280	0.5470	9.2004	0.1087	0.1987	5.0330	13.3746	2.8052	24.4493
8	1.9926	0.5019	11.0285	0.0907	0.1807	5.5348	16.8877	3.2445	33.6497
9	2.1719	0.4604	13.0210	0.0768	0.1668	5.9952	20.5711	3.6758	44.6782
10	2.3674	0.4224	15.1929	0.0658	0.1558	6.4177	24.3728	4.0991	57.6992
11	2.5804	0.3875	17.5603	0.0569	0.1469	6.8052	28.2481	4.5144	72.8921
12	2.8127	0.3555	20.1407	0.0497	0.1397	7.1607	32.1590	4.9219	90.4524
13	3.0658	0.3262	22.9534	0.0436	0.1336	7.4869	36.0731	5.3215	110.5932
14	3.3417	0.2992	26.0192	0.0384	0.1284	7.7862	39.9633	5.7133	133.5465
15	3.6425	0.2745	29.3609	0.0341	0.1241	8.0607	43.8069	6.0973	159.5657
16	3.9703	0.2519	33.0034	0.0303	0.1203	8.3126	47.5849	6.4736	188.9267
17	4.3276	0.2311	36.9737	0.0270	0.1170	8.5436	51.2821	6.8423	221.9301
18	4.7171	0.2120	41.3013	0.0242	0.1142	8.7556	54.8860	7.2034	258.9038

续表

复利系数表($i=9\%$)

N	$(F/P,i,n)$	$(P/F,i,n)$	$(F/A,i,n)$	$(A/F,i,n)$	$(A/P,i,n)$	$(P/A,i,n)$	$(P/G,i,n)$	$(A/G,i,n)$	$(F/G,i,n)$
19	5.1417	0.1945	46.0185	0.0217	0.1117	8.9501	58.3868	7.5569	300.2051
20	5.6044	0.1784	51.1601	0.0195	0.1095	9.1285	61.7700	7.9030	346.2236
21	6.1088	0.1637	56.7645	0.0176	0.1076	9.2922	65.0509	8.2416	397.3837
22	6.6586	0.1502	62.8733	0.0159	0.1059	9.4424	68.2048	8.5730	454.1482
23	7.2579	0.1378	69.5319	0.0144	0.1044	9.5802	71.2359	8.8971	517.0215
24	7.9111	0.1264	76.7898	0.0130	0.1030	9.7066	74.1433	9.2140	586.5535
25	8.6231	0.1160	84.7009	0.0118	0.1018	9.8226	76.9265	9.5238	663.3433
26	9.3992	0.1064	93.3240	0.0107	0.1007	9.9290	79.5863	9.8266	748.0442
27	10.2451	0.0976	102.7231	0.0097	0.0997	10.0266	82.1241	10.1224	841.3682
28	11.1671	0.0895	112.9682	0.0089	0.0989	10.1161	84.5419	10.4114	944.0913
29	12.1722	0.0822	124.1354	0.0081	0.0981	10.1983	86.8422	10.6936	1057.0595
30	13.2677	0.0754	136.3075	0.0073	0.0973	10.2737	89.0280	10.9691	1181.1949
31	14.4618	0.0691	149.5752	0.0067	0.0967	10.3428	91.1024	11.2381	1317.5024
32	15.7633	0.0634	164.0370	0.0061	0.0961	10.4062	93.0690	11.5005	1467.0776
33	17.1820	0.0582	179.8003	0.0056	0.0956	10.4644	94.9314	11.7566	1631.1146
34	18.7284	0.0534	196.9823	0.0051	0.0951	10.5178	96.6935	12.0063	1810.9149
35	20.4140	0.0490	215.7108	0.0046	0.0946	10.5668	98.3590	12.2498	2007.8973

复利系数表($i=10\%$)

N	$(F/P,i,n)$	$(P/F,i,n)$	$(F/A,i,n)$	$(A/F,i,n)$	$(A/P,i,n)$	$(P/A,i,n)$	$(P/G,i,n)$	$(A/G,i,n)$	$(F/G,i,n)$
1	1.1000	0.9091	1.0000	1.0000	1.1000	0.9091	0.0000	0.0000	0.0000
2	1.2100	0.8264	2.1000	0.4762	0.5762	1.7355	0.8264	0.4762	1.0000
3	1.3310	0.7513	3.3100	0.3021	0.4021	2.4869	2.3291	0.9366	3.1000
4	1.4641	0.6830	4.6410	0.2155	0.3155	3.1699	4.3781	1.3812	6.4100
5	1.6105	0.6209	6.1051	0.1638	0.2638	3.7908	6.8618	1.8101	11.0510
6	1.7716	0.5645	7.7156	0.1296	0.2296	4.3553	9.6842	2.2236	17.1561
7	1.9487	0.5132	9.4872	0.1054	0.2054	4.8684	12.7631	2.6216	24.8717
8	2.1436	0.4665	11.4359	0.0874	0.1874	5.3349	16.0287	3.0045	34.3589
9	2.3579	0.4241	13.5795	0.0736	0.1736	5.7590	19.4215	3.3724	45.7948
10	2.5937	0.3855	15.9374	0.0627	0.1627	6.1446	22.8913	3.7255	59.3742
11	2.8531	0.3505	18.5312	0.0540	0.1540	6.4951	26.3963	4.0641	75.3117

附录

续表

复利系数表（$i=10\%$）

N	$(F/P,i,n)$	$(P/F,i,n)$	$(F/A,i,n)$	$(A/F,i,n)$	$(A/P,i,n)$	$(P/A,i,n)$	$(P/G,i,n)$	$(A/G,i,n)$	$(F/G,i,n)$
12	3.1384	0.3186	21.3843	0.0468	0.1468	6.8137	29.9012	4.3884	93.8428
13	3.4523	0.2897	24.5227	0.0408	0.1408	7.1034	33.3772	4.6988	115.2271
14	3.7975	0.2633	27.9750	0.0357	0.1357	7.3667	36.8005	4.9955	139.7498
15	4.1772	0.2394	31.7725	0.0315	0.1315	7.6061	40.1520	5.2789	167.7248
16	4.5950	0.2176	35.9497	0.0278	0.1278	7.8237	43.4164	5.5493	199.4973
17	5.0545	0.1978	40.5447	0.0247	0.1247	8.0216	46.5819	5.8071	235.4470
18	5.5599	0.1799	45.5992	0.0219	0.1219	8.2014	49.6395	6.0526	275.9917
19	6.1159	0.1635	51.1591	0.0195	0.1195	8.3649	52.5827	6.2861	321.5909
20	6.7275	0.1486	57.2750	0.0175	0.1175	8.5136	55.4069	6.5081	372.7500
21	7.4002	0.1351	64.0025	0.0156	0.1156	8.6487	58.1095	6.7189	430.0250
22	8.1403	0.1228	71.4027	0.0140	0.1140	8.7715	60.6893	6.9189	494.0275
23	8.9543	0.1117	79.5430	0.0126	0.1126	8.8832	63.1462	7.1085	565.4302
24	9.8497	0.1015	88.4973	0.0113	0.1113	8.9847	65.4813	7.2881	644.9733
25	10.8347	0.0923	98.3471	0.0102	0.1102	9.0770	67.6964	7.4580	733.4706
26	11.9182	0.0839	109.1818	0.0092	0.1092	9.1609	69.7940	7.6186	831.8177
27	13.1100	0.0763	121.0999	0.0083	0.1083	9.2372	71.7773	7.7704	940.9994
28	14.4210	0.0693	134.2099	0.0075	0.1075	9.3066	73.6495	7.9137	1062.0994
29	15.8631	0.0630	148.6309	0.0067	0.1067	9.3696	75.4146	8.0489	1196.3093
30	17.4494	0.0573	164.4940	0.0061	0.1061	9.4269	77.0766	8.1762	1344.9402
31	19.1943	0.0521	181.9434	0.0055	0.1055	9.4790	78.6395	8.2962	1509.4342
32	21.1138	0.0474	201.1378	0.0050	0.1050	9.5264	80.1078	8.4091	1691.3777
33	23.2252	0.0431	222.2515	0.0045	0.1045	9.5694	81.4856	8.5152	1892.5154
34	25.5477	0.0391	245.4767	0.0041	0.1041	9.6086	82.7773	8.6149	2114.7670
35	28.1024	0.0356	271.0244	0.0037	0.1037	9.6442	83.9872	8.7086	2360.2437

复利系数表（$i=12\%$）

N	$(F/P,i,n)$	$(P/F,i,n)$	$(F/A,i,n)$	$(A/F,i,n)$	$(A/P,i,n)$	$(P/A,i,n)$	$(P/G,i,n)$	$(A/G,i,n)$	$(F/G,i,n)$
1	1.1200	0.8929	1.0000	1.0000	1.1200	0.8929	0.0000	0.0000	0.0000
2	1.2544	0.7972	2.1200	0.4717	0.5917	1.6901	0.7972	0.4717	1.0000
3	1.4049	0.7118	3.3744	0.2963	0.4163	2.4018	2.2208	0.9246	3.1200

续表

复利系数表($i=12\%$)

N	$(F/P,i,n)$	$(P/F,i,n)$	$(F/A,i,n)$	$(A/F,i,n)$	$(A/P,i,n)$	$(P/A,i,n)$	$(P/G,i,n)$	$(A/G,i,n)$	$(F/G,i,n)$
4	1.5735	0.6355	4.7793	0.2092	0.3292	3.0373	4.1273	1.3589	6.4944
5	1.7623	0.5674	6.3528	0.1574	0.2774	3.6048	6.3970	1.7746	11.2737
6	1.9738	0.5066	8.1152	0.1232	0.2432	4.1114	8.9302	2.1720	17.6266
7	2.2107	0.4523	10.0890	0.0991	0.2191	4.5638	11.6443	2.5515	25.7418
8	2.4760	0.4039	12.2997	0.0813	0.2013	4.9676	14.4714	2.9131	35.8308
9	2.7731	0.3606	14.7757	0.0677	0.1877	5.3282	17.3563	3.2574	48.1305
10	3.1058	0.3220	17.5487	0.0570	0.1770	5.6502	20.2541	3.5847	62.9061
11	3.4785	0.2875	20.6546	0.0484	0.1684	5.9377	23.1288	3.8953	80.4549
12	3.8960	0.2567	24.1331	0.0414	0.1614	6.1944	25.9523	4.1897	101.1094
13	4.3635	0.2292	28.0291	0.0357	0.1557	6.4235	28.7024	4.4683	125.2426
14	4.8871	0.2046	32.3926	0.0309	0.1509	6.6282	31.3624	4.7317	153.2717
15	5.4736	0.1827	37.2797	0.0268	0.1458	6.8109	33.9202	4.9803	185.6643
16	6.1304	0.1631	42.7533	0.0234	0.1434	6.9740	36.3670	5.2147	222.9440
17	6.8660	0.1456	48.8837	0.0205	0.1405	7.1196	38.6973	5.4353	265.6973
18	7.6900	0.1300	55.7497	0.0179	0.1379	7.2497	40.9080	5.6427	314.5810
19	8.6128	0.1161	63.4397	0.0158	0.1358	7.3658	42.9979	5.8375	370.3307
20	9.6463	0.1037	72.0524	0.0139	0.1339	7.4694	44.9676	6.0202	433.7704
21	10.8038	0.0926	81.6987	0.0122	0.1322	7.5620	46.8188	6.1913	505.8228
22	12.1003	0.0826	92.5026	0.0108	0.1308	7.6446	48.5543	6.3514	587.5215
23	13.5523	0.0738	104.6029	0.0096	0.1296	7.7184	50.1776	6.5010	680.0241
24	15.1786	0.0659	118.1552	0.0085	0.1285	7.7843	51.6929	6.6406	784.6270
25	17.0001	0.0588	133.3339	0.0075	0.1275	7.8431	53.1046	6.7708	902.7823
26	19.0401	0.0525	150.3339	0.0067	0.1267	7.8957	54.4177	6.8921	1036.1161
27	21.3249	0.0469	169.3740	0.0059	0.1259	7.9426	55.6369	7.0049	1186.4501
28	23.8839	0.0419	190.6989	0.0052	0.1252	7.9844	56.7674	7.1098	1355.8241
29	26.7499	0.0374	214.5828	0.0047	0.1247	8.0218	57.8141	7.2071	1546.5229
30	29.9599	0.0334	241.3327	0.0041	0.1241	8.0552	58.7821	7.2974	1761.1057
31	33.5551	0.0298	271.2926	0.0037	0.1237	8.0850	59.6761	7.3811	2002.4384

续表

复利系数表($i=12\%$)

N	$(F/P,i,n)$	$(P/F,i,n)$	$(F/A,i,n)$	$(A/F,i,n)$	$(A/P,i,n)$	$(P/A,i,n)$	$(P/G,i,n)$	$(A/G,i,n)$	$(F/G,i,n)$
32	37.5817	0.0266	304.8477	0.0033	0.1233	8.1116	60.5010	7.4586	2273.7310
33	42.0915	0.0238	342.4294	0.0029	0.1229	8.1354	61.2612	7.5302	2578.5787
34	47.1425	0.0212	384.5210	0.0026	0.1226	8.1566	61.9612	7.5965	2921.0082
35	52.7996	0.0189	431.6635	0.0023	0.1223	8.1755	62.6052	7.6577	3305.5291

复利系数表($i=15\%$)

N	$(F/P,i,n)$	$(P/F,i,n)$	$(F/A,i,n)$	$(A/F,i,n)$	$(A/P,i,n)$	$(P/A,i,n)$	$(P/G,i,n)$	$(A/G,i,n)$	$(F/G,i,n)$
1	1.1500	0.8696	1.0000	1.0000	1.1500	0.8696	0.0000	0.0000	0.0000
2	1.3225	0.7561	2.1500	0.4651	0.6151	1.6257	0.7561	0.4651	1.0000
3	1.5209	0.6575	3.4725	0.2880	0.4380	2.2832	2.0712	0.9071	3.1500
4	1.7490	0.5718	4.9934	0.2003	0.3503	2.8550	3.7864	1.3263	6.6225
5	2.0114	0.4972	6.7424	0.1483	0.2983	3.3522	5.7751	1.7228	11.6159
6	2.3131	0.4323	8.7537	0.1142	0.2642	3.7845	7.9368	2.0972	18.3583
7	2.6600	0.3759	11.0668	0.0904	0.2404	4.1604	10.1924	2.4498	27.1120
8	3.0590	0.3269	13.7268	0.0729	0.2229	4.4873	12.4807	2.7813	38.1788
9	3.5179	0.2843	16.7858	0.0596	0.2096	4.7716	14.7548	3.0922	51.9056
10	4.0456	0.2472	20.3037	0.0493	0.1993	5.0188	16.9795	3.3832	68.6915
11	4.6524	0.2149	24.3493	0.0411	0.1911	5.2337	19.1289	3.6549	88.9952
12	5.3503	0.1869	29.0017	0.0345	0.1845	5.4206	21.1849	3.9082	113.3444
13	6.1528	0.1625	34.3519	0.0291	0.1791	5.5831	23.1352	4.1438	142.3461
14	7.0757	0.1413	40.5047	0.0247	0.1747	5.7245	24.9725	4.3624	176.6980
15	8.1371	0.1229	47.5804	0.0210	0.1710	5.8474	26.6930	4.5650	217.2027
16	9.3576	0.1069	55.7175	0.0179	0.1679	5.9542	28.2960	4.7522	264.7831
17	10.7613	0.0929	65.0751	0.0154	0.1654	6.0472	29.7828	4.9251	320.5006
18	12.3755	0.0808	75.8364	0.0132	0.1632	6.1280	31.1565	5.0843	385.5757
19	14.2318	0.0703	88.2118	0.0113	0.1613	6.1982	32.4213	5.2307	461.4121
20	16.3665	0.0611	102.4436	0.0098	0.1598	6.2593	33.5822	5.3651	549.6239
21	18.8215	0.0531	118.8101	0.0084	0.1584	6.3125	34.6448	5.4883	652.0675
22	21.6447	0.0462	137.6316	0.0073	0.1573	6.3587	35.6150	5.6010	770.8776
23	24.8915	0.0402	159.2764	0.0063	0.1563	6.3988	36.4988	5.7040	908.5092

续表

复利系数表($i=15\%$)

N	$(F/P,i,n)$	$(P/F,i,n)$	$(F/A,i,n)$	$(A/F,i,n)$	$(A/P,i,n)$	$(P/A,i,n)$	$(P/G,i,n)$	$(A/G,i,n)$	$(F/G,i,n)$
24	28.6252	0.0349	184.1678	0.0054	0.1554	6.4338	37.3023	5.7979	1067.7856
25	32.9190	0.0304	212.7930	0.0047	0.1547	6.4641	38.0314	5.8834	1251.9534
26	37.8568	0.0264	245.7120	0.0041	0.1541	6.4906	38.6918	5.9612	1464.7465
27	43.5353	0.0230	283.5688	0.0035	0.1535	6.5135	39.2890	6.0319	1710.4584
28	50.0656	0.0200	327.1041	0.0031	0.1531	6.5335	39.8283	6.0960	1994.0272
29	57.5755	0.0174	377.1697	0.0027	0.1527	6.5509	40.3146	6.1541	2321.1313
30	66.2118	0.0151	434.7451	0.0023	0.1523	6.5660	40.7526	6.2066	2698.3010
31	76.1435	0.0131	500.9569	0.0020	0.1520	6.5791	41.1466	6.2541	3133.0461
32	87.5651	0.0114	577.1005	0.0017	0.1517	6.5905	41.5006	6.2970	3634.0030
33	100.6998	0.0099	664.6655	0.0015	0.1515	6.6005	41.8184	6.3357	4211.1035
34	115.8048	0.0086	765.3654	0.0013	0.1513	6.6091	42.1033	6.3705	4875.7690
35	133.1755	0.0075	881.1702	0.0011	0.1511	6.6166	42.3586	6.4019	5641.1344

复利系数表($i=20\%$)

N	$(F/P,i,n)$	$(P/F,i,n)$	$(F/A,i,n)$	$(A/F,i,n)$	$(A/P,i,n)$	$(P/A,i,n)$	$(P/G,i,n)$	$(A/G,i,n)$	$(F/G,i,n)$
1	1.2000	0.8333	1.0000	1.0000	1.2000	0.8333	0.0000	0.0000	0.0000
2	1.4400	0.6944	2.2000	0.4545	0.6545	1.5278	0.6944	0.4545	1.0000
3	1.7280	0.5787	3.6400	0.2747	0.4747	2.1065	1.8519	0.8791	3.2000
4	2.0736	0.4823	5.3680	0.1863	0.3863	2.5887	3.2986	1.2742	6.8400
5	2.4883	0.4019	7.4416	0.1344	0.3344	2.9906	4.9061	1.6405	12.2080
6	2.9860	0.3349	9.9299	0.1007	0.3007	3.3255	6.5806	1.9788	19.6496
7	3.5832	0.2791	12.9159	0.0774	0.2774	3.6046	8.2551	2.2902	29.5795
8	4.2998	0.2326	16.4991	0.0606	0.2606	3.8372	9.8831	2.5756	42.4954
9	5.1598	0.1938	20.7989	0.0481	0.2481	4.0310	11.4335	2.8364	58.9945
10	6.1917	0.1615	25.9587	0.0385	0.2385	4.1925	12.8871	3.0739	79.7934
11	7.4301	0.1346	32.1504	0.0311	0.2311	4.3271	14.2330	3.2893	105.7521
12	8.9161	0.1122	39.5805	0.0253	0.2253	4.4392	15.4667	3.4841	137.9025
13	10.6993	0.0935	48.4966	0.0206	0.2206	4.5327	16.5883	3.6597	177.4830
14	12.8392	0.0779	59.1959	0.0169	0.2169	4.6106	17.6008	3.8175	225.9796
15	15.4070	0.0649	72.0351	0.0139	0.2139	4.6755	18.5095	3.9588	285.1755
16	18.4884	0.0541	87.4421	0.0114	0.2114	4.7296	19.3208	4.0851	357.2106

续表

复利系数表（i=20%）

N	(F/P,i,n)	(P/F,i,n)	(F/A,i,n)	(A/F,i,n)	(A/P,i,n)	(P/A,i,n)	(P/G,i,n)	(A/G,i,n)	(F/G,i,n)
17	22.1861	0.0451	105.9306	0.0094	0.2094	4.7746	20.0419	4.1976	444.6528
18	26.6233	0.0376	128.1167	0.0078	0.2078	4.8122	20.6805	4.2975	550.5833
19	31.9480	0.0313	154.7400	0.0065	0.2065	4.8435	21.2439	4.3861	678.7000
20	38.3376	0.0261	186.6880	0.0054	0.2054	4.8696	21.7395	4.4643	833.4400
21	46.0051	0.0217	225.0256	0.0044	0.2044	4.8913	22.1742	4.5334	1020.1280
22	55.2061	0.0181	271.0307	0.0037	0.2037	4.9094	22.5546	4.5941	1245.1536
23	66.2474	0.0151	326.2369	0.0031	0.2031	4.9245	22.8867	4.6475	1516.1843
24	79.4968	0.0126	392.4842	0.0025	0.2025	4.9371	23.1760	4.6943	1842.4212
25	95.3962	0.0105	471.9811	0.0021	0.2021	4.9476	23.4276	4.7352	2234.9054
26	114.4755	0.0087	567.3773	0.0018	0.2018	4.9563	23.6460	4.7709	2706.8865
27	137.3706	0.0073	681.8528	0.0015	0.2015	4.9636	23.8353	4.8020	3274.2638
28	164.8447	0.0061	819.2233	0.0012	0.2012	4.9697	23.9991	4.8291	3956.1166
29	197.8136	0.0051	984.0680	0.0010	0.2010	4.9747	24.1406	4.8527	4775.3399
30	237.3763	0.0042	1181.8816	0.0008	0.2008	4.9789	24.2628	4.8731	5759.4078
31	284.8516	0.0035	1419.2579	0.0007	0.2007	4.9824	24.3681	4.8908	6941.2894
32	341.8219	0.0029	1704.1095	0.0006	0.2006	4.9854	24.4588	4.9061	8360.5473
33	410.1863	0.0024	2045.9314	0.0005	0.2005	4.9878	24.5368	4.9194	10064.6568
34	492.2235	0.0020	2456.1176	0.0004	0.2004	4.9898	24.6038	4.9308	12110.5881
35	590.6682	0.0017	2948.3411	0.0003	0.2003	4.9915	24.6614	4.9406	14566.7057

复利系数表（i=25%）

N	(F/P,i,n)	(P/F,i,n)	(F/A,i,n)	(A/F,i,n)	(A/P,i,n)	(P/A,i,n)	(P/G,i,n)	(A/G,i,n)	(F/G,i,n)
1	1.2500	0.8000	1.0000	1.0000	1.2500	0.8000	0.0000	0.0000	0.0000
2	1.5625	0.6400	2.2500	0.4444	0.6944	1.4400	0.6400	0.4444	1.0000
3	1.9531	0.5120	3.8125	0.2623	0.5123	1.9520	1.6640	0.8525	3.2500
4	2.4414	0.4096	5.7656	0.1734	0.4234	2.3616	2.8928	1.2249	7.0625
5	3.0518	0.3277	8.2070	0.1218	0.3718	2.6893	4.2035	1.5631	12.8281
6	3.8147	0.2621	11.2588	0.0888	0.3388	2.9514	5.5142	1.8683	21.0352
7	4.7684	0.2097	15.0735	0.0663	0.3163	3.1611	6.7725	2.1424	32.2939
8	5.9605	0.1678	19.8419	0.0504	0.3004	3.3289	7.9469	2.3872	47.3674
9	7.4506	0.1342	25.8023	0.0388	0.2888	3.4631	9.0207	2.6048	67.2093

复利系数表($i=25\%$)

N	$(F/P,i,n)$	$(P/F,i,n)$	$(F/A,i,n)$	$(A/F,i,n)$	$(A/P,i,n)$	$(P/A,i,n)$	$(P/G,i,n)$	$(A/G,i,n)$	$(F/G,i,n)$
10	9.3132	0.1074	33.2529	0.0301	0.2801	3.5705	9.9870	2.7971	93.0116
11	11.6415	0.0859	42.5661	0.0235	0.2735	3.6564	10.8460	2.9663	126.2645
12	14.5519	0.0687	54.2077	0.0184	0.2684	3.7251	11.6020	3.1145	168.8306
13	18.1899	0.0550	68.7596	0.0145	0.2645	3.7801	12.2617	3.2437	223.0383
14	22.7374	0.0440	86.9495	0.0115	0.2615	3.8241	12.8334	3.3559	291.7979
15	28.4217	0.0352	109.6868	0.0091	0.2591	3.8593	13.3260	3.4530	378.7474
16	35.5271	0.0281	138.1085	0.0072	0.2572	3.8874	13.7482	3.5366	488.4342
17	44.4089	0.0225	173.6357	0.0058	0.2558	3.9099	14.1085	3.6084	626.5427
18	55.5112	0.0180	218.0446	0.0046	0.2546	3.9279	14.4147	3.6698	800.1784
19	69.3889	0.0144	273.5558	0.0037	0.2537	3.9424	14.6741	3.7222	1018.2230
20	86.7362	0.0115	342.9447	0.0029	0.2529	3.9539	14.8932	3.7667	1291.7788
21	108.4202	0.0092	429.6809	0.0023	0.2523	3.9631	15.0777	3.8045	1634.7235
22	135.5253	0.0074	538.1011	0.0019	0.2519	3.9705	15.2326	3.8365	2064.4043
23	169.4066	0.0059	673.6264	0.0015	0.2515	3.9764	15.3625	3.8634	2602.5054
24	211.7582	0.0047	843.0329	0.0012	0.2512	3.9811	15.4711	3.8861	3276.1318
25	264.6978	0.0038	1054.7912	0.0009	0.2509	3.9849	15.5618	3.9052	4119.1647
26	330.8722	0.0030	1319.4890	0.0008	0.2508	3.9879	15.6373	3.9212	5173.9559
27	413.5903	0.0024	1650.3612	0.0006	0.2506	3.9903	15.7002	3.9346	6493.4449
28	516.9879	0.0019	2063.9515	0.0005	0.2505	3.9923	15.7524	3.9457	8143.8061
29	646.2349	0.0015	2580.9394	0.0004	0.2504	3.9938	15.7957	3.9551	10207.7577
30	807.7936	0.0012	3227.1743	0.0003	0.2503	3.9950	15.8316	3.9628	12788.6971
31	1009.7420	0.0010	4034.9678	0.0002	0.2502	3.9960	15.8614	3.9693	16015.8713
32	1262.1774	0.0008	5044.7098	0.0002	0.2502	3.9968	15.8859	3.9746	20050.8392
33	1577.7218	0.0006	6306.8872	0.0002	0.2502	3.9975	15.9062	3.9791	25095.5490
34	1972.1523	0.0005	7884.6091	0.0001	0.2501	3.9980	15.9229	3.9828	31402.4362
35	2465.1903	0.0004	9856.7613	0.0001	0.2501	3.9984	15.9367	3.9858	39287.0453

复利系数表($i=30\%$)

N	$(F/P,i,n)$	$(P/F,i,n)$	$(F/A,i,n)$	$(A/F,i,n)$	$(A/P,i,n)$	$(P/A,i,n)$	$(P/G,i,n)$	$(A/G,i,n)$	$(F/G,i,n)$
1	1.3000	0.7692	1.0000	1.0000	1.3000	0.7692	0.0000	0.0000	0.0000
2	1.6900	0.5917	2.3000	0.4348	0.7348	1.3609	0.5917	0.4348	1.0000

续表

复利系数表($i=30\%$)

N	$(F/P,i,n)$	$(P/F,i,n)$	$(F/A,i,n)$	$(A/F,i,n)$	$(A/P,i,n)$	$(P/A,i,n)$	$(P/G,i,n)$	$(A/G,i,n)$	$(F/G,i,n)$
3	2.1970	0.4552	3.9900	0.2506	0.5506	1.8161	1.5020	0.8271	3.3000
4	2.8561	0.3501	6.1870	0.1616	0.4616	2.1662	2.5524	1.1783	7.2900
5	3.7129	0.2693	9.0431	0.1106	0.4106	2.4356	3.6297	1.4903	13.4770
6	4.8268	0.2072	12.7560	0.0784	0.3784	2.6427	4.6656	1.7654	22.5201
7	6.2749	0.1594	17.5828	0.0569	0.3569	2.8021	5.6218	2.0063	35.2761
8	8.1573	0.1226	23.8577	0.0419	0.3419	2.9247	6.4800	2.2156	52.8590
9	10.6045	0.0943	32.0150	0.0312	0.3312	3.0190	7.2343	2.3963	76.7167
10	13.7858	0.0725	42.6195	0.0235	0.3235	3.0915	7.8872	2.5512	108.7317
11	17.9216	0.0558	56.4053	0.0177	0.3177	3.1473	8.4452	2.6833	151.3512
12	23.2981	0.0429	74.3270	0.0135	0.3135	3.1903	8.9173	2.7952	207.7565
13	30.2875	0.0330	97.6250	0.0102	0.3102	3.2233	9.3135	2.8895	282.0835
14	39.3738	0.0254	127.9125	0.0078	0.3078	3.2487	9.6437	2.9685	379.7085
15	51.1859	0.0195	167.2863	0.0060	0.3060	3.2682	9.9172	3.0344	507.6210
16	66.5417	0.0150	218.4722	0.0046	0.3046	3.2832	10.1426	3.0892	674.9073
17	86.5042	0.0116	285.0139	0.0035	0.3035	3.2948	10.3276	3.1345	893.3795
18	112.4554	0.0089	371.5180	0.0027	0.3027	3.3037	10.4788	3.1718	1178.3934
19	146.1920	0.0068	483.9734	0.0021	0.3021	3.3105	10.6019	3.2025	1549.9114
20	190.0496	0.0053	630.1655	0.0016	0.3016	3.3158	10.7019	3.2275	2033.8849
21	247.0645	0.0040	820.2151	0.0012	0.3012	3.3198	10.7828	3.2480	2664.0503
22	321.1839	0.0031	1067.2796	0.0009	0.3009	3.3230	10.8482	3.2646	3484.2654
23	417.5391	0.0024	1388.4635	0.0007	0.3007	3.3254	10.9009	3.2781	4551.5450
24	542.8008	0.0018	1806.0026	0.0006	0.3006	3.3272	10.9433	3.2890	5940.0086
25	705.6410	0.0014	2348.8033	0.0004	0.3004	3.3286	10.9773	3.2979	7746.0111
26	917.3333	0.0011	3054.4443	0.0003	0.3003	3.3297	11.0045	3.3050	10094.8145
27	1192.5333	0.0008	3971.7776	0.0003	0.3003	3.3305	11.0263	3.3107	13149.2588
28	1550.2933	0.0006	5164.3109	0.0002	0.3002	3.3312	11.0437	3.3153	17121.0364
29	2015.3813	0.0005	6714.6042	0.0001	0.3001	3.3317	11.0576	3.3189	22285.3474
30	2619.9956	0.0004	8729.9855	0.0001	0.3001	3.3321	11.0687	3.3219	28999.9516
31	3405.9943	0.0003	11349.9810	0.0001	0.3001	3.3324	11.0775	3.3242	37729.9371
32	4427.7926	0.0002	14755.9760	0.0001	0.3001	3.3326	11.0845	3.3261	49079.9182

续表

复利系数表($i=30\%$)

N	$(F/P,i,n)$	$(P/F,i,n)$	$(F/A,i,n)$	$(A/F,i,n)$	$(A/P,i,n)$	$(P/A,i,n)$	$(P/G,i,n)$	$(A/G,i,n)$	$(F/G,i,n)$
33	5756.1304	0.0002	19183.7680	0.0001	0.3001	3.3328	11.0901	3.3276	63835.8937
34	7482.9696	0.0001	24939.8990	0.0000	0.3000	3.3329	11.0945	3.3288	83019.6618
35	9727.8604	0.0001	32422.8680	0.0000	0.3000	3.3330	11.0980	3.3297	107959.5603

复利系数表($i=35\%$)

N	$(F/P,i,n)$	$(P/F,i,n)$	$(F/A,i,n)$	$(A/F,i,n)$	$(A/P,i,n)$	$(P/A,i,n)$	$(P/G,i,n)$	$(A/G,i,n)$	$(F/G,i,n)$
1	1.3500	0.7407	1.0000	1.0000	1.3500	0.7407	0.0000	0.0000	0.0000
2	1.8225	0.5487	2.3500	0.4255	0.7755	1.2894	0.5487	0.4255	1.0000
3	2.4604	0.4064	4.1725	0.2397	0.5897	1.6959	1.3616	0.8029	3.3500
4	3.3215	0.3011	6.6329	0.1508	0.5008	1.9969	2.2648	1.1341	7.5225
5	4.4840	0.2230	9.9544	0.1005	0.4505	2.2200	3.1568	1.4220	14.1554
6	6.0534	0.1652	14.4384	0.0693	0.4193	2.3852	3.9828	1.6698	24.1098
7	8.1722	0.1224	20.4919	0.0488	0.3988	2.5075	4.7170	1.8811	38.5482
8	11.0324	0.0906	28.6640	0.0349	0.3849	2.5982	5.3515	2.0597	59.0400
9	14.8937	0.0671	39.6964	0.0252	0.3752	2.6653	5.8886	2.2094	87.7040
10	20.1066	0.0497	54.5902	0.0183	0.3683	2.7150	6.3363	2.3338	127.4005
11	27.1439	0.0368	74.6967	0.0134	0.3634	2.7519	6.7047	2.4364	181.9906
12	36.6442	0.0273	101.8406	0.0098	0.3598	2.7792	7.0049	2.5205	256.6873
13	49.4697	0.0202	138.4848	0.0072	0.3572	2.7994	7.2474	2.5889	358.5279
14	66.7841	0.0150	187.9544	0.0053	0.3553	2.8144	7.4421	2.6443	497.0127
15	90.1585	0.0111	254.7385	0.0039	0.3539	2.8255	7.5974	2.6889	684.9671
16	121.7139	0.0082	344.8970	0.0029	0.3529	2.8337	7.7206	2.7246	939.7056
17	164.3138	0.0061	466.6109	0.0021	0.3521	2.8398	7.8180	2.7530	1284.6025
18	221.8236	0.0045	630.9247	0.0016	0.3516	2.8443	7.8946	2.7756	1751.2134
19	299.4619	0.0033	852.7483	0.0012	0.3512	2.8476	7.9547	2.7935	2382.1381
20	404.2736	0.0025	1152.2103	0.0009	0.3509	2.8501	8.0017	2.8075	3234.8864

复利系数表($i=40\%$)

N	$(F/P,i,n)$	$(P/F,i,n)$	$(F/A,i,n)$	$(A/F,i,n)$	$(A/P,i,n)$	$(P/A,i,n)$	$(P/G,i,n)$	$(A/G,i,n)$	$(F/G,i,n)$
1	1.4000	0.7143	1.0000	1.0000	1.4000	0.7143	0.0000	0.0000	0.0000
2	1.9600	0.5102	2.4000	0.4167	0.8167	1.2245	0.5102	0.4167	1.0000

续表

复利系数表($i=40\%$)									
N	$(F/P,i,n)$	$(P/F,i,n)$	$(F/A,i,n)$	$(A/F,i,n)$	$(A/P,i,n)$	$(P/A,i,n)$	$(P/G,i,n)$	$(A/G,i,n)$	$(F/G,i,n)$
3	2.7440	0.3644	4.3600	0.2294	0.6294	1.5889	1.2391	0.7798	3.4000
4	3.8416	0.2603	7.1040	0.1408	0.5408	1.8492	2.0200	1.0923	7.7600
5	5.3782	0.1859	10.9456	0.0914	0.4914	2.0352	2.7637	1.3580	14.8640
6	7.5295	0.1328	16.3238	0.0613	0.4613	2.1680	3.4278	1.5811	25.8096
7	10.5414	0.0949	23.8534	0.0419	0.4419	2.2628	3.9970	1.7664	42.1334
8	14.7579	0.0678	34.3947	0.0291	0.4291	2.3306	4.4713	1.9185	65.9868
9	20.6610	0.0484	49.1526	0.0203	0.4203	2.3790	4.8585	2.0422	100.3815
10	28.9255	0.0346	69.8137	0.0143	0.4143	2.4136	5.1696	2.1419	149.5342
11	40.4957	0.0247	98.7391	0.0101	0.4101	2.4383	5.4166	2.2215	219.3478
12	56.6939	0.0176	139.2348	0.0072	0.4072	2.4559	5.6106	2.2845	318.0870
13	79.3715	0.0126	195.9287	0.0051	0.4051	2.4685	5.7618	2.3341	457.3217
14	111.1201	0.0090	275.3002	0.0036	0.4036	2.4775	5.8788	2.3729	653.2504
15	155.5681	0.0064	386.4202	0.0026	0.4026	2.4839	5.9688	2.4030	928.5506
16	217.7953	0.0046	541.9883	0.0018	0.4018	2.4885	6.0376	2.4262	1314.9708
17	304.9135	0.0033	759.7837	0.0013	0.4013	2.4918	6.0901	2.4441	1856.9592
18	426.8789	0.0023	1064.6971	0.0009	0.4009	2.4941	6.1299	2.4577	2616.7428
19	597.6304	0.0017	1491.5760	0.0007	0.4007	2.4958	6.1601	2.4682	3681.4400
20	836.6826	0.0012	2089.2064	0.0005	0.4005	2.4970	6.1828	2.4761	5173.0160

参考文献

[1] 张彦春.工程经济与项目管理[M].北京:中国建筑工业出版社,2018.
[2] 刘晓君.工程经济学[M].3版.北京:中国建筑工业出版社,2018.
[3] 帕克.工程经济学[M].5版.邵颖红,译.北京:中国人民大学出版社,2012.
[4] 西方经济学编写组.西方经济学(上册)[M].北京:高等教育出版社,2012.
[5] 西方经济学编写组.西方经济学(下册)[M].北京:高等教育出版社,2012.
[6] 吴汉洪.经济学基础[M].6版.北京:中国人民大学出版社,2021.
[7] 王付宇,汪和平,夏长明.工程经济与项目管理[M].北京:机械工业出版社,2021.
[8] 杜春艳,唐菁菁,周迎.工程经济学[M].北京:机械工业出版社,2016.
[9] 成虎,陈群.工程项目管理[M].4版.北京:中国建筑工业出版社,2015.
[10] 赵忠伟.项目管理与工程经济决策[M].北京:高等教育出版社,2020.
[11] 管理学编写组.管理学[M].北京:高等教育出版社,2019.
[12] 都沁军.工程经济与项目管理[M].北京:北京大学出版社,2015.
[13] 李慧民.工程经济与项目管理[M].北京:科学出版社,2016.
[14] 李南.工程经济学[M].5版.北京:科学出版社,2018.
[15] 国家发展改革委,建设部.建设项目经济评价方法与参数[M].3版.北京:中国计划出版社,2006.
[16] 王祖和.项目质量管理[M].2版.北京:机械工业出版社,2018.
[17] 周三多,陈传明,刘子馨,等.管理学——原理与方法[M].7版.上海:复旦大学出版社,2018.
[18] 朱少民,韩莹.软件项目管理[M].2版.北京:人民邮电出版社,2015.
[19] 徐玉凤,董亚辉.项目进度管理[M].北京:对外经济贸易大学出版社,2006.
[20] 代洪伟.建筑工程安全管理[M].北京:机械工业出版社,2020.
[21] 黄昌铁,齐宝库.工程估价[M].北京:清华大学出版社,2016.
[22] 沈中友.工程招投标与合同管理[M].2版.北京:机械工业出版社,2021.
[23] 王平.工程招投标与合同管理[M].2版.北京:清华大学出版社,2020.
[24] 洪竞科,李小冬,蔡伟光.工程项目环境管理[M].北京:中国建筑工业出版社,2022.
[25] 李明孝.工程经济学[M].2版.北京:化学工业出版社,2018.
[26] 徐辉.经济学基础[M].2版.北京:电子工业出版社,2018.
[27] 刘宁.工程经济学[M].北京:化学工业出版社,2017.
[28] 何正文.项目进度计划与控制[M].西安:西安交通大学出版社,2012.
[29] 王勇.投资项目可行性分析——理论精要与案例解析[M].3版.北京:电子工业出版社,2017.
[30] 任宏,张巍.工程项目管理[M].北京:高等教育出版社,2005.
[31] 刘炳胜.工程项目经济分析与评价[M].北京:中国建筑工业出版社,2020.
[32] 丛培经.工程项目管理[M].5版.北京:中国建筑工业出版社,2017.